When Bad Christians Happen to Good People
Copyright © 2002 by Dave Burchett.
All rights reserved.
English edition published by WaterBrook Press
A division of Random House, Inc.

Translated and used by the permission of WaterBrook Press
through the arrangement of KCBS Literary Agency, Seoul, Korea.

Korean Copyright © 2005 by Sun Media, Seoul, Korea.

본 저작물의 한국어판 저작권은 KCBS Literary Agency를 통하여
WaterBrook Press와 독점 계약한 선미디어에 있습니다.
신저작권법에 의하여 한국내에서
보호받는 저작물이므로 무단 전재와 무단 복제를 금합니다.

나쁜 크리스찬

인사말

우리는 어떻게 서로에게 잘못을 저지르고
그로 인한 상처들을 되돌리는가?

1996년 3월 27일 친구 밥 브리너로부터 팩스 한 장을 받았다. 그의 책 「양들 포효하다」이 내 인생에 얼마나 큰 의미를 주었는지 모른다는 편지를 그에게 보낸 터였다. 밥은 그의 경력에 비추어 뒤늦게 글을 쓰기 시작했는데, 나는 '나도 어른이 되면' 그와 같이 되고 싶다고 농담하듯이 편지에 썼다. 나는 랩RAB 그의 친구들은 그를 그렇게 불렀다이 나에게 얼마나 많은 영감을 주었는지 말하고 나도 곧 글을 쓰고 싶다고 밝혔다. 그의 답장은 다음과 같은 내용을 담고 있었다.

어른이 된 데이브에게
자네는 내 친구들 가운데 누구보다 더 글 쓰는 재능이 있다네. 글을 쓰고 싶다면 무엇이 자네를 막을 수 있겠나?

랩으로부터

인사말

충분히 격려하고 소망을 불어넣어 주며 넘치도록 칭찬을 해주는 것, 그것이 밥의 전형적인 모습이다. 1999년 밥 브리너가 세상을 떠났을 때 즉시 그의 간곡한 격려가 마음에 떠올랐다. 그리고 이제 내가 '어른이 될' 때이고, 내 친구의 발자취를 따라가기 시작해야겠다고 나는 결심했다. 이 책을 밥 브리너와 그의 아내 마티에게 바친다. 하나님께서 이 책을 어떤 식으로든 사용하신다면, 랩의 사역 면류관에 들어갈 보석 하나가 더 생기는 셈이다.

데이브 버체트

차 례

감사의 글

들어가며 : 간략한 디스클레이머 · 10

제1부 침묵하는 양들
– 우리가 서로에게 저지르는 면목 없는 일들

1. 세상에서 가장 인정머리 없는 집단 · 22

2. 분열의 후유증 · 44

3. WJSHTOT · 56

4. 두려움과 기독교 · 68

5. 누구의 아이디어인가? · 86

제2부 불신자들은 왜 들으려 하지 않는가?
– 청중을 잃는 방법에 관한 고찰

6. 우리의 말과 행동이 따로 놀고 있다 · 104

7. 제2의 언어가 된 기독교 화법 · 116

8. 경건함인가, 저속함인가? · 126

9. 예수님이 눈물을 흘리셨다, 지금도… · 138

10. 문화 전쟁 : 람보냐, 양심적인 반대자냐? · 150

제3부 현실을 딛고 구세주의 믿음 위에 서라

– 거짓 세상에서 진실하기

11. 이 말씀은 어렵도다! · 178
12. 2000년 선거 기간 동안 복음주의에 대해 내가 배운 여섯 가지 · 198
13. 신학에 대해 너무 많이 알려고 하지 말아요 · 228
14. 하나님의 자녀들은, 설령 성가신 사람일지라도 모두 영혼이 있다 · 244
15. 인간애에 호소하기 · 260
16. 느슨한 결말 · 274
17. 이제 어떡해야 하는가? · 284

감사의 글

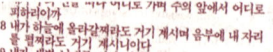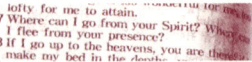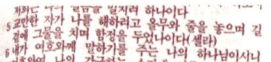

책을 쓰기로 결심하고 나서 몇 주 후 시카고에 있는 친구 레이 프리처드와 점심을 먹었다. 나는 시험 삼아 그에게 책의 개요와 각 장의 초반부를 보여주었다. 그는 그것만 봐도 어떤 책이 될지 알겠다며 계속 글을 쓰라고 열광적으로 나를 격려해주었다. 레이, 자네의 지지와 우정 그리고 "좋은 글쓰기란 없고 다만 좋은 퇴고가 있을 뿐"이라는 가르침을 주어서 고맙네.

이 책을 낼 수 있도록 기꺼이 기회를 준 훌륭한 워터브룩 출판사 사람들에게 감사한다. 내 책을 편집해준 에린 힐리에게 특별히 감사한다. 그녀가 없었더라면 내 원고보다 훨씬 나은 이 책을 만들 수 없었을 것이다. 책을 만들면서 편집자들이 이름 없이 수고하는 주역들이라는 사실을 알게 되었다.

에린, 당신의 통찰력과 유머, 그리고 각 단계마다 나와 발맞추어 갈 때 보여준 끝없는 인내심에 감사드립니다. 당신을 만난 것은 내 인생에서 진정한 축복이었어요. 당신이 보여준 우정에도 특별히 감사드립니다.

멋진 우리 아들들 매트, 스코트, 브레트에게도 고마움을 전한다. 녀석들 한 명, 한 명이 하나님의 사람으로 성장하는 모습을 지켜보는 것은 참된 기쁨이다. 너희 셋 모두가 지지와 사랑과 격려로 이 책에 이바지했단다. 이 아버지를 원래 모습보다 훨씬 더 좋게 봐주어서 고맙구나. 이 책을 쓰는 내내 충실하게 내 곁을 지켜준 우리 집 개 찰리에게도 특별한 고마움을 전한다. 찰리가 하는 것만큼 사람들을 사랑할 수 있다면 우리는 이웃과의 관계에서 꺼지지 않는 부흥을 맞이하게 될 것이다.

멋진 아내이자 최고의 친구인 조니에게 고마움을 전한다. 그녀는 항상 나를 믿어주었고, 항상 지지해주었으며, 항상 사랑해주었다. 당신은 하나님께서 내게 주신 선물입니다. 사랑해요.

> 기독교 교리를 받아들인 사람이 그에 맞지 않게 살 때,
> 그를 가리켜 그리스도인이 아니라고 말하기보다는
> 나쁜 그리스도인이라고 말하는 게 훨씬 더 정확하다.
> — C. S. 루이스 「단순한 기독교Mere Christianity」

들어가며 : 간략한 디스클레이머

몇 가지 사실을 털어놓으며
이야기를 시작해야겠다.

나는 위선자다. 오만하고 이기적이다. 사람들은 내가 진리를 부풀리거나 감추고 또는 살짝 조작한다는 것을 안다. 나는 때때로 남을 배려할 줄 모르고 자신감도 부족하다. 정욕이나 음란한 생각들과 씨름을 한다. 종종 자아가 통제 불능 상태가 되며 어리석은 교만과 싸움을 벌인다. 게으르고 시간을 대책 없이 사용한다. 화를 잘 내고 좀스러우며 성미도 고약하다. 빈정거리기 좋아하고 냉소적이다.

그리고 나는 그리스도인이다.

이 말에 놀랐는가? 놀랄 필요 없다. 우리가 믿음 생활에 대해 나누어야 할 주제가 있다면, 그것은 바로 우리 모두가 그리스도의 가르침을 따라가

지 못하고 있다는 점이다. 이와 관련해 맥스 루케이도Max Lucado는 멋진 말을 했다. 하나님은 있는 모습 그대로 우리를 사랑하지만 그 모습 그대로 놔두지는 않으신다는 것이다. 그래서 우리 신자들은 모두 애당초 갖고 있던 모습과 하나님이 원하시는 모습 사이 그 어디쯤 자리를 잡고 있다. 그나마 이런 인식을 하는 것도 아주 드문 일이다.

위에서 말한 노골적인 성품들을 실제로 내가 갖고 있다는 것을 인정하면, 내게 거짓 전화를 걸 사람들이 우리 가운데 있다. 그들의 방식대로 믿음 생활을 하면 언제나 그 모든 죄들을 극복할 수 있다고 편지를 써오는 사람도 있을 것이다. 나는 그들의 생각이 틀렸다고 믿는다.

어릴 때부터 나는 항상 종교적인 사람이 곧 '착한 그리스도인'이라는 소리를 들으며 자랐다. 혹 누가 걱정 끼치는 일을 하면 사람들이 "그 사람은 착한 그리스도인이 될 필요가 있어"라고 말하는 것을 들었다. 어린 나는 왜 사람들이 항상 누군가에게 '나쁜 학생' 이나 '나쁜 아이' 라고 말하는 것처럼 그리스도인에게 '나쁜 그리스도인' 이라고 말하지 않는지 궁금했다. 아마도 사람들은 '나쁘다' 와 '그리스도인' 이라는 말이 양립할 수 없다고 생각했던 것 같다. 하지만 성경을 보면 항상 그런 것만 같지도 않다.

실제로 성경의 위대한 인물들의 가장 '악했던' 순간들 대부분이 분명히 '선함' 이라는 테두리 안에 들어 있다. 하나님의 마음에 합한 자요, 시편의 가장 아름다운 찬양시를 쓴 다윗 왕은 또한 호색한이고 살인자였다. 사도 베드로는 그리스도가 교회를 세울 반석에 합당한 믿음을 저버린 겁쟁이였다.

다윗과 베드로처럼 대다수의 그리스도인들은 선한 특성과 악한 특성 모두를 지니고 있다. 아무래도 독자들은 내가 원하는 것 이상으로 이 책에서 '악한' 특성들을 훨씬 더 많이 보게 될 것이다. 이를테면 '비판하지 말라'는 개념과 나는 씨름해야 했다.

　마태복음 7장 1절은 "비판을 받지 아니하려거든 비판하지 말라"고 말한다. 많은 면에서 겁나는 말씀은 아니지만 나는 내가 어떤 처지에 있는지 안다.

　"재판장님, 고소장이 낭독되기 전에 제 죄를 인정하고 싶습니다. 저는 죄인입니다."

　예전에 한 그리스도인 친구가 사소한 일에 벌컥 화를 내는 것을 보고 그를 나무란 적이 이다. 나는 그 친구의 믿음이 그것밖에 안 되냐며 싫은 소리를 했다. 그런 후 그 친구의 어머니가 바로 전날 돌아가셨다는 사실을 알게 되었다. 몇 날 며칠 동안 나 스스로가 그렇게 얄팍하게 느껴질 수 없었다. 하지만 곧 영적인 건망증에 굴복하고 그때 얻은 교훈을 잊어버리고 말았다.

　유머작가 윌 로저스Will Rogers는, 인디언들은 다른 누군가를 비난하기 전에 먼저 그 사람의 주변을 빙 돈다고 말했다. 누군가를 정죄하기 전에 그 사람의 관점으로 주의 깊게 상황을 살폈다는 것이다. 나는 법관복을 입기에 앞서 그런 조심스러움을 보인 적이 거의 없었음을 인정한다.

　우리 가운데 그런 죄그리고 더 심한 죄를 저지른 나 같은 사람들이 더 있다면, 교회 다니지 않는 사람들이 종종 우리를 가리켜 정치인들을 제외한 최고의 허위집단이라고 생각한들 뭐가 이상하겠는가?

　비그리스도인들이 그리스도인들과 교회에 대해 부정적으로 듣거나 느낀 일들 모두가 부분적으로 또는 전적으로 사실일지 모른다는 점을 솔직히 밝혀두어야겠다. 내가 말해본 바에 의하면, 교회 다니지 않은 많은 사람들은 그리스도인과의 나쁜 경험을 근거로 그리스도를 거부하고 있었다. 사실 그것은 진짜 긴급한 문제, "예수 그리스도는 누구이고 그것은 무엇을 의미하는가?"를 감추는 서투른 변명에 지나지 않는다.

한편 내가 실시한 비공식적이고 비과학적인 조사에 의하면, 높은 비율의 그리스도인들이 그리스도인, 기독교 지도자 또는 기독교 단체와의 나쁜 경험으로 인해 분란을 일으키며 교회를 떠나고 심지어 믿음마저 버리고 있다. 이들이 교회를 나오면서 하는 변명은 신자들이 당면한 진짜 문제, 즉 "예수 그리스도와의 진정한 관계는 무엇을 의미하고, 그런 관계 속에서 우리는 결과적으로 어떻게 살아야 하는가"를 가리는 연막에 불과하다.

주식을 매각할 적절한 시기를 찾고, 취미 생활을 하거나 볼링 폼을 연구하는 데 몇 시간, 몇 날, 몇 주를 보낼 수 있다면, 우리는 그리스도의 말씀과 그 말씀의 의미를 이해하기 위해 아주 짧은 아침 시간이라도 짜내야 할 것이다. 다른 그리스도인과 어떤 경험을 했든 상관없이 말이다.

우리는 몇몇 그리스도인의 행동들을 묵과하고 그리스도께 집중하는 법을 배워야 하지만, 그렇다고 그리스도인들이 서로에게 저지르는 면목 없는 일들이 정당화될 수는 없다.

교회에서 마음에 총기 난사를 당한 그리스도인들로부터 놀라운 이야기들을 줄줄이 들었다. 우리 그리스도인들 대부분은 살아가면서 한 번씩 '친절한 사격'에 부상을 입는다. 그 사격이 의도적인 것이든 아니든 상처는 여전히 남는다.

이것은 비난을 일삼고 인정머리 없는 교회로부터 상처 입은 사람들을 위한 책이다. 남성 그리스도인에게 성적, 정서적으로 모욕을 당한 여성들을 위한 책이다. 명함에 기독교 심벌을 인쇄해 가지고 다니는 사업가에게 돈을 떼인 사람을 위한 책이다. 미혼모라는 이유로 교회에서 거절당한 십대 소녀를 위한 책이다. 피부색이나 사회적인 신분 때문에 환영받지 못한다고 느끼는 사람을 위한 책이다.

외모나 옷차림 때문에 교회에서 쫓겨난 남자 혹은 여자를 위한 책이다. 가장 환영받아야 할 곳에서 오히려 불편함을 느끼는 사람을 위한 책이다. 교인들이나 교회 지도자들의 위선적인 오만함에 넌더리가 난 모든 사람들을 위한 책이다.

또한 그런 상처를 준 그리스도인들을 위한 책이기도 하다. 이 두 종류의 사람 사이에 중대한 공통점이 있다니 놀랍지 않은가? 받은 대로 반응하는 것이 인간의 본성이다. 누군가로부터 비난받거나 거절당할 때 나 역시 처음에는 비난하고 거절하는 반응을 보일 것이다.

근본적으로, 이 책은 다른 그리스도인들 때문에 낙담하며 살아가는 그리스도인들을 위한 책이다. 자신의 영적 부족함에 절망하기도 하지만 특별히 다른 사람의 부족함으로 인해 절망하는 사람들을 위한 책이다. 그 절망 때문에 교회와 절연한 최소한 자기만 교회를 떠난 사람들을 위한 책이다.

나는 다른 사람들의 약점에 집착한 나머지 그밖에 것들은 보지 못하는 수많은 신자들과 이야기를 나누어보았는데, 이것은 오랜 세월 동안 다른 사람 때문에 낙담하여 그리스도와의 관계마저 잃어버린 사람을 위한 책이기도 하다.

우리가 그리스도와 제대로 관계를 가질 수 없다면 어떻게 불신자들과 더불어 더 나은 일들을 할 수 있겠는가? 오늘날의 문화에서 그리스도를 따르는 우리 같은 사람들은 자기 집을 청소하고 리모델링하기 위해 집안의 후미진 곳과 구석구석을 기꺼이 개방하지 않고서는 그분이 원하시는 일들을 결코 이루어낼 수 없다. 오로지 그런 후에야 우리는 사람들의 호기심을 불러일으키고 구별된 삶을 시작하게 될 것이다.

어쩌면 당신은 영적으로 충분히 성숙하여 여기에 해당 사항이 전혀 없을지도 모르겠다. 좌우간 나는 항상 나의 사역이 다른 그리스도인들에게 우월감을 선사하는 것이라고 말해왔다. 나는 하나님의 은혜가 무엇인지 이해하려고 지금도 노력하고 있다. 그리스도인으로 살아오면서 전력질주하고, 구르고, 넘어지고, 기고, 페달을 밟고, 조깅하고, 절뚝거리며 30여 년을 보낸 후에도 여전히 하나님의 은혜가 의미하는 바를 이해하려고 노력하고 있다.

이 책에서 우리는 개인의 책임이라는 거의 멸절되다시피한 종種을 밝혀내는 몇 가지 단계들을 보게 될 것이다. 우리가 제어할 수 없는 것(다른 사람들과 환경)에 대해 근심하지 않는 법들을 살펴보고, 제어할 수 있는 것에 책임지는 법(예수님이 우리의 삶에 영향을 끼치는 방법)을 살펴볼 것이다.

야구선수 미키 리버스Mickey Rivers는 대단한 신학자는 아니지만 상당히 유익한 조언을 했다.

"제어할 수 없는 것들에 대해 근심하지 말라. 왜냐하면 당신은 그것을 제어할 수 없기 때문이다. 제어하고 있는 것들에 대해 근심하지 말라. 왜냐하면 당신은 그것들을 제어하고 있기 때문이다."

미키 리버스의 말보다 좀더 성경적인 근거가 필요하다면 신명기 29장 29절은 어떤가?

"오묘한 일은 우리 하나님 여호와께 속하였거니와 나타난 일은 영구히 우리와 우리 자손에게 속하였나니"

다시 말해 우리가 제어할 수 없는 게 있으니 우리에게 나타난 일들에 대해 행동을 취하라는 것이다. 이 책에서 우리는 또한 우리가 교회 자격으로 하는 일들과 그 일들을 하는 이유를 재평가할 것이다. "이것이 늘 우리의 방식이다"라는 원칙은 모든 성소에서 금지되어야 하며, 대신에 기도

하는 마음으로 다음과 같은 질문을 해야 한다.

"이렇게 하는 것이 여전히 가장 좋은 방법인가?"

현대에 발맞추지 못하는 교회는 우리의 삶에 변화를 줄 수 없다. 현대에 발맞춘다고 해서 꼭 문화적으로 최신 유행에 따라간다는 의미는 아니다. 그것은 단순히 우리 모두가 갖고 있는 커다란 고민들과 관심들에 대해 말할 수 있고 기꺼이 말하고자 하는 자세를 의미한다.

나는 왜 이곳에 있는가? 나는 어디서 의미 있는 것들을 찾을 수 있는가? 결혼과 가정은 오늘날의 문화에서도 여전히 제 기능을 할 수 있는가? 인생에서 나는 무슨 일을 해야 하는가? 내가 죽는다면 무슨 일이 일어날까? 하나님이 정말로 이 세상을 지켜보고 관여하신다면 왜 괴로움과 고통이 있는 걸까? 이런 질문들은 앞으로도 계속 제기될 것이고 쉽게 답할 수 있는 것들이 아니다. 우리는 이런 문제들에 대해 인내심과 용기를 가지고 기꺼이 의심과 나약함에 맞서고 있는가?

동시에 우리는 그동안 변화되어온 교회 전략 및 프로그램들과 그것들을 바꾼 이유도 재평가해야 한다. 최근에 아내 조니와 나는 우리 집을 새 단장할 필요가 있다는 결정을 내렸다. 15년 된 우리 집 카펫은 수명을 다하고 있었다. 그래서 우리는 카펫을 더 좋은 것으로 바꾸기로 했다. 하지만 카펫이 깔려 있던 바닥은 걷어내지 않았다. 우리는 바꿀 필요가 있는 것만 바꾸고 나머지는 그대로 놔두었다.

그런데 많은 교회들이 단지 최신 경향에 뒤떨어지지 않겠다는 이유로 상당히 견실한 기초를 뜯어내고 있지는 않은지 걱정된다. 그저 변화를 위한 변화를 추구하는 것은 아닌지 모르겠다. 세례 물과 함께 아기 예수를 내던져버리지는 않았을까? 하나님과의 편안한 관계를 추구하느라 그분의 존엄함을 보지 못하고 있는 것은 아닌가? 이 책에서 우리는 옛 것과 새 것의 균형을 이루는 방법을 모색할 것이다.

정말로 균형을 찾고 싶다면 기꺼이 자신부터 돌아볼 줄 알아야 한다. 그로 인해 상처를 입고 아담하고 안락한 참호에서 어쩔 수 없이 나오게 되더라도 그렇게 해야 한다. 우리는 스스로에게 낱낱이 정직해야 한다. 최근 대통령 선거 운동 기간에 이런 슬로건을 보았다.

"어리석은 자여, 이게 경제라네."

그 선거단은 그들의 승리에 필요한 것이 무엇인지 그 초점을 잃지 않기를 원했다. 여기서 나는 정말이지 누구도 공격할 뜻은 없지만 그리스도인들에게 이렇게 말하고 싶다.

"어리석은 자여, 이게 복음이라네."

그 무엇도 복음보다 앞설 수 없다. 우리 서로에 대해 그리고 문화에 대해 다룰 때 우리는 그 사명을 방향타로 삼아야 한다. 그 목표를 달성하기 위해 다른 많은 일들을 하더라도 항상 그리스도의 복음에 초점을 맞추어야 한다.

삶을 바꾸는 복음의 메시지를 보다 효과적으로 전달하고 싶다면, 교회 공동체 안에서 변화되어야 할 것이 있음을 인식하는 사람들에게 이 책이 자극이 되기를 소망한다. 우리는 보다 일관되게 그리스도를 모델로 삼아야 한다. 논쟁만 크게 일으키고 영원의 진리와 관련해서는 아주 사소하고 시야만 가리는 문제들은 포기할 줄 알아야 한다. 이 차이점을 분간하려면 좀더 사려 깊어야 하는데, 바로 이런 점에서 이 책이 당신을 일깨워주기를 소망한다.

이 책은 아주 개인적인 여정에서 나온 결과물이다. 롤러코스터를 타듯이 보낸 31년간의 믿음 생활 후에 내 영적인 집은 거의 모든 면에서 점검이 필요했다. 어떤 곳은 그저 조금 닦고 광만 내면 되었다. 어떤 곳은 아예 뜯어내 버려야 했다. 대대적인 리모델링이 필요한 곳도 있었다. 이 책의 내용들은 그런 여정을 일부 반영하고 있다.

이 책의 제목을 고민하면서 생각할 거리를 주는 책이 되느냐 바보 같은 책이 되느냐 사이에는 아주 가느다란 선이 있을 뿐이라는 깨달음이 들었다. 어쩌면 당신은 내가 이미 그 선을 가로질렀을 것이라고 생각하는지도 모르겠다. 이야기를 풀어가면서 나는 때때로 무자비하게 문제 제기를 할 것이다. 하지만 당신을 기나긴 죄책감의 여정에 오르게 하고 싶은 마음은 전혀 없다. 아무튼 죄책감을 상품으로 하는 여행 시장은 이미 포화 상태가 아닌가?

비록 그렇더라도 나 자신과 당신에게 솔직할 작정이다. 이 책을 쓰면서 겪은 재미있는 일 가운데 하나는, 내가 한 말들을 하나님께서 어떻게 내게로 돌리셨는지 보게 되었다는 것이다. 마치 벅스 버니 만화의 한 장면과 같다. 내가 엘머 퍼드토끼 벅스 버니를 잡으려고 쫓아다니지만 도리어 늘 당하고 마는 만화 캐릭터 – 역자 주가 되어 비난의 총알들을 장전하면, 하나님께서 그 총신을 구부러뜨리고 나는 내가 쏜 총알에 맞고 마는 것이다.

그래서 책 제목을 말할 때 한두 번쯤 웃음을 지으며 '그리스도인'이 의미해야 하는 바에 마음을 열게 되기를 소망한다. 아주 잠시라도 진심이 되어보자. 겉으로 드러나는 우리 그리스도인의 모습에 흠 하나 남기지 않고 정직해보자. 강박 관념 없이 자기 성찰을 해보자. 허심탄회함과 유머, 이 두 가지가 모두 약간은 변화에 필요하다는 사실더불어 겸손과 회개는 많이 필요하다는 사실을 알고 있으므로 이 둘의 균형을 잡으며 그간 우리가 어떻게 행해왔는지 살펴보자. 우리의 약함을 보여 달라고 하나님께 간구하자.

이런 까다로운 요구들과 문제를 제기하며 도전하는 나는 대관절 누구란 말인가? 나는 그저 사람들이 오로지 예수님과의 진정한 관계를 통해내 경험상으로는 그렇다 자유와 기쁨을 경험하는 것을 보기 원하는 보통 사람일 뿐이다. 나는 사람들을 무력하게 만드는 중요하지 않은 연막과 거짓 변명 없이 그리스도인답게 살아가려고 노력하는 남자이다.

일상의 혼란 속에서 만나는 사람들에게 해를 입히지 않고 내 믿음대로 살아가고자 하는 사람이다. 나는 예수님의 고귀한 이름이나 그리스도 안에 있는 형제자매들에게 아무 해도 끼치지 않기를 바란다. 그것은 매우 높은 목표이며 내가 이미 놓쳐버린 목표이기도 하다. 확실히 나는 그 목표를 놓쳤고 앞으로도 놓칠 것이다. 그럼에도 우리는 좀더 자주 그것을 목표로 삼아야 한다. 그것은 매일의 삶에서 추구해야 할 목표이다.

나는 신학 박사 학위도, 신학교 학위도 없다. 하지만 다방면에서 이 문제를 실질적으로 보고 있다. 망망대해에서 수영을 하다가 상어를 발견하고 꽁무니가 빠지도록 바다에서 헤엄쳐 나오는 데 무슨 해양 생물학 학위가 필요하지는 않지 않는가?

다만 내 목표가 당신에게 생각할 거리를 주고 스스로를 돌아보게 하는 데 있음을 알아주기 바란다. 나는 어쩌면 내내 당신을 괴롭힐 수도 있다 이 책을 든 이상, 당신은 그런 나를 용서해야 할 의무가 있다. 다만 구약 성경 민수기 22장 28절 "여호와께서 나귀 입을 여시니…" 이 말씀을 부디 기억하기 바란다.

5 You hem me in--behind and before; you laid your hand upon me.
6 Such knowledge is too wonderful for me, lofty for me to attain.
7 Where can I go from your Spirit? Where I flee from your presence?
8 If I go up to the heavens, you are there; if I make my bed in the depths, you are there.
9 If I rise on the wings of the dawn, if I settle on the far side of the sea,
10 even there your hand will guide me, your right hand will hold me fast.
11 If I say, "Surely the darkness will hide me and the light become night around me,"
12 even the darkness will not be dark to you; the night will shine like the day, for darkness is as light to you.
13 For you created my inmost being; you knit me together in my mother's womb.
14 I praise you because I am fearfully and wonderfully made; your works are wonderful, I know that full well.
15 My frame was not hidden from you when I was made in the secret place. When I was woven together in the depths of the earth,
16 your eyes saw my unformed body. All the days ordained for me were written in your book before one of them came to be.
17 How precious to me are your thoughts, O God! How vast is the sum of them!
18 Were I to count them, they would outnumber the grains of sand. When I awake, I am still with you.
19 If only you would slay the wicked, O God! Away from me, you bloodthirsty men!
20 They speak of you with evil intent; your adversaries misuse your name.
21 Do I not hate those who hate you, O LORD, and abhor those who rise up against you?
22 I have nothing but hatred for them; I count them my enemies.
23 Search me, O God, and know my heart; test me and know my anxious thoughts.
24 See if there is any offensive way in me, and lead me in the way everlasting.

For the director of music. A psalm of David.

140 Rescue me, O LORD, from evil men; protect me from men of violence,
2 who devise evil plans in their hearts and stir up war every day.
3 They make their tongues as sharp as a serpent's; the poison of vipers is on their lips. Selah
4 Keep me, O LORD, from the hands of the wicked; protect me from men of violence who plan to trip my feet.

제1부 침묵하는 양들

우리가 서로에게 저지르는 면목 없는 일들

> 오늘날 세상에 무신론이 존재하는 가장 큰 이유는 예수님을 입술로만 알고
> 문 밖에 나가서는 생활양식으로 그분을 부인하는 그리스도인들에게 있다.
> 믿지 않는 세상이 간단히 찾아낸 이 얼마나 믿지 못할 일인가?
> – 브레넌 매닝Brennan Manning

제1장 세상에서 가장 인정머리 없는 집단

작가 플래너리 오코 Flannery O'Connor는 이런 말을 한 적이 있다. "교회를 위해 일하는 만큼 당신은 그 교회로부터 때때로 고통 받게 될 것이다."

결혼 생활을 하면서 내가 겪은 가장 고통스러운 경험은 교회로부터 특별한 대우를 받으면서 시작되었다. 나의 아내 조니는 1985년 딸아이를 낳았다. 하지만 그 아이가 무뇌증이라고 불리는 불치병인 선천성 신경관 결손증을 가지고 있다는 것을 알게 되면서 우리의 행복은 슬픔에 녹아들고 말았다. 그 병이 있으면 뇌가 크지를 못한다. 케이티는 기본적으로 뇌간만 있었다. 앞으로 몇 시간 또는 며칠을 넘기지 못할 것이라고들 했다. 분만실에 있던 의사는 의사의 입장에서 케이티의 상태를 사무적으로 설명

했는데 내 평생 잊지 못할 말이었다.

"이런 상태로는 살 수 없습니다."

케이티가 정상적으로 살 수 없음이 분명하기에 충격과 슬픔이 몰려왔다. 아이를 조금이라도 낫게 할 어떤 치료책이나 희망이 전혀 없었다. 나는 가족과 친구들에게 전화를 돌리고 두 아들에게 그들의 여동생의 상태에 대해 설명해주는 고통스러운 과정을 밟았다.

하지만 캐서린 앨리스 버체트는 의사들을 놀라게 하며 살아남았다. 눈은 전혀 뜰 수 없고 웃을 수도 없었다. 체온을 일정하게 할 능력도 없었기에 우리는 방의 온도를 늘 점검해야 했다. 케이티가 겪는 신체적인 불편함 가운데 하나는, 두개골 후면이 열려 있어 그곳에 늘 거즈를 대고 정기적으로 갈아주어야 한다는 점이었다. 조니는 내가 앞으로도 계속 존경하고 잊지 못할 방식으로 케이티를 사랑하며 돌보았다.

아내는 아이를 집으로 데려가야 한다고 주장했지만 나는 케이티를 집에서 돌볼 경우 아들 녀석들이 어떤 영향을 받을지 몰라 두려웠다. 솔직히 내가 어떤 영향을 받을지가 더 걱정되었는지도 모른다. 하지만 아내는 다른 방도는 생각하지 않았고 일단 마음을 굳히자 강경하게 나왔다. 덕분에 나는 아내의 의견에 동의함으로써 나의 영적 분별력을 보여주지 않을 수 없었다.

케이티는 우리 가족의 일상 속에 들어와 자리를 잡았다. 아이는 병에 든 물을 마실 줄 알았고 엄마가 만지면 반응했으며 조금 성장하기까지 했다. 우리는 캠핑 가는 곳에 케이티를 데려갔고 남자아이들이 하는 공놀이와 행사에 정식으로 참여했다.

가끔 사람들은 우리에게 상처가 되거나 짓궂은 말들을 했다. 학교에서 어떤 아이가 "네 여동생은 뇌가 없다며?" 하고 우리 큰 아이를 놀려댔다그 아이는 틀림없이 집에서 그런 말을 듣고 학교에 와서 옮겼을 것이다. 어른들이 자녀들 앞에서 말할 때 항상 조심해야 한다는 사실을 일깨워주는 예이다.

한번은 온 가족이 옷을 차려입고 가족사진을 찍으러 나갔다. 전국에 체인점을 둔 유명한 사진관으로 갔다. 그런데 케이티가 눈을 떠야 사진을 찍을 수 있다고 사진사가 우기는 게 아닌가. 우리는 딸아이가 물리적으로 눈을 뜰 수 없다는 사실을 참을성 있게 설명해주었다. 그런데도 사진사는 단체 사진에서 한 사람이라도 눈을 뜨고 있지 않으면 사진을 현상해주지 않는다는 이유를 들며 사진을 찍을 수 없다고 했다.

케이티는 그들의 시스템에 전혀 맞지 않는 존재였고 그들은 융통성이라고는 전혀 없었다. 결국 우리는 사진을 찍지 못해 그곳을 나왔고 개인 사진가에게 갈 수밖에 없었다. 지금도 모든 것을 감안해야 하지만 케이티와 함께하는 우리의 삶은 그런 대로 잘 출발했다.

그리고 교회에 갔다.

어느 주일 아침, 교회에 가기 전이었는데 한 친구에게서 전화가 왔다. 교회 탁아소에서 더 이상 케이티를 받지 않기로 했다는 내용이었다. 탁아소에서 돌보는 도중에 혹시 아이가 죽을 수도 있고, 아이의 모습에 충격을 받을 자원봉사자가 있을 수 있다는 것이 그 이유였다. 그래서 엄마들이 모여서 그런 결론을 내린 모양이었다 그 과정에서 케이티에 대해 우리에게 뭐 하나 물어본 일은 없었다.

그들은 케이티의 뒤통수가 열려 있어 포도상구균 감염 같은 게 일어나지 않을까 걱정했다. 그러나 실제로 열린 부분은 살균 처리된 붕대로 덮여 있어 탁아소에 있는 사람들이 감염을 걱정할 필요가 없었다. 주일날 잠깐 아이를 돌보는 그 시간에 특별한 주의를 기울일 게 없었다. 게다가 케이티는 다른 아이들과 같이 어울리지도 못하는 터였다.

아주 세심한 주의를 기울이면 혹시 발생할지도 모르는 위험 요소를 사전에 제거할 수는 있을 것이다. 하지만 우리는 그 아이가 오래 살지 못한다는 사실을 이미 알고 있었다. 그것은 설령 그 아이가 탁아소에서 죽는다고 해도 우리가 아무도 탓하지 않을 것이라는 뜻이다.

교인이 150명뿐인 교회이므로 혹시 케이티에게 응급 상황이 벌어지면 그들이 얼른 우리를 부를 수 있다고 생각했다. 기회가 있었다면 우리는 그들이 두려워하는 점들에 대해 설명해줄 수도 있었다. 하지만 이미 결정이 나버렸다. 교회는 케이티를 더 이상 받아들이지 않기로 했고 이는 내가 전혀 예상치 못한 일이었다. 우리의 고통은 더욱 커졌다.

아내는 전에 없이 큰 상처를 입고 허물어졌다. 그런 모습은 이후에도 볼 수 없을 정도였다. 친구들이 우리에게 상처를 주려고 그런 행동을 한 것은 아니라고 확신하지만 그 상처는 오랫동안 아픔으로 남았다. 그리고 그 아픔은 점차 커져 갔다. 우리는 교회 사람들이 케이티에 대해 그런 걱정을 하고 있다는 주의를 받은 적이 없었다. 그런 소리를 들은 적도 없었다. 그러더니 그들끼리 비밀리에 모임을 갖고서는 이미 결정된 사항을 전화로 통보해온 것이다. 이런 일을 겪은 사람은 비단 나만이 아니다.

루케미아로 아내를 잃는 끔찍한 경험으로 고통 받은 중서부 출신의 한 목사를 안다. 아내와 사별하고 나서 몇 주 안 되어 당회는 그에게 사임을 요구했다. 독신이 된 목사의 지도를 받고 싶지 않다는 것이 그 이유였다. 슬픔에 빠진 이 남자는 목회를 계속하기 위해 교파를 바꾸어야 했다. 그 후 그가 모든 일을 다잡아 해나갈 수 있었던 것은 기적이요 하나님의 은혜가 아닐 수 없다.

고향 오하이오 주 칠러코시에서 내가 아는 한 사람이 마침내 그의 가족들을 데리고 지역 교회에 다닐 결심을 했다. 그는 차에 가족들을 몽땅 태우고 근처의 한 교회를 찾아갔다. 그 교회는 즉시 그의 차림새에 상당하고도 진심 어린 관심을 보였다. 로이는 하나님의 성전에 덥수룩한 수염을 하고 나타날 정도로 배짱이 두둑했다. 그의 수염은 주로 현관 앞에 걸린 예수님의 초상화에 나오는 그런 종류가 아니었다. 교회의 한 지도자가 로이를 내보낼 작정을 하고 그를 만났다.

"저희 교회에서 예배를 드리실 예정이세요?"

그는 물었다.

"아, 예."

로이는 대답했다.

"교회에 다니고 싶습니다."

그 교회 지도자는 그를 훑어 보다가 이렇게 말했다.

"다음 주에는 면도를 하고 나오시면 좋겠군요."

20년도 더 된 일이지만 로이는 아직까지 정기적으로 출석하는 본 교회를 찾지 못하고 있다.

위선자인가, 치유자인가?

'위선자hypocrite'라는 말은 헬라어 'hyprokrites'에서 유래했는데, 시치미를 떼는 사람, 연기하는 사람을 의미한다. 위선자라는 말보다 더 그리스도인을 설명하는 데 쓰이는 부정적인 말이 있을까? 앙드레 지드Andr Gide는 참된 위선자모순 어법인가?를 가리켜 "자신의 기만을 인식하지 못하는 사람, 정직하게 거짓말하는 사람"이라고 정의한 바 있다.

이 말을 들으면 그 즉시 자연스럽게 위선의 죄를 짓고 있다고 생각되는 사람들이 떠오른다. 제시 잭슨Jesse Jackson 목사가 자신과 정부情婦와의 관계를 공개했을 때, 나는 그를 두들겨 패주려는 요량으로 내 마음속에 있던 위선의 망치를 꺼내들었다. 사실은 먼저 내 모습은 어떠한지 돌아보게 해달라고 하나님께 간구하고, 나 역시 분별력없이 살아가고 있는 것은 아닌지 살펴야 했다. 아무래도 그런 일은 저절로 되지는 않는다.

그리스도는 바리새인들의 위선 행위를 가장 혹독하게 책망하셨다(마 6장).

이들 종교 지도자들은 자신이 기도하는 모습을 사람들이 보고 들으며, 헌금할 때 알아주며, 금식할 때 동정해주는 것을 좋아했다. 예루살렘 방송국에서 방송하러 나왔다면 아마도 이 약삭빠른 바리새인들이 그 황금 시간대를 장악했을 것이다.

오늘날 교회는 술 마시고 담배 피고 부도덕하게 살아가는 사람들을 정죄한다. 그러면서도 우리 교인들은 폭식과 뒷말과 이기심과 편협한 신앙에 발을 담그고 있다. 교회에 다니지 않는 사람은 우리의 이런 위선에 놀라고 어이없어 하며 차가운 웃음을 흘리거나 분노한다. 그러다 우리가 전하는 메시지조차 대수롭지 않게 여기게 된다.

젊은 시절 나는 악마의 술과 사악한 담배에 관한 설교들을 수없이 들었다. 그런 설교가 끝나고 나면 으레 곧이어 열량의 악마를 환영하는 게 분명한 포트럭 파티각자가 음식을 하나씩 해가지고 와서 나누어 먹는 파티 - 역자 주가 열렸다. 내 눈에는 병적인 비만도 우리의 성전우리의 몸을 더럽히는 또 하나의 모습으로 비친다. 병적인 비만 또한 잘못된 일이 아닌가? 교회에 다니는 과체중의 사람들은 종종 낮은 신진대사나 갑상선 장애 문제들을 거론하며 그들의 남아도는 살들을 설명하려 든다. 아무리 노력해도 의학적으로 살이 찔 수밖에 없는 사람들이 많다는 것을 나도 안다.

그렇다면 우리는 또한 적어도 이와 비슷하게 유전적으로 니코틴에 보다 더 쉽게 중독되는 사람이 있을 수 있다는 가능성을 열어두어야 하지 않을까? 알코올이나 약에 취약한 사람이 뇌의 화학 작용으로 인해 문제가 더 악화될 수도 있지 않을까?

당신이 나의 견해를 고약하게 비난하는 편지를 단숨에 써내려가기 전에 기회는 많으므로 시간을 두고 요모조모 잘 생각해서 포괄적인 반박문을 써서 보낼 것을 제안한다. 삶을 변화시키는 하나님의 능력 안에서 나의 모든 것을 걸고 내가 믿는 바를 말하고 싶다.

알코올 중독자가 술을 끊고 더 이상 마시지 않을 수 있는 힘을 하나님께서 주실 수 있음을 나는 안다. 그런 일을 목격하기도 했다. 흡연자가 마지막 담배 한 개비를 저버릴 수 있는 능력을 하나님께서 주실 수 있다고 나는 믿는다. 사람들이 단호하게 알약과 마약을 하수구에 내다버리도록 하나님께서 하실 수 있다고 나는 확신한다.

하지만 그런 믿음의 이면에 무언가 마음에 걸리는 게 있지 않은가? 우리는 또한 하나님께서 우리에게 뷔페 식탁으로부터 떨어질 수 있는 힘을 주실 수 있음을 알아야 하지 않을까? 그분은 내가 누군가에게 상처를 주는 험담에 은밀히 끼어들 때 내 혀에 재갈을 물릴 수 있는 힘을 주실 수 있다. 내세울 것 없는 낡은 차를 바꾸지 않고 계속 몰거나 화면분할 기능이 없는 작은 텔레비전을 내다버리지 않고 계속 볼 수 있도록 하나님께서 만드실 수 있다는 사실을 나는 알아야 하지 않을까? 실제로 살아가면서 궁핍한 사람들을 돕기 위해 내가 가진 것들을 내놓으려면 말이다.

그리스도가 죄인에게 다가가신 방식을 보면 감탄하지 않을 수 없다. 분명히 그분은 그분을 둘러싼 많은 사람들의 생활양식과 행동을 묵과하지 않으셨다. 하지만 그들의 영적인 필요에 끌리셨다. 그들도 그분에게 끌렸다. 창녀들과 문둥병자들 그리고 세리들은 모두 예수님의 말씀에 귀를 기울일 필요를 느꼈다. 국세청에 있는 친구들의 말을 들어보면, 그 당시 문화에서 세리들은 개인의 이득을 챙기기 위해 동포들을 부당하게 착취하는 변절자들이었다. 올해 세금 환급금에서 재택근무 공제액을 계산하는 훌륭한 국세청의 청렴한 공무원들과는 전혀 달랐다.

예수님의 주변에서 가장 마음이 불편한 사람들은 과거에도 그랬듯이 종교인들, 즉 교회에 다니는 사람들인 것 같다. 가장 아픈 사람에게 의사가 필요하기에 자연스레 예수님은 응급실로 향하셨다. 의사 친구들의 말을 들어보면, 자기 건강에 대해 필요 이상으로 걱정하는 사람보다 더 의사들을 괴롭히는 환자도 없다고 한다.

이 불행한 사람들은 의료인들의 자원과 시간, 즉 정말로 아픈 사람들을 치료하는 데 훨씬 더 유용하게 쓰일 자원과 시간을 바닥내버린다. 예수님도 당시의 심기증 환자들 바리새인과 종교인들을 대하면서 이와 같은 생각을 하셨던 것 같다. 자신들의 참된 영적 증상을 깨닫지 못하는 사람들에게 예수님은 인내심을 보이지 않으셨지만, 영적으로 병든 이들은 늘 보살피고자 하셨다.

교회는 영적인 질병을 다루어야 한다. 죽을병에 걸린 사람이 헬스클럽에 갈 생각은 하지 않을 것이다. '몸매를 가꾸기 좋을 때야. 하지만 내가 얼마 살지 못할 것이라고 생각하니 끔찍하군.' 그러나 오늘날 많은 교회들은 영적으로 건강한 사람들만 참으로 환영하고 있다는 느낌을 사람들에게 전해주고 있다. 실제로는 낙담하고 상처 입을 때 정말로 하나님의 놀라운 은혜를 받아들일 준비가 될 수 있는데 말이다. 그러나 너무나 많은 사람들은 교회에 가는 것을 편하게 생각지 못하고 죄책감만 가중된다고 느낀다. 그곳에 가보았자 사람들의 판단이나 받고 생색내는 듯한 대접을 받을 것이라고 생각한다.

사실 이런 생각들은 일정 부분 스스로 만들어낸 상처들이다. 하지만 그렇지 않은 경우도 많다. 우리의 행동들 가운데 사람들에게 상처를 주어 교회를 떠나게 하는 무언가가 있지 않은지 돌아보아야 한다. 병원에 가기에는 건강이 너무 악화되었다고 생각한 적이 있는가? 보험에 들었는데, 병세가 너무나 심해 병원으로부터 입원 거부를 당한 적이 있는가?

"당신의 아픈 모습을 보고 싶지 않습니다. 다른 곳을 찾아보세요."

교회가 언제부터 감정적인 고통을 치유하고 물리적, 정서적, 영적인 필요를 채워줄 책임으로부터 물러났는가?

코미디언 스티브 마틴Steve Martine는 이런 말을 곧잘 했다.

"코미디는 재미있는 일이 아니다."

때때로 목회도 그러하다. 목회란 때때로 산뜻하거나 폼 나거나 번드레하지 않을 수 있다. 때때로 대가를 요구하기도 한다. 영적으로 심하게 아픈 사람 곁에 있기란 그리 유쾌한 일이 아니다. 마음이 불편해지기 때문이다. 영적으로 아픈 사람을 대하는 것은 힘 빠지는 일이다. 그 사람이 낫는다는 보장도 없다. 그러니 차라리 누군가를 고용해 그 난처한 일을 시키고 우리는 찬양 예배를 드리다가 나중에 보고나 받으려고 한다.

하지만 그리스도의 사랑을 전하면서 어떻게 에이즈 같은 병에 관심을 가지지 않을 수 있겠는가? 그런 일에 전혀 마음이 '움직이지' 않거나 그 병이 전염되기 쉽다는 것을 알게 된다면 어떨까? 하나님의 은혜에 대해 말하면서도 다른 사람들의 물리적인 필요들을 나 몰라라 하거나 성공과 돈과 권력의 우상에 절할 수 있을까? 헌금의 중요성에 대해 말하고 난 후 필요하지 않는 일, 정말이지 관심도 없는 사람들의 비위를 맞추는 일에 돈을 쓸 수 있을까? 자기 가족의 영적인 필요를 먼저 채워주지 않고서도 다른 사람들을 목양할 수 있을까? 값비싼 스포츠카를 타고 돌아다니다가 노숙자들 앞에서 얼굴을 돌려버리면서도 세상의 존경을 받을 수 있을까?

그런 문제들을 외면해도 하나님께서 우리에게 책임을 묻지 않으실 것이라고 생각하는가?

우리 가족은 찰리라는 멋진 골드리트리버 개 한 마리를 키운다. 녀석은 휴지와 종이 타월만 보면 사족을 못 쓴다. 찰리는 휴지를 입에 물고 냅다 도망치는 일을 내가 용납하지 않는다는 사실을 안다. 그래서 휴지를 한 장 훔칠 때마다 얼른 거실로 달려가 '앤 여왕' 의자 아래에 머리를 밀어 넣고 무작정 앞만 바라본다. 녀석은 자기 몸뚱이의 75퍼센트가 밖에 훤히 드러난 채 꼬리만 사정없이 흔들고 있다는 사실을 알지 못한다. 그러면서도 얼굴을 가리고 있기 때문에 벌을 면할 수 있다고 생각한다. 바보 같기도 하고 재미있는 장면이 아닐 수 없다.

우리 그리스도인이 그리스도의 대리인이자 요원으로서 이 땅에 파견된 책임을 피할 수 있다고 생각하는 것도 이 못지않게 바보 같은 일이다. 다른 사람의 필요를 못 본 척하고 딴 데로 시선을 돌리면서도 이를 하나님께서 눈치 채지 못하실 것이라고 확신한다면, 우리 그리스도인이 찰리보다 더 똑똑하다고 말할 수 있을까?! 모르긴 몰라도 하나님은 웃음 지으며 이렇게 말씀하지는 않으실 것이다.

"저런, 데이브야, 친구가 고통에 처한 것도 모를 만큼 굉장히 바빴구나. 그럴 수도 있지 뭐."

결코 그러실 리 없다. 찰리의 몸뚱이가 밖에 훤히 드러났듯이 나의 이기심도 그렇게 훤히 드러난다.

그들만의 사교 모임

> 나는 율법과 규칙으로
> 은혜에 대한 개념을

꽁꽁 묶어버린 매우 엄격한 교회에서 자라났다. 여자들은 몸에 장신구를 해서는 안 되었다. 남녀가 함께 물 속에 들어가도 안 되었다.이것이 수영을 의미한다는 것을 깨닫기 전까지 나는 청춘의 호르몬에 불을 지피며 엉뚱한 상상을 했다. 교회 안에서는 피아노나 오르간을 제외한 어떤 악기도 허용되지 않았다. 그에 대한 성경적인 근거는 어디에도 없었다.

"줄로 된 어떤 악기나 두들기는 우상도 들어서는 안 되느니라."

남자들은 머리를 기를 수 없었다. 여자는 짧은 머리를 해서는 안 되었다. 짧은 바지를 입어도 안 되었다. 욕도 안 되었다. 화장도 안 되었다. 여자들에게 바지는 금물이었다. 카드놀이도 안 되었다. 영화도 안 되었다. 춤도 안 되었다. 담배도 안 되었다. 술도 안 되었다. 신약 성경에 나오는 포도주가 실제로는 포도주스임을 60분 내내 설명하는 설교를 나는 끝까지 앉아서 다 들어야 했다. 그래서 예수님께서 물을 웰치스로 바꾸셨다고? 틀림없이 풍성한 진미와 고품격 빈티지 와인, 아니 포도주스가 곁들여진 멋진 결혼 잔치였겠군.

교인들이 해서 안 되는 일은 여기서 그치지 않았다. 조금이라도 쾌락과 연관된 활동은 그 어떤 것도 허용되지 않았다. 텔레비전도 보면 안 되었다. 우리 교회 교인들은 목사님이 심방을 오면 텔레비전을 시트로 덮어 놓았다. '악마의 상자'가 그 시트 아래 있다는 것을 순진한 목사님이 모를 것이라고 생각했던 모양이다. 커다란 시트 아래에 있는 상자 모양의 물건이 텔레비전이라는 것을 우주의 창조주인들 어찌 알랴 싶었나보다.

교인들이 해서 안 되는 일은 꼬리에 꼬리를 물었다. 그것이 미치는 영향은 예상대로였다. 우리는 기쁨도, 평안도, 하나님의 용서에 대한 확신도 경험하지 못했다. 우리의 작고 옹색한 울타리 너머에 있는 어느 누구한테도 흥미를 갖지 못했다. 그 작고 음울한 교회는 이름을 다시 지어야 할 것 같다. '교인의 무리는 사랑하지만 교인 개인은 사랑할 줄 모르는 비참한 제일교회'.

이 교회가 허용하는 몇 안 되는 일들은 정말이지 금지된 일들보다 더 혐오스러웠다. 인종차별주의와 편협한 신앙이 그것이었다. 공식적인 정책이 있는 것은 아니었지만 우리 교회에서 '유색인colored' 미국계 흑인들을 가리키는 친절하고도 계몽적인 용어들은 전혀 찾아볼 수 없었다.

다들 그저 그러려니 했다. 그들은 '그들의' 교회가 있는데, '그들이' 그 사실을 분별하는 도리를 안다면 '우리의' 하나님께 예배드려도 된다는 정도로 생각했던 것 같다.

그나마 우리 가운데 보다 더 영적인 사람들만 미국계 흑인들을 '유색인'이라고 불렀다. 의식이 덜 깬 사람들은 그들을 '깜둥이' 혹은 그보다 못한 밀로 불렀다. 우리 교회 사람들은 유대인들도 욕했다. 설교 시간에 유대인들이 우리나라를 얼마나 망쳐놓고 있는지에 대해 들었다. 이는 사실상 구세주가 무시당한 셈이다. '동성애자', '남색자'라는 말은 꺼내지도 말라. 우리는 게이 집단을 그렇게 다채롭게 불렀다.

너무나 많은 사람들이 교회로부터 이질감을 느끼는 게 당연하다. 나 또한 이 집단의 일원이면서도 이질감을 느낀다.

그러나 예수님의 교회는 똑똑하고 교양 있는 사람들만 모이는 사교 모임이 아니다. 교회는 어느 누구도 따돌려서는 안 된다. 교회는 다른 곳에서는 환영받지 못할 사람들도 따듯하게 맞아들여야 한다. 누구나 교회에 나올 수 있다. 하지만 대부분의 교회는 도덕적으로 살아가지 못하는 사람들에게 마음 편한 장소가 아니다. 또한 그저 평범하게 살아가는 대다수 사람들에게도 편안함을 주지 못할 때가 자주 있다.

하나님의 은혜를 알고 각 사람을 그분의 피조물로 보는 성숙함을 갖추지 못한 우리는 우리와 다른 모습을 한 사람들을 거부하는 경향이 있다. 특정한 사람들이 회중 앞에 나서서 말하거나 다수를 차지하지 않기를 바란 적은 없는가? 당혹스러움을 감추지 못하는 형제자매들이 없다면, 아니 적어도 눈에 띄지 않는다면 평소 교회에 다니지 않는 친구들을 교회에 데려오기가 훨씬 수월할 것이다.

마음에 드는 사람들만 하나하나 골라서 가족을 꾸릴 수 있다면 남들 보기에 좋을 것이다. 그러나 가족 전체를 한 번에 받아들여야 할 때 약간은 당혹스러운 일도 생기게 마련이다. 당신의 가족도 틀림없이 그럴 것이다. 교회 가족도 마찬가지다. 우리가 함께 일해야 할 사람들은 죄인들이다. 이는 단순 명료한 사실이다.

우리는 당황하지 않는 우리의 모습을 보고 좀 당혹스러워 하는 사람들과 함께 하나님을 믿어야 한다우리의 교만한 마음이 그런 식으로 생각할 수 있다는 게 놀랍지 않은가? 우리는 그들과 친구가 되는 대담한 걸음을 내딛어야 한다. 복제된 그리스도인으로만 구성된 단일 집단에 집착하는 신자들은 성장에 한계가 있을 수밖에 없다. 이에 대해서는 다음 장에서 이야기하겠다.

죄인 중심 교회

사랑하는 아내 조니를
만나기 훨씬 전에
한 여자와 데이트를 한 적이 있다(책을 쓴다는 것은 역시나 위험한 일이다. 나는 그녀에게 같이 교회에 가자고 했다. 그녀는 그리스도인이 아니었고 교회의 공공연한 관례들도 몰랐다. 우리 교회는 그 관례 조항들을 한데 모아 여러 권의 책을 출간하기도 했다. 그녀는 교인들의 입방아에 오르기 좋은 민무늬 드레스를 입고 교회에 왔다. 그녀는 그저 자신이 갖고 있는 옷 중에 제일 좋은 옷을 입고 교회에 왔다고 생각했을 것이다. 실제로 그녀에게는 잘못이 없었다. 교회에 들어설 때부터 우리 둘은 레이저빔처럼 쏘아대는 성도들의 따가운 시선에 온 몸에 구멍이 나는 것 같았다.

나는 예배 시간 내내 그녀가 하나님의 말씀을 받아들일 수 있게 해달라고 간구하는 대신에, 이 소견머리 없는 교인들이 나를 어떻게 생각할까를 더 걱정했다. 솔직히 밝히자면, 교회 안에서 불과 몇 안 되는 정중한 사람들만 우리를 따뜻하게 맞아주었고 나머지 대다수는 그저 우리를 질리게 하기에 여념이 없었다.

죄인들을 위할 줄 아는 교회에선 이런 일은 없을 것이다.

죄인들을 위할 줄 아는 교회, 이른바 '죄인 중심 교회'는 그곳에 들어오는 누구든 간에 환영과 사랑을 받고 있다는 느낌을 주자는 취지에서 내가 제안하는 일종의 새로운 교회 운동이다.

'죄인 중심 교회'는 사적으로 도덕적인 문제를 판단하지 않는 교회이다. 문신이나 피어싱, 괴상한 머리 모양을 하거나 보기 흉한 신발을 신었다고 해서 반드시 그 사람이 악마에게 사로잡혀 있음을 의미하지 않는다.

'죄인 중심 교회'는 다른 사람을 등 뒤에서 헐뜯지 않겠다는 서약이 필요 없는 교회이다. 자신이 현재 험담의 도마에 오르지 않은 것은 오로지 하나님의 은혜임을 알기 때문이다.

'죄인 중심 교회'는 크고 작음에 상관없이 모든 영적, 육체적, 재정적인 은사들을 가치 있게 여긴다. 이 교회는 막대한 물질을 기부하여 새 부속 건물을 지어준 사람에게 감사는 하지만 그를 치켜세우는 일은 하지 않는다.

'죄인 중심 교회'는 희생적으로 서로가 서로에게 다가가고 서로를 어루만지며 돌보는 일을 실천한다. 우리 모두가 인생에서, 그리스도인으로 살아가는 길에서 넘어질 수 있음을 알기 때문이다.

'죄인 중심 교회' 사람들은 기도할 때 머뭇거림 없이 노동자들과 손을 잡는다. 흑인과 백인과 히스패닉과 그밖에 사람들이 함께 빵을 나눈다. 그들 모두가 피부색을 보지 않으시는 하나님 안에 있는 죄인들이기 때문이다.

'죄인 중심 교회'는 우리에게 당치 않은 기회를 어떻게든 주려고 결정하신 하나님에 대한 깊은 감사를 대가 없이 나눈다.

'죄인 중심 교회'는 실수와 그릇된 결정 그리고 죄에서 돌아온 사람을 따뜻하게 맞아들이는 탕자 사역을 한다. 이곳 교인들은 다른 이들의 삶에 깊이 관여한다. 형제자매들에게 경건한 기준에 대한 책임을 지운다. 결혼을 소중히 여긴다. 문제나 시련이 있을 때 가족들이 지원군으로 나선다.

'죄인 중심 교회'의 교인들은 작은 위기가 닥칠 때마다 목사에게 한눈팔지 말라는 주의를 줄 만큼 자기중심적이지 않다.

또 요즘은 교회의 많은 일들을 교회 '직원'들에게 맡기기 좋아하는데 이곳의 신자들은 그런 필요를 채우는 일을 돕는다. 이 교회 사람들은 양분을 받아먹을 준비가 되어 있지만, 또한 하나님께서 우리의 영적인 갈급함을 채우기 위해 과거에 주신 방법들을 초월하여 자원들을 공급해주신다는 사실을 안다. 예나 지금이나 궁핍한 교회 문 밖으로 걸어 나갈 수 있다면, 우리는 기독교 서적들과 라디오, 비디오, 카세트테이프, 인터넷 그리고 연구물들로부터 놀라운 자원을 끌어올 수 있다. 간절히 원하기만 한다면 누구라도 넘치도록 채움을 받을 수 있다.

'죄인 중심 교회'는 또한 영적인 떠돌이들을 기꺼이 받아들이고 아무도 소외감을 느끼지 않도록 하는 일을 우선시한다. 이 교회 사람들은 서로를 귀하게 여기지만 가끔은 약간 부담을 줄 때도 있다. 안락함은 교회가 추구하는 주요 목표가 아니다. 치과에 가서 항상 안락함을 느낄 수만은 없다. 내가 해야 할 일을 등한시했을 때는 종종 고통이 찾아온다. 간호사들이 항상 따뜻하게 맞이하고 돌봐주더라도 의사는 엄연한 진실을 가지고 내 앞에 나타난다.

"문제를 너무 오래 방치하셨군요. 치료하려면 약간 고통이 있겠는 걸요. 예전의 온전한 상태로 회복되려면 비용과 시간을 들이셔야 합니다."

이상이 내가 지닌 구강 위생상의 죄와 관련된 진실들이다.

'죄인 중심 교회'는 그러한 진실들을 피해가지 않는다. 우리는 치아나 영혼의 충치를 반드시 처리해야 한다. 이곳 사람들은 서로에게 진실을 말하고 조금은 고통스러울지도 모를 그 과정을 설명해준다. 또 계속해서 예방하고 보존하는 일에 참여하고, 가능한 한 빨리 문제를 처리하도록 서로를 돕는다. 문제 해결이 더 고통스럽고 값비싼 대가를 치르는 것이 되기 전에 말이다.

'죄인 중심 교회'는 찬송가를 부르든 가스펠을 부르든 열광적으로 예배를 드린다. 하나님은 그런 찬양을 받으실 만한 분이기 때문이다. 죄인 중심의 교제는 깊은 경외심을 불러일으키는데 이는 우리가 가장 놀라운 선물인 하나님의 은혜를 받았기 때문이다.

'죄인 중심 교회'는 이 은혜를 매우 기뻐하기 때문에 그 놀라운 복음은 직장이나 가정이 우리의 일부를 이루는 것만큼이나 상당 부분 우리의 일부를 이루게 된다.

죄인들에게 관심을 기울이는 것은 우리 주님의 사역 방식이었다. 그분은 항상 자신의 필요를 아는 사람들에게 다가가셨다. 단순히 구도자가 된다고 해서 반드시 그분의 시간을 취할 수 있는 것은 아니었다. 부자 청년이 영생을 얻으려면 어떻게 해야 하는지 물어보려고 예수님께 나아왔다(마 19:16-22).

그러나 그리스도는 가진 것을 팔아 가난한 자들에게 주라고 대답하셨고, 이 껄끄러운 진실 앞에서 부자 청년은 그리스도를 따를 준비가 되어 있지 않은 모습을 보였다. 하지만 죄인들이 자신의 필요를 겸손하게 고백하고 하나님께 순종하는 마음으로 나왔을 때, 예수님은 결코 그들을 돌려보내지 않으셨다. 사도행전의 교회는 죄인들에게 민감했고 내가 위에서 제시한 교회의 모습 거의 그대로 제 역할을 했다.

솔직히 우리는 교회에 다니지 않는 이들을 '유인하려고' 조금은 지나치게 애를 쓸 때가 가끔 있지 않는가? 위에서 묘사한 것과 같은 교회가 있다면 기존 교회의 문에 빗장을 지르지 않는 한 교인들이 그 교회로 옮겨 가는 것을 막지 못할 것이다.

위에서 제시한 이상적인 교회의 모습은 상당 부분 내가 만들어낸 것이지만, 실제로 그런 교회가 필요하다는 인식을 한다면 그것들이 가능한 일이라고 나는 믿는다. 그러나 이를 위해 기꺼이 대가를 치르고자 결심하지 않는 한 그런 일은 일어나지 않는다. 만만찮은 현실은, 우리 대부분이 자신이 어떤 일을 떠맡게 될지 몰라 이 진보적인 유형의 교제를 나누기 두려워한다는 점이다.

나 자신만 해도 자연스레 이런 반응을 하게 된다.

"주님을 찬양해도 렉서스는 몰아야겠어요!"

당신도 마찬가지일 것이라는 생각을 감히 해본다. 마태복음에서 부자 청년은 예수님의 말씀을 듣고 "재물이 많으므로… 근심하며" 갔다.

은혜가 다스리는 삶

필립 얀시 Philip Yancey는 은혜에 관한 「놀라운 하나님의 은혜 What's So Amazing About Grace?」라는 훌륭한 책을 썼다. 우리 모두가 읽어야 할 필독서다. 그의 책에서 가장 두드러지는 예화가 하나 있다. '익명의 알코올 중독자들 모임'에 참석한 한 알코올 중독자 친구의 이야기다.

그 친구는 말한다.

"내가 교회에 늦게 가면 사람들은 용납할 수 없다는 듯 눈살을 찌푸리며 나를 노려본다네. 그러면 내가 그들만큼 책임감이 있지 못하구나 하는 생각이 확 들지. 그런데 '익명의 알코올 중독자들 모임' 사람들은 모임을 시작하지 않고 기다리다가 내가 나타나면 다들 벌떡 일어나 나를 안으며 반겨준다네. 지각은 내가 어쩌면 그곳에 나타나지 않을지도 모른다는 징조라는 것을 그들은 알거든."

한 지역 교회에서 연출되는 다음 장면을 한번 보지 않겠는가? 나는 방문객 자격으로 교회에 들어와 현관 앞에서 서성이고 있다. 안에서는 나와 다른 사람들을 수용해야 한다는 내용의 멀티미디어 드라마가 공연되고 있다. 나는 거기 모인 교인들에게 다가가 이렇게 말한다.

"안녕하세요? 저는 데이브입니다. 죄인이죠."

그러면 교인들은 대답한다.

"안녕하세요, 데이브! 우리는 당신을 사랑합니다. 당신을 돕겠어요."

아마 현실에선 부목사가 내 팔을 점잖게 붙들고 나를 조용히 쫓아내려 할 것이다. 그러는 동안 한 집사는 정신병원에 전화를 할 테고. 오늘날 몸 된 그리스도가 될 수 있고, 실제로 되어야 할 모습을 성공적인 12단계 모임이 이루어가고 있다. '익명의 알코올 중독자들 모임'은 확실히 기독교적인 은혜에 그 뿌리를 두고 있다. 그런데도 왜 우리는 그런 모임을 만들어야 했는가? 그런 상처 입은 사람들이 필요한 도움을 받으러 반사적으로 다가갈 만한 곳이 교회여서는 왜 안 되는가?

그리스도의 삶을 잠시만 훑어보아도, 누구나 매우 편안하게 그분의 '열두 제자' 프로그램에 참여하여 자신이 죄인의 신분이라는 것을 말할 수 있었다는 사실을 알 수 있다. 실제로 별것 아닌 것 같은 그 고백으로 우리는 그 반의 반장이 되고 선생님의 귀여움을 받게 된다. 그런데 어째서 지역 교회는 우리가 갖추어야 할 바로 그 필요들을 지닌 많은 사람들, 그리스도를 통해 다루어야 할 그 사람들을 쫓아내는가? 영적으로 병든 사람이 교회에 나오지 않는 것은 전적으로 교회의 잘못이 아니라는 사실을 안다. 그러나 그 문제의 일정 부분은 우리의 책임이 아닌지 돌아보는 게 좋겠다.

내가 어린 시절에는 결핵에 전염되는 것은 큰 문제였다. 이 병에 걸린 사람들은 '요양소'라는 무시무시한 이름의 병원 비슷한 합숙소에 격리되었다. 우리 동네에 있는 이 요양소 앞을 지날 때마다 나는 두려움에 떨며 그 건물을 쳐다보았다. 무슨 일이 있어도 접촉하고 싶지 않은 뭔가를 요양소 사람들이 갖고 있다는 것을 나는 알았다. 그런데 지금 많은 사람들이 지역 교회를 쳐다보며 그와 같은 두려움에 빠져 무슨 일이 있어도 우리와 접촉하지 않으려고 하니 명치끝이 쿡쿡 쑤셔오는 느낌이다.

그러나 교회는 이 땅에서 가장 공평한 장소가 되어야 한다. 뭐니 뭐니 해도 예수님의 눈에는 「포춘」지가 선정한 CEO 5백 명의 영혼이 뒷골목 마약 중독자들의 영혼보다 더 귀하지 않다. 사실 이런 식의 생각을 대다수의 사람들은 좀 거북해 하고 입방아에 올릴 수도 있다. 우리의 문화 가치와 상반되기 때문이다. 우리는 외모와 돈, 권력 그리고 명성을 떠받든다.

누가복음 16장 14절에서 기자는 "바리새인들이 돈을 좋아하는 자라 이 모든 것(예수님께서 불의한 청지기에 대한 비유를 드신 것)을 듣고 비웃거늘"이라고 썼다. 예수님은 그들에게 말씀하셨다.

"너희는 사람 앞에서 스스로 옳다 하는 자이나 너희 마음을 하나님께서 아시나니 사람 중에 높임을 받는 그것은 하나님 앞에 미움을 받는 것이니라"(15절)

예수님의 말씀이 2천 년 전 「갈릴리 일보」에 실렸을 이야기에 적용되듯이 오늘날 「USA 투데이」지에 나오는 이야기에도 정확히 들어맞는다는 사실에 매번 놀란다.

수년 동안 이런 생각을 해보았다. '우리 딸 케이티가 환영받지 못했던 탁아소에 예수님이 직접 들어가셨다면 무슨 일이 일어났을까?' 그분의 삶을 살펴보건대 다음 몇 가지 사실을 나는 확신한다. 그분은 케이티에게 바로 다가가셨을 것이다. 그 아이를 치유해줄 결심을 하셨을 것이다. 그분은 항상 아이들의 고통에 마음 아파하기 때문에 어쩌면 눈물을 흘리셨을지도 모른다. 그리고 내가 단연코 확신하는 한 가지가 있다. 그분은 그 아이를 거절하지 않으셨을 것이다. 그분은 이 아이의 고통이 우리의 죄로 인한 결과가 아님을 다시 확신시켜주며 아내와 나를 위로하셨을 것이라고 믿는다.

"예수님이라면 어떻게 하실까?"라는 말은 워낙 유명해 다소 진부하게 들릴 수 있지만 다른 한편으로 생각해보면 대단히 영적인 질문이 아닐 수 없다. 우리 교회는 어린 케이티 버체트에게 관심을 기울이며 이런 질문을 한 번도 하지 않았다. 아내와 나는 그날 그 교회를 영원히 떠났다.

의사들처럼 그리스도인도 아무에게도 해를 끼치지 않겠다는 맹세를 해야 한다. 주님, 우리를 용서하옵소서. 왜냐하면 우리가 그러하기 때문이다.

제1부 침묵하는 양들 : 세상에서 가장 인정머리 없는 집단 | 42 | 43

한 남자가 난파되어 20년 간 외딴 섬에 갇혀 지냈다. 희망을 거의 포기할 즈음 남자는 마침내 수평선 위에 떠 있는 한 배를 발견했다. 그는 그 배에 신호를 보내려고 불을 피워 올렸고 드디어 구조될 수 있었다. 배가 섬에서 멀어지면서 선장은 섬에 구조물 세 개가 서 있는 것을 보았다. 깊은 인상을 받은 선장은 남자에게 그것이 무슨 건물인지 물었다.
"왼쪽에 있는 것은 제 집입니다." 남자는 말했다.
"그리고 오른쪽에 있는 것은 제가 다니는 교회이죠."
"그렇다면 가운데 있는 건물은 뭡니까?" 선장은 물었다.
"그거요?" 남자는 콧방귀를 뀌며 말했다.
"제가 한때 다녔던 교회입니다."

— 기독교 유머 웹사이트

제2장 분열의 후유증

치솜 행렬 Chisholm Trail

옛날 샌프란시스코, 텍사스에서 북쪽 캔자스의 애빌렌까지 소를 몰고 가는 행렬. 1860년대에서 철도가 확장되고 철도망이 도입된 1880년대까지 중요한 가축 운송 수단이었다 – 역자 주

은 나의 제2의 고향 텍사스에서 시작된다. 수백만 마리의 소들이 캔자스까지 북쪽으로 줄지어 가는 것이다. 그 불쌍한 소들은 동부까지 기차로 운송된 다음 도축을 당한다.

내 고향에는 치솜은 아니지만 그와 발음은 비슷한 분파 행렬 schism trail이 지나간다. 사실상 교회의 분열은 세계적으로 모든 교회와 조직에 존재한다. 수많은 신자들과 불신자들이 대부분 중요하지 않거나 적어도 부차적인 문제들을 가지고 말다툼을 벌이며 영적인 불화를 일으키는 것

이다. 도축에 해당하는 일들도 일어나는데… 그것은 당신이 보고 들은 대로다.

우리 그리스도인들은 교회에 분파가 일어나고 선택의 기로에 설 때마다 평화적인 합의를 이끌어내지 못하는 것 같다. 그런 예가 없다. 여기저기 성도들 사이에 작은 충격전이 벌어지면 '희생자들' 이 속출하고, 그들은 스스로 선택한 길 위에서 비틀거리며 쓰러진다.

나는 평생 여덟 군데의 교회를 다녔다. 그 중에서 여섯 교회에서 어느 정도의 분파와 분열을 경험했는데 그 물결에 휩쓸리지 않은 것이 다행이 아닐 수 없다. 하지만 구경꾼으로서 좌절감을 맛보아야 했다.

우리는 다양한 혼합 집단이다

분파의 행렬은 결국 보다 더 많은 교회로 굽이지며 나아갈 때가 많다. 카롱 드 보마르셰Caron de Beaumarchais는 "뭘 알아야 그것에 대해 논쟁할 수 있는 것은 아니다"라고 말했다. 우리는 그의 지적을 주일마다 입증하는데, 이는 교회가 기능 장애를 겪고 있음을 보여주는 증후이다. 우리의 교회에 어떤 사람들이 다니고 있는지 한번 보라. 교회는 영적 이해력과 헌신 그리고 성숙도가 다양한 사람들로 이루어져 있다.

교회는 통속적인 텔레비전 토크쇼에 나와 앉아 있는 방청객 같은 모습일지도 모른다. 1장에서 우리는 교회가 특정한 사람들을 교회 가족으로 받아들이지 못할 때 발생하는 손해에 대해 살펴보았다. 그리스도 교회의 역설은 문제를 일으킬 소지가 있는 사람들도 모두 받아들이는 데 있다.

교회가 반드시 지켜야 할 방식으로 팀을 운영하는 선수단이 있다고 한 번 상상해보라. 선수단은 처음엔 두어 명의 국가대표 선수와 그밖에 상당히 유능한 선수들로 출발했다. 그러다 얼마 지나지 않아 경기 규칙이나 용어들도 모르는 몇몇 선수들을 더 들이게 되었다. 비실거리는 중늙은이 선수들도 더 들어왔다. 오랜 세월 경기장 주변에서 서성이기만 하고 실전에 나가거나 훈련받은 적도 없으면서 경기에는 참가하고 싶어하는 자들이다. 경기에 관심을 갖는 것 같지 않고 연습에 불참하며 감독의 말도 듣지 않는 선수들도 몇 명 있다.

하지만 당신은 이들을 팀에서 내보낼 수 없고 큰 문제를 일으키지 않는 한 벤치에 그냥 앉혀둘 수도 없다. 열심히 하려는 선수가 있기는 하지만 너무 허약해서 오히려 효과적인 경기를 망쳐놓기 일쑤이다. 어떤 선수는 사전에 아무 말 없이 경기장에 나오지 않고 연습에 불참해놓고서는 다음에 경기를 하러 불쑥 나타난다. 잘 나가던 시절의 경기 방식만 기억하는 '성숙한' 선수들은… 아예 말도 말자. 어떤 선수들은 감독과 코치들을 바보로 생각한다.

어떤 선수들은 팀의 공격 작전이 완전히 틀렸으며 다른 선수들은 자신이 생각하는 팀 철학에 부응해야 한다고, 그것도 당장 해야 한다고 열을 낸다. 그런가 하면 경기에 들어가 제 몫을 다하려고 노력하는 일부 선수들도 있다. 그러나 많은 선수들이 경기가 끝나면 으레 단골 식당에 우르르 몰려가 제일 잘 팔리는 음식을 시켜놓고 그것이 얼마나 맛있는지 떠들어대다가 이윽고 감독과 스태프들을 헐뜯기 시작한다.

이 팀이 경기를 어떻게 할 것 같은가? 이 팀이 경기에서 이긴다면 그것은 그야말로 기적이다. 그런데 우리에게는 이와 똑같은 행태를 벌이는 교회라는 팀이 있다. 상황이 이런데도 우리는 이 팀이 왜 제 기능을 하지 못하는지 의아해한다. 물론 축구팀을 개선하듯 우리도 교회를 뜯어고칠 수 있다. 모든 그리스도인들을 교회에 들이기 전에 영적인 실력 테스트를 실시하는 것이다. 대부분의 신참 그리스도인들을 잘라버리거나 경험을 쌓고 오라고 다른 교회로 보내는 것이다. 태도가 불량하거나 불성실한 그리스도인들은 모두 포기하는 것이다.

모임에 늦는 그리스도인들에게는 벌금을 매기고, 헌금함을 돌릴 때 줄을 건너뛰는 집사들에게는 토끼뜀을 시키면 된다. 시간을 초과해 설교하는 목사에게는 팔굽혀펴기 50번이 좋겠다. 약간의 징계를 가함으로써 교회의 모양새를 바로잡고 겉으로 보기에 인상적인 모습을 갖추는 것이다. 하지만 그럴 경우 신약의 교회는 그 명맥이 끊기고 말 것이다.

하나 되지 못함이 일반 교회는 물론 개인 간의 교제에서 가장 큰 문제라는 결론에 나는 도달했다. 메이저리그에서 어느 한 팀이 만날 지기 시작하면 사람들은 "징크스가 꼈다"고 말한다. 그것은 실제로 "이 팀은 글렀어. 함께 잘 해보자는 선수들이 없어"라는 말을 듣기 좋게 둘러서 한 것에 지나지 않는다.

지난 2년 간 양적으로 네 배나 성장한 교회가 있다. 그 교회는 성장해 왔고 그 안에서 사람들의 삶이 변화되었다. 그러나 분파의 행렬이 그 교회 안으로 길을 틀었다. 그 교회에 다닌 지 오래된 한 교인은 교회가 지금 곧장 지옥으로 달려가고 있다고 확신한다. 여자들이 바지를 입고 교회에 오기 때문이란다.

처음 그 말을 듣고 웃음조차 나지 않았다. 교인의 75% 이상이 겉모양으로 나의 신앙을 판단한다는 사실을 알게 된다면 어떻게 옷 입는 것에 가장 먼저 관심을 갖지 않을 수 있겠는가? 이와 비슷한 예들은 우리가 상상하는 것보다 훨씬 더 흔하다. 우리는 사역의 배가에 대해 이야기를 나누지만 정작 정통한 분야는 분열인 것 같다. 한 집이 분열되어 제대로 서지 못할 때 열성적인 무리를 끌어오는 일은 훨씬 더 힘들어진다.

그리스도인들이 삶에 변화를 일으키는 무언가에 빠져 있다면, 생명을 바칠 만큼 소중한 관계를 갖고 있다면, 세계관이 달라지고 세상을 끌어안게 만드는 무언가를 믿고 있다면, 왜 우리는 지금 교회에서 여자들이 가르칠 수 있느냐 없느냐와 같은 문제로 언쟁을 벌이고 있어야 하는가? 도덕이 땅바닥에 나앉은 위태로운 세상에서 살면서 우리는 왜 구도자 중심 교회가 전통 교회보다 더 효과적인지 아닌지를 가지고 논쟁해야 하는가? 이와 비슷하게 오늘날 많은 교인들에게 회자되는 질문들이 있다.

이를테면, 베이비붐 세대에 다가가려면 열린예배를 드려야 하는가, 일반인의 집중력은 전통적인 설교를 감당하기에 너무 부족한 것은 아닌가, 성경 없이 예배드리는 사람들의 불편을 덜기 위해 반드시 성경 말씀을 화면으로 비춰주어야 하는가, 찬양 밴드는 있어야 하는가, 찬양 팀은, 코러스 팀은, 비디오 영상물은, 파워포인트로 작성한 그래프는, 드라마는… 하는 식이다.

분명히 어떤 교회이든 사역에 접근하는 데 필요한 전략을 기도로 준비해야 한다. 하지만 우리가 메시지를 전할 도구에 대해 논쟁을 벌일 때 쉽게 균형을 잃어버린다는또한 분열하는 경향을 보인다는 점을 말하지 않을 수 없다. 돌아보면 그 과정에서 교회의 전략들이 들고 나는 것을 보았다.

한때 내가 다녔던 어떤 교회들은 새로운 아이디어가 득세만 하면 맹렬하게 비난을 해댔다. 그들은 선조들이 메이플라워호를 타고 신대륙에 올 때 가져온 예배 형식과 찬송가에 아주 편안히 안주했다. 우리가 함께 모여 그리스도께 예배드리는 것에는 많은 스타일과 방식들이 있다고 나는 생각한다나의 개인적인 견해는 1장에서 상세히 밝혔다. 더욱이 교회 문턱을 넘는 우리의 마음가짐과 상관이 없다면 그리스도께 예배를 드리는 방법에 옳거나 그른 것이 있을 수 없다.

무자비한 공격

최근에 뉴올리언스의 국립 수족관에 간 적이 있다. 피라니아 전시장이 유명한 곳이었다. 그곳에서 그 무시무시한 물고기들이 고요하고 평화롭게 노니는 모습을 넋 놓고 보았다. 녀석들은 불운한 희생자를 몇 분 내에 먹어치울 수 있는 물고기들로 보이지 않았다.

나는 피라니아 종에 관한 안내문을 읽었다. 녀석들은 배가 부르고 먹이가 충분할 때는 평화롭게 있다가도 수위가 낮아지면 혼잡함을 느끼면서 위협을 받는다고 한다. 그 상태에서 배고픔까지 더해지면 녀석들의 성격은 완전히 돌변한다. 성질을 부리고 공격성을 띠며 무자비하게 덤벼드는 것이다. 자기 종족을 포함해 물 속에 있는 모든 것들을 공격하기 시작한다.

그리스도인도 감정의 피라니아가 될 수 있다. 잘 먹고 행복할 때에는 평화롭게 헤엄쳐 다니고 아주 느긋해 보인다. 그러나 그리스도인이 무자비한 공격을 시작할 때를 보면 종종 피라니아의 경우와 마찬가지로 일종의 배고픔에서 그 원인을 찾을 수 있다. 영적인 배고픔은 가끔 성경적인 먹이가 부족할 때 생긴다. 하지만 그저 물 속이 너무 좁아지고 스스로 음식을 찾기 싫을 정도로 너무 게을러서 또는 완고해서 무자비한 공격이 시작되는 경우도 흔하다. 수족관 안에 새로운 종들이 지나치게 많아진 것이 문제이다. 상황이 이쯤 되면 그들은 더 이상 예전과 같은 무리가 아니다. 어떤 식으로든 예배당의 피라니아들이 더 이상 행복을 느끼지 못할 때 상황은 추악해진다.

그리스도라는 종種은 행복에 대한 최고의 정의를 '내 뜻대로 되는 것'이라고 생각한다. 그래서 광기가 시작된다. 이런 상황 속에서 당신이 목사나 장로, 중·고등부 목사, 찬양 인도자 아니면 평신도라는 사실은 중요하지 않다. 여기서 안전할 수 있는 사람은 없다.

지켜본 바에 의하면, 심술 난 작은 피라니아 한 마리만 있어도 이 광포한 공격자들 전체를 휘저어놓을 수 있다. 야생에서 피라니아는 공격하기 전에 먹이를 무리에서 떨어지게 하려고 애쓴다. 일반적으로 꼬리 부분이 제일 먼저 공격당하는 곳이 된다. 이를 그리스도인에게 비유하기란 무척 쉬운 일이다. 앞장 선 피라니아만 잡을 수 있다면, 대부분 교회들의 분파를 안 될 일이지만 수장시킬 수 있으리라고 확신한다.

그러나 성경과 교회법은 이런 해결책을 허용하지 않는다. 안타깝게도 나는 많은 그리스도인들이 감정상의 무자비한 공격을 받고 그들이 소중히 여기며 오래 다녔던 교회를 떠나는 것을 보았다. 그 많은 사람들은 자신의 의지가 그렇게 극적으로 변하리라고 생각하지 못했을 것이다. 무리로부터 감정상의 공격을 받고 그들은 거기를 떠난다. 광기 어린 무리 속에서 떠나는 것만이 할 수 있는 유일한 대책처럼 보인다. 기도하거나 회개하기는커녕 자신의 절망과 분노를 열성적으로 나누는 무리로 인해 감정의 힘이 전해지는 것을 보면 참으로 놀랍다.

군중 심리가 일어날 때 역사적으로 사람들이 어떤 끔찍한 일들을 저질렀는지 생각해보라. 안 됐지만 그 광기 어린 모습의 망령들을 나는 교회에서 보았다. 집사들이 법의 힘을 빌리지 않고 공의를 집행한다면서 목사관 밖에 불을 지르는 모습이 떠오르지 않는가? 이런 종류의 감정적인 광기를 다른 말로 하면 죄라고 할 수 있다. 그러나 신자 개개인이 자신의 힘으로 직접 답을 구해야 할지는 의문이다.

지인 중에 네 번이나 결혼을 한 사람이 있다. 자신의 결혼 전력에 대한 그의 반응은?

"결혼할 때마다 저는 그리 행운아가 아니라는 생각이 들어요."

당신이 첫 번째 결혼 생활에 머물도록 행운을 빈다. 그러나 두 번째 혹은 세 번째 결별을 맛보았다면 거울을 들여다보며 그 안에 어떤 문제가 당신을 쳐다보고 있지는 않은지 점검해야 한다. 같은 원리를 교회의 분파에 적용할 수 있다. 한 군데 이상에서 교회의 분열에 앞장섰다면(혹은 참여했다면) 거울 테스트를 해볼 것을 진심으로 권한다. 정직하게 테스트를 했다면 나는 그 결과를 예상할 수 있다. 교회의 분열에 참여하기 전에 당신의 마음을 점검하라. 다음 질문에 정직하게 대답해보자.

1. 이것은 영원에 중요한 문제인가?
2. 나는 이 문제를 놓고 기도해보았는가?
3. 이 상황을 통해 하나님께서 가르쳐주시는 바가 있고, 내가 그것을 견뎌내기를 원하시는가?
4. 진짜 문제는 나의 교만이 아닐까? 당신이 교회 건축을 책임지고 있다 해도, 전체 헌금의 90퍼센트를 충당한다 해도, 102년 동안 교회에 다니고 있다 해도 교회는 여전히 당신의 소유물이 아니다. 수많은 교회들이 이와 같은 진리를 받아들일 때 분파의 행렬은 멈춰 설 것이다.
5. 감정이 상하고 나뉠지 모른다는 것을 알면서도 일을 진행시켜야 하는가?

어떤 상황에서든 우리 대부분은 첫 번째 질문에서 넘어가지 못할 것이다. 교회에 분열을 가져오는 문제 치고 영원히 중요한 일들은 없다. 성경상의 오류가 명백히 있는 문제들은 성경적인 방법으로 이의 제기를 할 명분이 있다.

사람들이 교회를 떠나는 것을 보면 마음이 아프다. 그들은 항상 이론적으로 타당하게 설명할 수 있는 것을 좋아한다. 그러나 교회를 떠나는 특정한 이유를 물으면 일반적으로 99퍼센트의 교회에 존재하는 문제들을 줄줄이 나열한다. 교회는 죄인들이 모여 있는 곳임을 기억하라. 문제를 몽땅 뜯어고치려 든다면 당신과 나 또한 남아 있을 수 없다.

그러므로 수족관 안에서 무자비한 공격이 일어날 낌새가 느껴지면 무리에서 멀찍이 떨어져서 헤엄쳐라. 수족관 안에 있되 소용돌이는 피하라. 어느 정도 시간의 여유를 두라.

교회에 다니는 것은 결혼 생활과 비슷하다. 사는 게 신나고 충만함을 느끼다가도, 가끔은 오직 떨어지지 않겠다는 약속 때문에 함께 살 때가 있다. 친밀감을 저하시키는 환경이 개선되지 않는 한 둘의 관계는 예전과 똑같지 않을 것이다. 결혼과 마찬가지로 교회들도 오르막길이 있는가 하면 내리막길이 있다.

다니던 한 교회가 분열되는 과정 속에서 아내와 나는 내내 고통을 겪었다. 그 와중에 목사는 떠나고 교회는 임시 지도자만 세운 채 1년이 넘도록 표류했다. 우리는 교회를 떠나고 싶은 유혹을 느꼈지만 단 한 가지 이유 때문에 머물기로 했다. 우리 큰아들이 중학교 시절 내내 교회에 적응하지 못해 힘들어 하다가 이제 중·고등부에서 활약하게 되었기 때문이다. 그래서 우리는 남기로 했다. 교회는 마침내 새 목사를 찾았고 찬양 지도자도 새로 맞아들였다. 이제 교회는 왕성하게 활동하며 성장하고 있지만,

솔직히 말해 우리는 우리 자신도 모르게 여기에 머물렀던 것이다.

그러므로 광기의 한 가운데 있거든 일렁임이 가라앉고 물 속에 더 이상 피가 흐르지 않을 때까지 기다려라. 그런 다음 판단의 목소리를 낼 수 있다. 위선자가 히스테리를 부리듯이 목소리를 내지 말고, 하나님께서 그분의 뜻 안에서 당신을 인도하고 계심을 분명히 하라. 그것이야말로 중요한 일이다.

기도와 묵상을 그리고 거울 테스트도 한 후에 결정하라. 꼭 교회를 떠나야 한다면 떠나되 올바른 이유들 때문에 떠나는 것임을 확실히 해두라. 우연히 마주치는 모든 사람들에게 당신의 낙담을 나누는 일에 주의하라. 존경하는 사람들 중에서 새로운 관점으로 당신에게 조언해줄 사람을 찾아가라.

가능하다면 언제라도 관계를 개선하기 위해 진심으로 노력하라. 누가복음 6장 32절에서 예수님은 교회 내의 관계가 어떠해야 하는지 우리에게 깨달음을 준다.

"너희가 만일 너희를 사랑하는 자를 사랑하면 칭찬 받을 것이 무엇이뇨 죄인들도 사랑하는 자를 사랑하느니라"

진리는 아픈 법이다. 하지만 아무리 아파도 진리는 진리다.

교회를 떠나야겠다는 생각이 들 때가 있음을 나는 알게 되었다. 교회 탁아소에서 우리 딸 케이티를 더 이상 받지 않기로 했을 때, 아내와 나는 교회를 떠나야겠다고 결심했다. 가족 전체가 환영받지 못한다면 우리는 다른 본 교회를 찾아야 했다. 하지만 우리와 뜻을 함께하는 다른 교인들을 데리고 나갈 마음은 없었다. 우리는 비공식적으로 교회를 떠났고 하나님은 우리의 그 일을 축복하셨다.

이 주제에 대해 말하면서 나의 표현이 다소 거칠었다면 그것은 교회의 분열이 어디선가 지금도 진행되고 있기 때문일 것이다. 이 장에서 처음에 말했던 숫자를 정정해야겠다. 내가 다녔던 여덟 교회 가운데 여섯 군데가 아니라 일곱 군대가 연달아 최소한 약간의 분열을 겪었다. 하나님나라를 위해 그리스도인들은 분파의 행렬에서 빠져나와야 한다.

두 마리의 토끼를 쫓다가는 한 마리도 잡지 못한다.

- 격언

제3장 WJSHTOT?

「스크루테이프 편지
The Screwtape Letters」에서

C. S. 루이스는 인간을 대상으로 하는 사탄의 전략을 기발한 상상력으로 풀어놓는다. 한 악마가 다른 악마에게 이런 편지를 썼다.

"아무리 사소한 죄라도 그것이 쌓여 인간을 '빛'으로부터 '아무것도 아닌 것'으로 조금씩 조금씩 끌어올 수 있으면 그만이야… 사실 가장 안전한 지옥행 길은 한 걸음 한 걸음 가게 되어 있다. 그것은 경사도 완만하고 걷기도 쉬운데다가, 갈랫길도, 이정표도, 표지판도 없는 길이지."

나는 C. S. 루이스보다 언변이 좋지는 않지만 사탄의 전략이 그리스도인들의 효능을 떨어뜨리는 데 있지 않나 하는 생각을 종종 한다.

신자들의 효능을 떨어뜨리는 전략의 핵심에는 이른바 3D, 즉 분열

Division, 주의 전환Diversion, 조롱Derision이 들어 있다.

2장에서 살펴본 바와 같이 분열만큼 교회의 효능을 떨어뜨리는 것도 없다. 개인적으로 고통스럽게 지켜본 바에 의하면, 분열이야말로 가장 효과적인 사탄의 전략이다.

그러나 분열이 제 역할을 다하지 못할 때, 전환이 나서서 같은 목표를 수행한다. 그리스도인들이 명확히 영원한 가치가 없는 일에 시간과 에너지를 들이고 있다면, 설령 그것이 선한 일일지라도 실제로 주의가 전환된 것이라고 볼 수 있다. 조롱의 영향력에 대해서는 4장에서 살펴보겠다. 지금은 전환에 대해 좀더 살펴보자.

전환은 많은 형태로 다가온다. 내가 지금 무슨 말을 하고 있는지 알지만, 전환이 나의 가장 취약점이라는 사실을 고백하지 않을 수 없다. 나는 장기간 하나에 충성을 다하고 헌신하는 편이라 어떤 일에서 쉽게 돌아서지 않는 사람이라고 스스로 생각한다. 어릴 적에 응원했던 스포츠 팀을 지금도 여전히 좋아한다. 나는 종종 다음과 같은 논리로 아내에게 그 점을 설명한다.

"클리블랜드 브리온에게도 등을 돌리지 않는 내가 어떻게 당신을 떠날 수 있겠소?"

내가 이해할 수 없는 많은 이유로 아내는 이 말에 얼마간의 위로를 받는 것 같다. 어쨌든 사랑하는 아내에게 헌신적인 사랑을 표현하는 더 좋은 방법들을 찾아내기는 했지만, 사실 교회를 받들거나 그밖에 헌신하는 일에 있어 나는 성실한 편이며 웬만해서는 태도를 바꾸지 않는다고 스스로 생각한다. 그러나 아내는 내가 소화전 공장에 간 개만큼이나 쉽게 여기저기 정신이 팔린다는 사실을 입증해줄 수 있다.

수년 동안 나는 업무, 운동, 유소년 축구팀 감독 등을 포함해 수많은 일들에 지나치도록 시간과 자원을 들여왔다. 이중에 그 자체가 나쁜 일은 없었지만 각각의 일들에 주의가 전환되다보니 믿음 생활과 인간관계에 곤란이 왔다.

많은 그리스도인들이 부와 재물에 주의가 전환되어 고통을 당하고 있다. 어떤 사람들은 권력과 명성에 주의가 전환되어 있다. 많은 이들이 이런 것들에 무릎을 꿇는다. 그러나 가장 교활하고 냉철한 사탄의 전략은 아마도 우리의 주의를 선한 일들에 돌리는 데 있을 것이다. 중요해 보이는 문제들, 맞서 싸워야 할 것 같은 일들 말이다. 그러나 이러한 일들은 영원의 빛에 비추어볼 때 뭐 하나 성취되는 것 없이 우리의 에너지와 돈과 시간을 빼앗아 갈 수 있다. 당신과 내가 치르고 있는 전쟁이 이런 종류의 것은 아닌지 궁금하다.

"예수님이라면 어떻게 하실까?" WWJD 운동은 이제 그 정점에 다다른 것처럼 보인다10장에서 더 자세히 살펴보겠다. 그러나 그 원래의 취지는 좋았다. 어떤 행동을 하기 전에 주님의 관점으로 문제를 잠시 돌아보는 것은 나쁠 게 없는 일이다. 하지만 우리의 분통을 터뜨리고 우리의 시간을 마구 휘두르는 많은 문제들에 대해 곰곰이 생각해본 후, 나는 이런 아류 질문이 필요하다는 생각을 해보았다.

WJSHTOTWould Jesus Spend His Time on This?, 즉 예수님이라면 이 일에 시간을 보내실까?

2장에서 처음 언급했듯이 우리는 사소하거나 영원의 가치가 없는 문제를 가지고 논쟁하기 좋아한다. 대부분의 그리스도인들은, 예수님이 이 땅에 오셨고 죄 없이 사시다가 우리 각자의 죄를 대속하기 위해 십자가에서 돌아가셨다는 복음에 동의한다. 복음을 진리로 믿는 사람들에게 그것은 시대를 막론한 핵심 사항이 아닌가? 그렇다면 왜 우리는 그 복음을 다른 사람에게 전하는 일을 최우선 순위로 잡고 있지 않은가?

내가 굉장히 좋아하고 흠모하는 척 콜슨Chuck Colson이 나를 라디오 방송 '브레이크 포인트Break Point'의 타깃으로 삼기 전에, 우리는 마땅히 특정한 세계관 문제와 관심들에 분명히 우리의 자원과 시간과 주의를 기울여야 한다는 점을 강조하고 싶다. 이를테면, 삶의 거룩함과 존엄성은 그리스도를 따르는 자들이 양보할 수 없는 문제이다.

공적인 영역에서 그리스도인의 믿음을 대등하게, 차별 없이 다루는 것은 우리가 쟁취할 가치가 있는 일이다. 가정의 가치를 확립하는 것도 건강한 문화를 만드는 데 꼭 필요한 일이다. 그리스도인들은 이런 문제들에 대해 단호하고 물러섬 없는 관점을 견지해야 한다. 10장에서 이와 같이 매우 중요한 관심사들에 대해 논의하겠다.

하지만 그리스도인들이 두 마리의 토끼를 쫓는 데 지나치게 많은 시간을 보내다가 한 마리도 잡지 못하는 경우를 종종 본다. 이에 딱 들어맞는 예가 있다. 최근에 인디애나 주 워싱턴의 작은 마을에 의욕적이고 사회의식이 높은 두 그리스도 여성이 3천 달러를 모금했다. 그들은 그 돈을 포르노 비디오테이프 273개를 사는 데 다 썼는데 오로지 그것들을 사람들 앞에서 부숴버리는 게 그들의 목적이었다.

고속도로 건설 노동자가 아스팔트 기계로 그 비디오테이프를 깔아뭉갤 때 모여 있던 200~300명의 무리가 환호성을 지르며 기도했다.

"이것이 바로 우리가 도덕적으로 말하고 싶은 바였습니다"라고 한 여성이 기자들에게 말했다. 도덕적으로 그들이 말하고 싶은 것은 정확히 무엇인가? 포르노가 나쁘다는 것? 나는 그들의 제스처가 이미 거의 모든 그리스도인들이 지켜온 신념들에 크게 기여했다고 생각하지 않는다. 내 생각에, 비그리스도인들은 그 일에 거의 관심이 없거나 경멸의 눈초리로 그

광경을 지켜보았을 것 같다.

이 두 여성은 무슨 일을 이루었는가? 비디오 판매상들, 제작자들, 그리고 배우들은 그 불매 운동으로 인해 오히려 반사 이익을 얻었다. 믿음이 없는 사람들은 왜 그리스도인들이 그런 오도된 사명에 돈을 내던지는지 의아해한다. 그리스도가 죄인들에게 전한 사랑의 메시지는 이와 같이 의도는 좋았지만 결과는 엉뚱한 곳으로 흘러버린 주의 전환이 결코 아니었다. 그만큼의 돈을 포르노 중독자들을 돕는 데 썼더라면 이 열성적인 두 여성은 확신을 갖고 심은 영원의 유익을 보다 잘 거두었을 것이다.

어찌되었든 포르노는 성적인 마약이다. 그러나 이 여성들은 의도는 좋았지만 결국 주의를 전환시키는 일을 만들었을 뿐이다. 그리스도가 전한 메시지의 핵심은 대속이지 정죄가 아니다. 포르노에 중독되어 빠져나오지 못하는 사람들은 이미 그것이 지닌 파괴적인 힘을 안다. 그들은 부서진 비디오테이프가 아니라 그리스도를 통해 그 소망을 보아야 한다. 그러면 어떻게 해야 선한 의도가 간단히 주의 전환으로 변질되는 것을 막을 수 있을까?

우리는 다음과 같이 자문함으로써 개인적으로 그리고 공동체적으로 네 번째 D, 즉 분별력Discernment을 키워야 한다. 그들의 주장과 행동은 영원의 가치에 비추어 중요한가? 그것을 통해 교회에 다니지 않는 사람에게 그리스도의 사랑과 하나님의 은혜를 전할 수 있는가? 그것은 다른 사람에게 봉사하는 나의 시간과 에너지를 전환해야 할 만큼 중요한가? 예수님이라면 이 일에 시간을 보내실까?

시간과 감정적인 헌신에 있어 쉽게 균형을 잃어버리는 성향을 가진 나는 반드시 분별력을 키워야 한다는 사실을 힘들게 배웠다. 성공을 좇느라 주의가 전환되는 것을 쉽게 합리화할 때가 있었다. 그러다 보니 결과적으로 결혼 생활에 영적인 가뭄이 들이닥쳤다. 새삼 놀랄 일도 아니다. 여기 분별력을 키울 수 있는 몇 가지 훈련들을 소개한다.

1. 무엇보다 먼저 기도하라. 사실 이 말을 맨 처음부터 하면 진부하게 들릴까봐 할지 말지 망설였다. 그러나 우리가 하나님을 찾고 성령님의 고요한 음성에 귀 기울일 때 기도만큼 효과를 발휘하는 것도 없다. 우리는 기도를 제안하듯이 할 때가 너무나 많다. 우리가 하나님을 돋보이게 할 만큼 훌륭한 계획을 갖고 있으니 하나님께서 이래저래 우리의 계획을 축복하셔야 한다는 식이다. 그러나 기도는 공이 울리기 전에 이미 결과를 아는 프로레슬링 경기가 아니다.
2. 성경을 연구하라. 그리스도와 사도들의 사역 및 그 방법들을 연구하면 상당히 유익한 행동 지침들을 얻을 수 있다. 그런데 그리스토인들이 저지르는 가장 흔하고도 위험한 실수가 있다. 바로 자신의 행동을 정당화하려고 원문에서 성경 구절 하나만 끌어다 쓰는 것이다. 당신에게 있는 상처와 의문들을 제대로 보려면 성경의 완전한 문장과 문맥을 살펴서 뜻하지 않은 함정을 피해가라.
3. 다른 그리스도인들의 조언을 구하되, 특별히 오랜 세월 주님과 동행해온 사람을 찾아가라. 또한 당신과 다른 신자들에게 지혜를 구하라. 기도 대신에 '제안' 하는 경우가 많듯이 우리는 또한 자신이 원하는 것에 동의해줄 '조언자' 들만 찾아다닐 수도 있다. 다양한 조언을 얻지 못할 경우 판단하는 데 실수가 생길 수 있다.

바울은 분별력을 구하라며 빌립보 교인들에게 이렇게 편지를 썼다.
"내가 기도하노라 너희 사랑을 지식과 모든 총명으로 점점 더 풍성하게 하사 너희로 지극히 선한 것을 분별하며 또 진실하여 허물없이 그리스도의 날까지 이르고 예수 그리스도로 말미암아 의의 열매가 가득하여 하나님의 영광과 찬송이 되게 하시기를 구하노라"(빌 1:9-11)

내가 이 장을 쓸 즈음 텍사스의 축제가 시작되고 있었다. 축구 시즌의 막이 오른 것이다. 여러 가지 특이한 이유로 이번 시즌은 이미 세간의 주목을 받았다. 텍사스 주 산타페에서 벌어진 올해의 이슈는 감독의 공격 전략에 관한 것이 아니라 경기 전에 대중 기도를 할 권리에 관한 것이었다. 의식 있는 보통의 그리스도인들이 보면 화날 구석이 많은 일이었다. 문제시 된 경기 전 대중 기도는 학생들이 주도했고, 구단 측의 공식적인 승인은 없었다. 그렇다면 무엇이 문제였을까?

「뉴욕타임즈」는 고등학생들의 기도를 저지하는 한 텍사스 사람의 말을 다음과 같이 인용했다.

"이것은 더 이상 기도에 관한 문제가 아닙니다. 빼앗긴 우리의 권리와 자유에 관한 문제입니다."

전 국민에게 고하는 투지에 찬 말이 아닐 수 없다. 우리는 그와 같은 일에 철저히 신경을 쓴다(하나님 감사합니다). 우리 조상들로 하여금 예배를 드릴 수 있는 땅을 찾아 이 대륙에 발을 들이게 한 종교가 국교인 이 나라를 떠날 수 있을 만큼 신경을 쓴다. 모순 같아 보이지 않은가? 미국은 공공 행사에서 낭독되는 기도문을 듣지 않아도 된다는 원칙 위에 건립된 나라이다(전체 맥락을 헤아리며 이 부분을 읽기 바란다. 그렇지 않으면 내 말뜻을 오해할 수 있다).

산타페의 기도가 국가 구속력을 갖지 않는다는 것을 나는 안다. 경기 전에 대중 기도를 요구하는 그리스도인들이 이론의 여지는 있지만 온당한 입장을 취하고 있음도 안다. 하지만 그렇게 떠들썩하게 소동을 부리는 것이 영원에 가치가 있는 일인가? 내가 기도하는 학생들의 권리를 전폭적으로 지지한다는 점을 부디 알아주기 바란다. 솔직히 말해, 누구라서 그들을 막을 수 있겠는가? 그렇다고 그들이 목표를 달성하기 위해 꼭 대중들 앞에 나설 필요는 없다고 생각한다.

다른 예를 들겠다. 그리스도인들은 식당에서 감사 기도하는 것에 대해 저마다의 철학을 가지고 있다. 어떤 사람은 단순히 고개를 숙여 감사 기도를 한다. 또 어떤 이들은 고개를 숙이고 무슨 공연이라도 하듯이 지루하게 기도를 하는데 중간 휴식 시간이라도 있어야 할 것만 같다.

이 바리새인의 기나긴 기도가 끝나기 전에 컵에 물을 채우면 혹 천벌이라도 받게 되지 않을까 전전긍긍해 하며 그 옆에서 몇 분이나 기다리고 있는 종업원들을 본 적이 있다. 하지만 대기실로 달려가 안내 방송용 마이크를 붙들고 감사 기도하는 그리스도인은 본 적이 없다.

"자, 여러분, 제가 이제 곧 먹게 될 찰루빠스에 대해 하나님께 감사 기도를 드릴 때 저와 함께 고개를 숙여주십시오."

실제로 그런 일이 벌어진다면 사람들은 기절초풍할 것이다ㅡ나는 재미있어 하겠지만 그런 내가 정상은 아니다.

누구라서 그들의 기도를 막을 수 있겠는가? 정부도, 학교위원회도, ACLU미국자유인권연합 - 역자 주도, 어떤 폭군도, 노만 리어Norman Lea미국의 거물급 TV 제작자 - 역자 주도, 사악한 대중매체도, 그밖에 지상의 어떤 물리적인 힘도 그들의 기도를 막을 수는 없다. 우리는 주님이 물려주신 기도의 능력을 갖고 있기 때문에 기도하러 나갈 때에 특별한 예복을 입을 필요가 없다.

버릇없는 한 꼬마의 이야기가 생각난다. 아버지는 아이더러 자리에 앉으라고 말했다. 아이는 일어섰다. 아버지는 아이를 혼내려고 밖으로 데리고 나갔다. 그들은 돌아왔고, 아버지는 아이에게 자리에 앉으라고 다시 말했다. 아이는 얼굴에 거만한 미소를 지으며 자리에 앉았다.

"그 웃음은 무슨 뜻이니?"

아버지는 물었다. 아이는 잘난 척하며 이렇게 대답했다.

"제 몸은 자리에 앉았지만 마음은 서 있다는 뜻이에요."

산타페의 항거가 나쁜 일이라고는 생각하지 않으며, 선량한 그 지역 사람들이 순수한 의도가 아닌 그 무엇을 가지고 있다는 말을 하려는 게 전혀 아니다하지만 그 일에 참여한 몇몇 외지인들의 동기는 다소 의심이 간다. 내 요지를 간단히 말하면 이렇다. 즉 그 문제가 우리의 에너지와 시간, 그밖에 다른 것들을 쏟아 부을 만큼 영원에 중요한 일이냐는 것이다. 예수님이라면 이 일에 시간을 보내실까?

다시 말하지만, 선한 일일지라도 우리의 주의를 전환시킬 수 있다. 주의가 딴 데로 돌아가면 우리는 본분을 지킬 수 없다. 그리스도인의 본분은 예수님 안에서 성장하고, 이웃을 사랑하며, 그런 다음에 삶과 말을 통해 복음을 나누는 것이다. 고등학교 운동 경기 전에 대중 기도를 하는 것보다 훨씬 더 중요한 문제가 교회 앞에 놓여 있다는 말을 하고 싶다.

"예수님이라면 이 일에 시간을 보내실까?"

이 단순한 질문 앞에 그리스도인들이 벌이고 있는 많은 캠페인들이 즉시 중단될 수 있다.

WJSHTOT 시험을 통과하지 못할 사건이 하나 벌어졌는데, 바로 그 악명 높은 디즈니 불매 운동이다. 1996년 남부침례교단후에 '하나님의 성회'로 이름을 바꾸었다은 디즈니 불매 운동을 벌이자는 투표를 했다. 그 대기업에 맞선 침례교인들의 불만은 사실 정보에 비추어 볼 때 논쟁의 여지가 있는 그들의 결의문에 잘 나와 있다. 남부침례교단은 디즈니사가 동성애자들의 생활 방식을 인정하고 지원한다는 의미로 '게이를 위한 밤'을 주최했다고 발표했다. 유니버설 스튜디오와 씨월드, 그밖에 많은 올랜도의 유흥지를 포함한 테마파크가 모두 사실은 매년 6월 초에 열리는 '게이의 날'을 돕고 있다는 것이었다.

나는 가족들이 방학 계획을 세우기 전에 이러한 활동들이 일어나고 있다는 것과, 그러한 정보를 디즈니사로부터 쉽게 얻을 수 있어야 한다는 주장에 동의한다. 그래야 그 행사가 있는 주말에는 가족과 함께 그곳에 가지 않을 테니 말이다. 그러나 나는 어린 가족을 MTV 봄방학 파티가 열리는 해변에도 데려가고 싶지 않다.

디즈니사 불매 운동을 지지하면서도 환불되지 않은 표가 있어 디즈니 매직킹덤에 가기로 한 한 가족을 알고 있다. 확실히 신념은 환급성이 있을 때 보다 더 설득력을 지니나보다. 다른 한 친구는 열성적으로 불매 운동을 지지했다. 스포츠 전문방송 ESPN이 디즈니의 계열사라는 것을 알기 전까지 말이다.

애지중지하던 황소의 옆구리가 받히면서 그는 자신이 밤비뿐만 아니라 스포츠 센터도 포기해야 한다는 사실을 깨달았다. 이 불매 운동이 그에게 뭔가 대가를 요구한다는 사실을 깨달은 것이다. 그것이 우리 많은 사람들을 조종하는 방법이 아닌가? 개인적인 희생이 필요 없거나 그것을 요구하지 않을 때 싫은 소리 하기란 쉬운 일이다.

디즈니의 반대자들은 월트 디즈니사의 회장 마이클 아이스너Michael Eisner에게 전하는 탄원서를 사람들에게 돌렸다. 그 편지에는 게이와 레즈비언의 날을 "허용하는 것은 회사가 급진적인 게이 협의 사항을 분명히 인정하는 것"이라는 내용이 적혀 있었다. 나는 디즈니사가 '게이의 날'을 허용한 것이 이 이유에서라기보다는, 충족되는 바가 같으면 어떤 큰 단체의 돈이라도 받을 수 있음을 분명히 인정한 것이라고 생각한다.

한 예로, 디즈니사는 복음주의자들도 맞대고 문지를 수 있는 한 쌍의 데나리온동전을 가지고 있다고 말했다. 실제로 디즈니의 놀이공원은 1980년대 초부터 '그리스도인 기쁨의 밤' 음악 축하 행사를 후원해오고 있다. 그 세월 동안 약 75만 명의 사람들이 이 공연장에 참석했고, 올해2001년에는 정상급 그리스도인 가수들이 대거 출연했다. 그러니 우리가 디즈니 불매 운동을 하고 있기는 한 건가?

탄원서에는 어떻게 디즈니가 "게이와 레즈비언의 날을 제정한 사람들이 미키마우스와 도날드덕같이 사랑스러운 디즈니의 캐릭터들을 동성연애자로 표현하도록 허락할 수 있느냐"는 다소 신경질적인 비난이 이어진다. 아니, 우리가 관계도 분명치 않은 두 마리의 생쥐들미키와 미니과 친구 삼기엔 지능이 떨어지는 오리도날드와 단순히 애완동물에 지나지 않은 개 플루토를 그토록 걱정해야 한단 말인가? 이 모든 이유들로 불매 운동을 시작하기엔 석연찮은 점들이 많다. 정말이지, 예수님이라면 이 일에 시간을 보내실까?

이 탄원서는 분노한 그리스도인들이 같은 메시지에 그들의 이름만 새로 붙여 다른 사람에게 이메일로 전달할 수 있도록 만들어졌다. 이처럼 복제된 항의 편지는 그 양이 엄청나게 늘어났을 것이다. 그런데 각기 다른 이름으로 5만 번이나 같은 편지를 받은 회사 간부들이 과연 그 편지에 감동을 받았을까? 나라면 자동 삭제 기능을 설정했을 것 같다. 아무리 생각해도 예수님도 하셨을 것 같아 그 문제에 항의하기로 결심했다면, 최소한 자신의 생각을 담은 편지를 직접 써야 하지 않을까? 과연 예수님이 남이 쓴 파피루스 항의서에 자신의 이름만 붙여 로마 집정관에게 보내는 일에 시간을 낭비하셨을까?

예수님이라면 디즈니 불매 운동에 참여하셨을까? 실제로 나는 그분이 '게이와 레즈비언의 날'에 디즈니랜드에 가셨을 것이라고 생각한다. 미키와 도날드의 이미지가 와전되는 게 걱정되어서가 아니다.

매일 너무나 많은 선한 일들이 우리 앞에 몰려와 하나님께서 우리 각자에게 하라고 하신 가장 선한 일로부터 우리의 주의를 딴 데로 돌린다. 우리 각자가 주님을 섬기는 일(복음을 선포하는 것과 같은 일)을 추구할 때 조금은 체로 거르는 과정을 잊지 말기를 권한다. 그래야 행동을 취하기 전에 그 문제가 지닌 가치에 무게를 실을 수 있기 때문이다. 성경을 바탕으로 하여 기도하라. 성숙한 신자들에게 지혜로운 조언을 구하라. 그리고 스스로에게 물으라.

"예수님이라면 이 일에 시간을 보내실까?"

나는 속옷을 갈아입기는 하지만 내세를 믿지는 않는다.

- 우디 앨런Woody Allen

제4장 두려움과 기독교

오늘날 우리가 다니는 거리에 치킨 리틀Chicken Little

애니메이션 「치킨 리틀」의 주인공, 머리 위로 도토리가 떨어지는 것을 보고 하늘이 무너진다고 착각해 마을을 대혼란으로 몰고 감-역자 주이 나타났다면, 그는 쓸데없이 민심을 소란케 하는 자라고 놀림을 당하지 않고 마케팅의 귀재로 각광받았을 것이다. 두려움을 조장하는 것은 우리의 메시지에 싫증난 대중의 주의를 모을 때 주로 쓰이는 수단이다.

자기주장을 열정적으로 피력하는 사람들은 다른 이들에게 영향력을 발휘하려고 두려움의 힘을 빌린다. 예를 들어, 환경운동가들은 항상 그들의 충고를 받아들이지 않으면 당장에 환경 재앙이 들이닥칠 것처럼 말한다. 특정 이해 집단들은 햄버거와 생수 안에 든 비소, 핵폐기물, 휴대폰의 전자파, SUV의 사고 위험, 닭에 투여된 호르몬제, 텔레토비, 과일에 묻은 농약 등에 대한 두려움을 만들어낸다. 그 예들을 몇 페이지에 걸쳐 계속 댈 수 있다.

그리스도인들도 두려움을 한소끔 끓여내는 데 일가견이 있다. 얼마 전에 한 지역 교회의 외벽에 재미있는 게시물이 붙어 있는 것을 보았다.

"아들에게 노출되면 불에 타는 것을 예방할 수 있습니다."

사람들을 끌어들이는 데는 약간의 유머를 곁들인 영원에 대한 저주만 한 것도 없는 것 같다. 나는 사람들을 겁주고 일시적으로 정신 차리게 만드는 전도법을 최고로 여기는 교회에서 자라났다. 우리 교회는 주일마다 아직 구원받지 못한 죄인 서너 명을 억지로 강단 앞에 불러 세우곤 했다 매번 같은 사람들이 나왔는데 그들이 매주 교회에 나오는 용기가 가상했다.

우리 목사님은 항상 개인적으로 누가 그리스도께 헌신하기를 머뭇거리다가 귀가 길에 롤러 차에 치여 납작하게 될지 아는 것 같았다. 물론 납작하게 깔린 그 불쌍한 죄인은 자신의 고집 때문에그리고 주일에 롤러 차에 치이는 말도 안 되는 불운 때문에 지옥에 갈 사람들이다. 목사님은 '내 모습 이대로' 라는 찬송을 70~80절이나 부르며 교인들에게 그야말로 영원의 맛을 보여주었다.

한번은 잊지 못할 예배 시간을 맞이했다. 찬송이 40절을 넘어갈 즈음 한 여성도가 나더러 강단 앞에 나가라고 설득하기 시작했다. 50절을 부를 즈음에는 정말로 나를 강단 앞에 떠밀려고 했다. 한 편의 코미디 같은 광경이 벌어졌다. 나는 주사를 맞으러 수의사에게 끌려가는 개처럼 저항했다. 그녀는 마침내 회개하지 않는 나의 영혼을 롤러 차에 밀어 넣고 그곳에 혼자 남겨놓았다.

훗날 한없이 놀라운 은혜의 하나님께서 마음에 역사하시어누군가에게 떠밀려서가 아니라 나를 그분 앞으로 인도하셨다. 내가 저주나 롤러 차가 무서워서가 아니라 신념과 필요에 의해 믿음을 갖게 된 것이 개인적으로 늘 감사하다. 나는 두려움을 바탕으로 한 믿음이 오래간다고 확신하지 않는다.

탄다, 얘야, 타!

전도할 때 너무나 많은 경우 두려움이 불운한 에이스 카드로 쓰이고 있다. 어떤 사람들은 지옥에서 끔찍하게 고통 받는 사람들을 그린 악명 높은 '칙Chick의 복음 소책자' 때문에 그리스도께 나아왔을 것이다. 그러나 나는 아인슈타인의 다음과 같은 생각에 찬성한다.

"오직 벌이 무섭거나 상을 기대하여 마음을 곱게 먹는다면 우리는 참으로 딱한 사람들이다."

그리스도인이 지옥을 피하는 것 말고 그리스도께 나아가는 다른 이유를 댈 수 없다면, 우리야말로 참으로 딱한 사람들이다. 진정한 믿음은 인생이라는 게임에서 지옥 탈출용 카드보다 더 많은 것들을 제공한다.

그러나 두려움은 인간의 마음을 움직이고, 따라서 부당하게 이용되기 쉽다. 지나치게 두려움을 조장해 사람의 마음을 움직이는 기술을 사용하는 단체가 하나 있는데, 바로 '동물을 윤리적으로 다루는 사람들의 모임 PETA'이다. PETA의 노력은 특히나 반감을 불러일으킨다. 최근에 그들은 패스트푸드 매장에 '언해피밀Unhappy Meals'이라는 전단지를 돌렸다. 그 안에는 도축된 소들의 사진과 공장화된 양계장에서 일어나고 있는 일들을 보여주는 그래프 설명이 들어 있었다. 그들의 메시지는 꽤 타당했다. 다만 그들의 과격하고 공격적인 접근 방식 때문에 나는 개인적으로 그 메시지에 집중할 수 없었다.

PETA는 이어서 사생활을 침해하는 광고 게시판으로 캠페인을 벌였는데, 거기에는 "전립선암에 걸리셨다고요?"라는 비열한 문구와 함께 뉴욕 시장 루디 길리아니Rudy Guilliani의 사진이 실려 있었다. 유제품의 위험성을 최근에 밝혀진 길리아니의 병과 연관 짓는 것은 품위 없는 시도였다.

그 광고판을 보고 나는 질겁하고 말았다. 다시 말하지만 그들의 메시지는 타당할지도 모른다. 40대 남성으로서 나는 암 예방법에 관한 정보에 관심이 있다. 그러나 두려움을 조장하려고 맹렬히 덤벼드는 이들의 태도에 멀찌감치 뒤로 물러설 수밖에 없었다.

교회가 나름대로 PETA의 전법을 써왔다는 것은 특히 심란한 일인데, 그 결과 그리스도의 메시지가 흐려지고 말았다. 나는 내가 가진 신앙으로 인해 임신 중절의 합법화를 반대하는 사람이다. 나는 생명의 신성함을 믿는다. 생명은 소중하며 하나님께서 주신 것이다. 그런데 낙태 반대주의자들의 의견을 초등학교 외벽에 줄지어 전시된 팔다리가 잘려나간 피투성이 태아들의 사진을 통해 처음 접했다면, 나는 그들의 주장에 설득되지 않았을 것이다.

우리는 낙태 기술의 잔혹함과 어떤 낙태이든 정서적인 영향을 끼친다는 사실을 알아야 한다. 이유를 막론하고 우리는 성경적인 관점으로 생명의 가치를 논해야 한다. 하지만 초등학생 또래들이 그런 끔찍한 사진에 노출되는 것은 원하지 않는다. 그 사진들은 분명히 그리스도인들이 교회에 다니지 않는 사람과 다름없는 마음가짐으로 승인해준 것들이다.

지옥의 모습을 보여준다는 취지로 끔찍하게 만든 기독교식 유령의 집에 대해 생각해보자. 콜로라도의 한 교회는 '지역사회 봉사' 차원에서 '지옥의 집'이라는 사업을 개발했다. 그들의 홈페이지에는 이런 글이 적혀 있다.

"지옥의 집은 예수님이 길이고 진리이며 유일한 생명이라는 영원불변한 메시지를 극적으로 전하는, 신나고 현대적이며 시대에 꼭 맞는 프로그램입니다. 20~25명의 단체는 전담 악마의 안내를 받으며 지옥의 집을 둘러보실 수 있습니다."

그만! 전담 악마라고? PETA에게 가서 한 수 배워라. 당신들은 아마추어다.

"지옥 여행에서 사탄을 직접 만나보세요! 지옥은 뜨겁고, 연기가 자욱하고, 시끄럽고, 눈앞이 어질어질하며, 정신을 쏙 빼놓는 곳입니다."

여담이지만, 이 말을 들으니 왠지 라스베이거스 생각이 난다. 어쨌든 이 모든 것들을 7달러짜리 입장권을 내밀면 볼 수 있다는 것이다전담 악마에게 팁은 주지 않아도 된다. '지옥의 집' 홈페이지에 나온 다른 글들도 소개하자면 다음과 같다.

장면 1 : 에이즈로 죽은 십대 동성애자의 장례식장

장면 2 : 시선을 뗄 수 없는 낙태 시술의 재연

장면 3 : 인간을 제물로 바치는 사탄 의식

장면 4 : 음주 운전을 하다가 교통사고를 내 가족을 모두 죽음으로 몰아넣었음을 깨닫는 아버지

장면 5 : 십대의 자살

장면 6 : 지옥과 사탄의 모습, 소리, 냄새그것이 무엇이든 간에

결국 여행자들은 천사들의 도움으로 지옥을 빠져나와 천국으로 인도되고 거기서 복음을 듣는다.

이 장면들을 훑어보면서 우리가 디즈니사의 의도적인 위법 행위를 걱정한다는 사실에 기가 찼다. 당신만의 '언해피밀' 버전을 원한다면 단돈 199달러에 '지옥의 집' 세트 한 벌을 주문할 수 있다. 그 세트는 구멍 세 개짜리 매뉴얼 바인더와 비디오테이프 한 개, 그리고 하나님의 음성이 담긴 특수효과 CD 한 개로 구성되어 있다. 세트를 제대로 갖추고 싶다면 몇 가지 물건들을 추가 주문할 수도 있다. 15달러를 더 내면 인간을 제물로 바칠 때 나는 배경음 CD를 가질 수 있다<나는 이 구성으로 갖고 싶었다>. 그밖에 CD들은 지옥에서 들려오는 비명을 담고 있는데 거기엔 이런 설명이 붙어 있다. "지옥에서 고통 받는 사람들의 73분에 걸친 비명과 절규, 신음소리. 지옥 거주민들은 음성으로 도움을 베푸는 당신을 사랑합니다."

지옥 거주민들이라니 할 말이 없다. 또 '행운의 바퀴' 게임의 진행자를 본뜬 게 틀림없는, 그것도 좀 기괴하게 본뜬 캐릭터 패트Pat가 함께하는 데이트 강간 장면 패키지와 파티 장면 패키지도 있다. 물론 '지옥의 집' 공식 로고가 수놓인 티셔츠를 단체로 맞출 수도 있다.

사탄은 실제로 있으며, 우리 모두는 진행주인 전투에 참여한 사람들이다. 그렇다고 해서 이런 것들이 정말 필요할까? 이것은 "예수님은 채식주의자였다"라고 쓴 PETA의 광고판보다 나을 게 없어 보인다.

한때 지지자였던 이들이 지금 하는 말들

전도 기법으로 사용되는 두려움은 장기적으로는 회의적인 결과를 가져온다. 이런 사실을 철저하게 규명한 자료가 있는 것은 아니지만, 나는 두려움 때문에 믿음 앞에 나온 후에도 여전히 자유케 하는 놀라운 은혜를 경험할 필요가 있는 숱한 사람들과 이야기를 나누었다. 겉보기에는 모두 멀쩡한 이들이었다.

두려움을 토대로 한 믿음은 학대가 일상적으로 일어나는 결혼 생활처럼 될 가능성이 있다. 그러면 관계상 곤란을 겪을 뿐만 아니라 마땅히 받아야 할 축복마저 놓치고 말게 될 것이다. 두려움 때문에 믿음 앞에 나아온 구도자가 그리스도 안에서 성장하기 위해서는 하루속히 하나님의 은혜를 배워야 한다.

기독교 근본주의자들 또는 종교적인 보수주의자들이 우리 사회에 끼치는 해악은 상당하며 그 악명의 대부분은 스스로 초래한 것들이다. '근본주의자'라는 말은 교회에 다니지 않는 사람들이나 한때 교회에 다녔던 사람들 사이에서 일종의 경멸어가 되었다.

이 책을 쓰기 위해 자료 조사를 하는 과정에서, 컴퓨터 앞에 앉아 근본주의적 그리스도인들이 어떻게 인식되고 있는지 살펴보았다. 수십 개의 기독교 안티 사이트를 본 후 나는 정신이 멍해지도록 놀랐고 심란했으며, 솔직히 그리스도인들에게 엄청나게 쏟아진 악담들에 절망했다.

한때 그리스도인들이었던 그들이 교회와 신앙에 대한 분노를 쏟아놓은 그 수많은 사이트들은 정말이지 내게 상처로 다가왔다. 특히 한때 우리와 함께 믿음 안에 있었지만 지금은 상처 입고 떠난 옛 신자들의 말에 가슴이 뭉클했다. 쏟아지는 비난들이 듣기 좋을 리는 없지만, 아무리 그래도 우리는 그들을 소가 닭 쳐다보듯이 무심히 넘기는 경향이 있다.

우리는 그들의 비난 속에서 배울 점이 있는지 살펴보아야 한다. 사이트들의 이름만 들어도 정신이 번쩍 든다. 한때 그리스도인들이었던 사람들의 분노와 좌절을 담은 사이트들 중에 다음 몇 개를 예로 들어보겠다.

기독교를 떠나며(http://www.greywlf.com)

예수 그리스도의 떨거지인 기독교 근본주의자들이 기독교가 단 하나뿐이고 유일하게 참된 종교라는 믿음을 어떻게 사람들에게 주입하여 그들을 바보로 만드는지 보라.

근본주의자들의 회복을 위한 리 아담스 영의 페이지
(http://www.infidels.org/electronic/email/ex-tian)

근본주의자라면 누구든지 환영합니다. 성경적인 근본주의를 버리고 나아온다면, 여전히 하나님과 자신을 사랑하는 법과 성경을 존중하는 법을 가르쳐드리겠습니다.

EX-TIAN의 홈페이지
(http://www.infidels.org/electronic/email/ex-tian).

이곳은 한때 그리스도인이었던 사람들을 위한, 그들에 대한 글들을 모은 EX-TIAN의 홈페이지입니다. 한때 그리스도인이었던 사람들의 고백과 가족, 전기 등이 수록되어 있습니다. 한때 근본주의자들이었던 사람들의 많은 사연들과 몇 편의 에세이는 물론 후원 정보도 제공합니다.

떠난 사람들(http://www.berkshire.net/~ifas/way)

'떠난 사람들'은 예전에 근본주의자들이었던 사람들, 흔히 기독교 근본주의와 관련된 두려움과 죄책감 문제로 고민하는 사람들의 수많은 지원 요구에 부응하는 사이트입니다.

이런 사이트들을 보는 그리스도인들의 반응은 다양할 것이다. 내 경우 마음이 아팠다. 그래서 그들이 과연 무슨 말을 하고 있는지 알아보기로 했다. 이들이 한때 교회에서 당신 바로 뒷자리에 앉아 있던 사람들일지도 모른다는 점을 기억하라. 그들은 한때 예수 그리스도를 구세주라고 고백했지만 이제는 '종교적인 학대로부터 회복되기'와 같은 말을 한다. 우리는 이들을 변절자, 죄인이라는 꼬리표를 붙여 관심 밖으로 내몰거나 그리스도인 명단에서 삭제해버릴 수도 있다. 하지만 그보다 먼저 좀더 마음을 부드럽게 가진 후 그들의 목소리에 귀를 기울여보면 어떨까?

　　마음이 결정되고 나면, 기초 훈련에 필요한 유니폼과 야전 배낭 같이 미리 싸놓은 가치관과 견해가 지급된다. 로버트 M. 프라이스Robert M. Price, 「근본주의에서 인도주의자로」 중에서.

　　로버트가 묘사하고 있는 것처럼 우리 그리스토언들은 과잉보호하는 부모마냥 새로 믿음을 가진 사람의 삶 속에 뛰어들어 이래라저래라 하기가 쉽다. 우리는 하나님께서 한 사람의 삶 속에서 역사하시는 모습을 지켜보는 지혜와 절제를 달라고 기도해야 한다. 우리가 중요하게 생각하는 문제들(금연, 욕하지 않기, 매사에 금지하기)에 신경을 쓰다가 훨씬 더 중요한 문제를 다루시는 하나님의 영을 짓눌러버리기가 너무나 쉽기 때문이다.

　　모세는 40년을 사막에서 방랑했는데 우리는 단 몇 주 만에 새 신자들이 성숙해지는 모습을 보고 싶어 한다. 우리는 새로 그리스도인이 된 사람들이 자신의 페이스를 지키며 성장하도록 한 걸음 뒤로 물러나 온전하게 조언하고 후원하며 그들을 내버려두어야 한다.

　　하나님은 그분의 양들이 어떻게 자라야 할지 아신다. 아무리 주님의 종들이 들썩거려도 그 과정은 단축될 수 없다. 자기 페이스대로 믿음 안에서 성장할 기회를 갖지 못한 모든 신자들을 보면 안타까운 마음이 든다.

믿음은 실질적인 것이다. 믿음은 나를 위해 역사한다. 하지만 그 믿음이 하루아침에 자라지는 않는다.

가장 황당한 일은 내 친구 사항을 알고 있고, 내가 그들만큼이나 선량하다는 사실도 알고 있는 사람들이 한결같이 "쟨 애당초 믿음이 없었나 봐" "힘든 시기구나. 예수님께 돌아오게 될 거야" 하며 내가 믿음을 잃어 버렸다는 식으로 말하는 것이었다. 그 당시 나는 확고한 믿음과 신앙을 갖고 있었기 때문에 그런 말들은 모욕적이었다. 벤 크릭 브라운Ben Creagh Brown

벤의 비난에 죄책감이 든다. 당신이 당한 구태의연한 태도들에 사과한다. 당신이 언젠가 믿음을 다시 돌아보고 싶은 갈망이 들고, 동료 그리스도인들로부터 보다 많은 지지를 받게 되기를 소망한다.

예전에도 종교적인 행복감을 여러 차례 느껴보았지만 진정한 '평안'을 느낀 것은 이번이 처음이다. 영원의 저주에 대한 두려움, 천국을 위해 일하는 것에 대한 피곤함이 사라졌다. 일단 그런 것들이 사라지자 번쩍이는 합리화의 집합체인 기독교의 나머지 것들도 모두 와르르 무너졌다.
제이슨 스테이너Jason Steine], 'EX-TIAN의 글들' 중에서

코미디언 크리스 록Chris Rock은 이런 말을 했다.
"옳다고는 말할 수는 없어도 이해할 수는 있다."
종교적인 행복감으로부터 추락하는 것은 연애 감정에 홀려 있다가 깨어나는 것과 상당히 비슷하다. 나는 지금의 아내 조니와 처음 사랑에 빠

졌을 때 그와 같이 아찔하게 정신이 나가지는 않았다. 그러나 25년 간 서로 이해하려고 노력하며 관계를 가꾸어온 결과 그녀를 향한 나의 감정은 훨씬 더 깊어지고 실질적이 되었다. 사랑이 느껴지지 않던 시기에도, 그녀를 향한 헌신은 여전했다. 그리고 사랑의 느낌들은 되돌아온다. 그 느낌들은 또 언제 떠날지 모른다. 이상적으로 우리의 믿음은 이와 같은 본을 따라야 한다.

슬프게도 제이슨은 내가 믿음 생활에서 발견한 평안을 경험하지 못한 것 같다. 그가 자신에게 평안이 없다고 믿게 된 것은, 어느 정도 다른 그리스도인들이 그에게 근심거리를 주었기 때문일 것이다. 제이슨이 한 또 다른 말에 가슴이 찢어진다. 영원의 저주에 대한 두려움과 천국을 위한 일에 대한 피곤함은 그리스도인들이 절대로 짊어져서는 안 되는 두 가지 짐들이다. 그가 어떤 감정을 느꼈을지, 그 감정이 어디서 왔는지 알 것 같다. 그러나 그것은 그리스도가 그분을 따르는 이들에게 의도하신 일이 아니다.

이제 나는 내 주변의 것들과학, 음악, 예술, 자연 등에 더 큰 흥미와 즐거움을 누리고 있다. 교회에 있을 때 그런 일들을 즐기는 것은 허락되지 않았다. 사람들은 천국이 우리의 진정한 고향이므로 이 세상의 것들에 너무 빠져서는 안 된다고 말했다. 'EX-TIAN의 글들' 중에서

당신도 이런 경험을 했을 것이다. 하지만 우리 교회에 오면 이 모든 것들을 자유롭게 즐길 수 있다.

나는 어떤 일들을 하면서, 심지어 실수를 하면서도 이전보다 더 자유

로움을 느낀다. 하나님이 나를 지켜본다든지, 천벌을 받거나 불운이 닥칠지 모른다는 걱정을 하지 않기 때문이다. 'EX-TIAN의 글들' 중에서

어릴 적 교회를 다니면서 내가 경험한 분위기를 이 사람도 겪었나보다. 교회에서 놀라운 은혜에 관한 찬송을 부를 때 '어느 곳에 있든지 은혜를 찾을 수 있다면' 이라는 부분이 가장 놀라웠다. 그때 나는 은혜에 대해 배웠고, 비록 천천히 진행되기는 했지만 믿음을 바라보는 인식이 달라졌다. 하나님은 당신에게 고통을 주려고 당신이 돌부리에 걸려 넘어지는지 않은지 걱정스럽게 지켜보기만 하시는 분이 아니다. 그 점은 내가 장담한다.

나는 예전보다 훨씬 더 다른 신념과 배경을 가진 친구들을 사귈 수 있게 되었다. 전에는 그들은 '악마의 자식들' 이고 우리를 그리스도로부터 떼어놓기 때문에 그들과 우정을 맺어서는 안 되었다. 'EX-TIAN의 글들' 중에서

예수님께서 그 교회에 다니지 않으신 게 다행이다. 아니면 지금 우리는 이런 부질없는 이야기를 하지도 못했을 것이다. 당신이 그 '악마의 자식들' 과 친구가 될 것을 진심으로 권한다. 그들을 그리스도 앞으로 인도하게 될지 누가 아는가? 다만 균형 있는 관계를 유지하도록 하라. 전적으로 신앙을 벗어난 관계는 영적인 건강에 최선의 길이 아닐 수 있다. 한편 전적으로 신앙 안에서만 관계를 가지면 지상명령을 지키지 못하게 될 수 있다. 그리스도를 따르는 이들이 불신자들을 두려워할 이유는 없다.

우리 자신에 대한 두려움

오랜 세월 내가 불신자들을 대하면서 개인적으로 두려움을 느낀 것은, 그리스도인으로서 지식의 밑천이 드러날지도 모른다는 자신감 결여에 상당 부분 그 이유가 있었다. 아는 게 없어 당황하게 될까봐 두려웠다. 나의 신념들을 적절하게 옹호하지 못하면 어쩌나 겁이 났다.

일부 비평가들에 의하면, 보통 그리스도인들은 대체로 바위처럼 입을 굳게 다물고 있는 훈련을 받아야 할 것이다. 바보처럼 보이는 것을 좋아할 사람은 없다. 내 경우, 삶에서 그런 필요를 채워주는 아이들이 있다.

많은 이들의 경우를 보면, 실제로 바보처럼 인식되는 것은 빛 되기를 포기하는 것이다. 여기 내가 한때 겁냈던 정말 똑똑한 사람들이 한 말을 적어보았다. 나는 이제 마음속의 의심과 지성에 대한 두려움에 직면함으로써 내 믿음이 줄어들지 않을 것이라는 자신감을 갖고 이들의 비난을 논할 수 있게 되었다. 아이삭 아시모브Isaac Asimov는 「캐나다 무신론자들의 뉴스레터Canadian Atheist Newsletter」지에서 이렇게 말한다.

그러한 일들을 믿고, 성경이 쓰인 후로 내내 생각하는 지성들이 지속적으로 발견해온 것들을 깡그리 무시하면서도 부끄러워하지 않는 사람들을 상상해보라. 우리 가운데서 가장 교육을 받지 못했고, 가장 상상력이 떨어지며, 가장 생각 없는 무식쟁이들이 여기에 있다. 그러고선 그들은 자신이 우리 모두의 인도자이자 지도자라고 생각한다. 그들의 나약하고 유치한 신념들을 강요하려고 한다. 우리의 학교와 도서관과 가정에 침투해 들어오려고 한다.

내가 너무나 멍청한 나머지 누군가에게 상처를 줄 수 없다는 게 다행이다. 아시모브의 지적인 오만함은 상상을 초월한다. 하지만 우리가 우리의 신념을 강요하는 방식에 대한 지적은 검토해볼 만한 가치가 있다. 나는 우리가 그리스도와 교제하는 가운데 살 때, 전도의 문들이 저절로 열리는 것을 발견했다. 공성퇴성벽 등을 부수는 도구 - 역자 주를 집에 두고 나와도 되는 것이다. 전도는 강요하면 효과가 없다. 영원한 낙천가 버트란드 러셀 Bertrand Russell의 단호한 주장도 들어보자.

마음을 위로하는 신화의 도움 없이는 인생의 위험을 직시하지 못하는 사람을 보면 나약하고 다소 한심한 뭔가가 있다. 거의 필연적으로 그는 어느 정도 그것들이 신화에 불과하고, 단지 마음 편하자고 자신이 그것들을 믿고 있다는 사실을 안다. 하지만 감히 그런 생각을 대놓고 드러내지는 못한다! 더욱이 그의 소신들이 합리적이지 않다는 것을 희미하게나마 알기 때문에, 반대에 부딪히면 불같이 화를 낸다.

고마워요, 버트란트! 내 보잘 것 없는 관념의 세계에서희미하게나마 생각하고 있던 바를 똑똑히 알려주어서…. 이 구절에 실린 러셀의 거만함에 등이 다 휠 것 같다! 그러나 다시 말하지만, 여기서 우리가 취해야 할 핵심이 있다. 누군가 당신이 믿음에 반대를 표하더라도 펄펄 뛰며 화내지 말라. 확신에 찬 그리스도의 추종자는 오만하지 않고도 자신감 있고 품위 있게 반응할 수 있다. 하지만 존중의 예를 갖추기 위해 일부러 그들에게 동의할 필요는 없다. 「순전한 기독교」에서 C. S. 루이스는 진리 탐구를 이런 식으로 설명했다.

"당신이 그리스도인이라면 그 모든 종교들정말 수상쩍은 것들도 이 최소한 아주 약간의 진리를 담고 있다고 생각해도 무방하다. 하지만 물론 그리스도인이 된다는 것은, 기독교가 다른 종교들과 차이가 나는 대목에선 기독교가 옳고 나머지들은 틀렸다고 생각하는 것을 의미한다. 그럼에도 틀린 답들 가운데 일부는 다른 것들보다는 옳은 것에 훨씬 더 가까울 수 있다."

다른 사람의 신념이나 가치관을 폄하하면서 그들과 정답게 복음을 논할 수는 없다. 위에 나오는 아시모브와 러셀의 말에 당신은 어떻게 반응했는가? 만약 당신이 그들의 말을 무시했다면, 장담컨대 그들은 결코 열린 마음으로 당신의 말에 귀 기울이지 않을 것이다.

프리드리히 니체Friedrich Nietzsche는 근대 사상에 깊은 영향을 준 철학자이다. 다음과 같은 말에서 볼 수 있듯이 그는 지독한 기독교 반대자였다.

> 세상의 추함과 악함을 찾고자 하는 기독교 결의안이 이 세상을 추하고 악하게 만들었다.
>
> 우리의 세력이 얼마나 큰지 알지 못했단 말인가? 그런데 우리가 언제 기독교 결의안이를 테면, 죄에 관한 법안 207-B을 통과시켰는지 기억나는가? 순전히 궁금해서 하는 말인데, 기독교의 영향력이 미치지 않은 곳에선 도대체 어떻게 그 착한 심성을 가진 사람들이 모든 것을 추하고 악하게 만드는 방법을 알아냈을까?

진화생물학자 에른스트 마이어Ernst Mayr는 이렇게 말했다.

> 인격적인 신이 존재한다는 생각을 뒷받침해주는 증거는 전혀 없다.

전혀 없다고? 최소한 건성으로라도 들여다볼 만한 증거가 단 한 개도 없단 말인가? 정말 똑똑한 자의 입에서 이렇듯 뻔뻔하고 강압적인 말이 나오다니. 그의 말은 수백만 명에 이르는 정직하고 지적인 사람들의 사연 많은 경험들을 헐뜯으면서 그 가치를 깎아내리고 있다. 모두가 망상에 빠져 있다는 말이다. 그렇다면 너무 이상하지 않은가? 마이어는 나 같은 냉소적인 인간조차 아무 증거도 없는 일을 30년 간이나 믿도록 세뇌당하고 조종되었다고 즉석에서 결론 내버린 것이다. 미안하지만 내 생각은 다르다.

많은 엘리트 사상가들이 믿음을 폄하할 때 우리는 지적인 면에서 겁을 먹기가 쉽다. 그러나 클로드 맥도널드Claude McDonald가 분명하게 표현했듯이 "때때로 다수란 단순히 바보들 모두가 같은 편에 섰음을 의미"할 가능성이 항상 있다. 그리스도인의 지적인 상태가 늘 훌륭했던 것은 아니지만 과학자들의 생각 역시 틀릴 수 있다그러니 분발하라.

1872년 툴루즈의 한 프랑스 생리학 교수는 "루이스 파스퇴르Louis Pasteur의 세균 이론은 터무니없는 허구"라며 콧방귀를 뀌었다. 그리고 전해지는 말에 의하면 앨버트 아인슈타인조차 이런 당혹스러운 순간이 있었다. 1932년에 그는 이렇게 말했다.

"핵에너지로부터 뭔가를 얻을 가능성이 전혀 없다. 그것은 원자가 제멋대로 흩어지는 것을 의미한다."

앞서 나온 오만하고 닫힌 마음에서 나온 기독교에 대한 언급들은 "하나님께서 그렇게 말씀하셨으므로, 나도 그렇게 믿는다. 그러니 당신도 그렇게 믿는 게 좋다" 또는 "지옥에 가게 될 것이다"라고 말하는 것만큼이나 해악적이다. 대화의 장을 열어주는 접근법도 아니다.

그리스도인은 중요한 메시지를 갖고 있고, 진정한 믿음에는 역사하는 힘이 있다. 그럼에도 의사소통하는 수단은 매우 중대하다. 그리스도인들은 두려움을 하나의 무기로 사용해서는 안 된다. 요한 사도는 이 점을 다음과 같이 아름답게 정리했다.

이로써 사랑이 우리에게 온전히 이룬 것은 우리로 심판 날에 담대함을 가지게 하려 함이니 주의 어떠하심과 같이 우리도 세상에서 그러하니라 사랑 안에 두려움이 없고 온전한 사랑이 두려움을 내어 쫓나니 두려움에는 형벌이 있음이라 두려워하는 자는 사랑 안에서 온전히 이루지 못하였느니라 우리가 사랑함은 그가 먼저 우리를 사랑하셨음이라(요일 4:17-19)

영화 「그들만의 리그A League of Their Own」에서 매니저 지미 듀간톰 행크스 역은 제2차 세계대전 기간 동안 여성 팀을 잘 꾸려가려고 애쓴다. 그러다 선수들 중 한 명이 눈물을 터트리자 그는 기가 차다는 듯 그녀를 쳐다보며 단호히 말한다.

"야구장에는 우는 사람이 없다!!"

그리스도인들도 확신을 갖고 이렇게 말해야 할 것이다.

"사랑에는 두려움이 없다!"

그리스도의 복음을 거슬려 하는 사람은 늘 있을 수 있지만, 우리는 그 복음을 좀더 나은 방법으로 전할 수 있음을 인정해야 한다. 그리스도와 함께, 은혜와 함께.

두려움은 던져버리고….

교회에 갔다가 집에 돌아오는 차 안에서 존슨 부인은 남편에게 물었다.
"스미스 씨네 딸이 눈썹에 피어싱한 것 봤어요?"
"못 봤소." 존슨 씨는 말했다.
"그러면 리타 존스는 봤어요? 치마가 어찌나 짧던지." 존슨 부인은 계속 말했다.
"주일학교 선생이 그런 천박한 옷을 입다니 뻔뻔하기도 하지."
"그것도 보지 못한 것 같소." 존슨 씨는 털어놓았다. 그러자 존슨 부인은 외쳤다.
"맙소사! 아무튼 교회에 가는 것은 당신에게 여러 모로 좋은 일이에요."

http://www.cleanjokespage.com

제5장 누구의 아이디어인가?

1985년 4월 22일, 세계 제일의 음료수 제조업체는 수십 년 동안 그들을 선두 주자로 만들어온 제품에 변화를 주기로 결정했다. 그날 코카콜라사의 마케팅 귀재는 콜라 마니아들을 경악케 한 새로운 콜라를 선보였다. 이에 내 친구 가운데 한 명은 옛날 콜라를 지하실 한가득 사재기를 해놓았다. 어쩌면 그 친구는 절박해진 코카콜라 마니아들이 그 지하실에 습격할 것에 대비해 총을 들고 그 앞을 지키고 앉아 있었는지도 모른다.

같은 해 7월에 회사는 소비자들에게 사과하고 '코크 클래식Coke Classic'이라는 이름을 새로 붙여 옛날 제품을 다시 시장에 내놓았다.

이 일련의 과정을 지켜보면서 대다수 미국인들은 이런 단순한 의문을 가졌다.

"도대체 그 사람들 무슨 생각을 한 거야?"

기독교에 대한 하나님의 마케팅 계획을 보면서 내 마음에도 이런 의문이 떠오른다. 도대체 왜 하늘과 땅을 창조하신 하나님께서 짐 바커Jim Bakker와 지미 스워가트Jimmy Swaggart와 나 같은 사람을 사용해 자신을 드러내야겠다고 결심하셨을까? 한두 가지 기적을 베풀거나 구름 속에서 직접 말씀하시는 게 더 효과적이지 않았을까? 우디 앨런이 말한 것처럼 "하나님이 우리에게 분명한 표시를 주신다면 좋을 텐데! 스위스 은행에 내 이름으로 된 고액 계좌가 생기는 것과 같은…."

우리 문화에서 '마케팅'이라는 말은 부정적인 의미를 함축하고 있다. 이제 마케팅은 '대중매체'와 '정치인'과 같이 좋지 않은 의미를 지닌 단어군에 속한다. 그러나 마케팅은 단순히 제품이나 서비스를 파는 과정을 의미한다. 기독교에는 주요 메시지가 하나 있는데, 그것은 예수 그리스도의 복음, 즉 우리가 하나님과 실제 관계를 가질 수 있도록 하나님께서 우리에게 주신 좋은 소식이다. 그러나 우리가 펼치는 기독교 마케팅을 보면 미스터 마구Mr. Magoo시력이 어두운 만화 주인공―역자 주가 수동 카메라를 휘두르며 초점을 맞추는 것과 다름없다.

매디슨 가의 광고장이들이 기독교 마케팅을 맡았다면, 그들은 아마도 좀 다른 방식을 써보라고 하나님을 설득했을 것이다.

'교활하고 천박하며 진부한' 광고 대행사 : 좋습니다, 하나님! 대단한 발상입니다. 높이 살 만하군요. 브랜드가 좋고요, 인지도도 더할 나위가 없습니다. 그런데 큰 문제가 하나 있습니다.

하나님 : 문제라니?

광고 대행사 : 그쪽 사람들… 음… 그러니까 그리스도인들이라고 불리는 사람들에게 일을 너무 많이 맡기셨습니다.

하나님 : 그랬지.

광고 대행사 : 그건 효과적인 일이 아니거든요, 하나님. 그리스도인이라는 이 사람들은 당신에게 정말 나쁜 이미지들을 심어주고 있습니다. 그리스도인의 마케팅을 총체적으로 재검토할 필요가 있습니다. 아시겠지만 사고의 틀을 깨셔야죠. 창조적인 사고가 필요합니다.

하나님 : 기린을 본 적이 있느냐?

광고 대행사 : 네, 네, 그럼요. 그런데 잠깐! 좋은 생각이 났어요! 이름을 바꿉시다. '그리스도' 라는 브랜드는 훗날 인구 통계에도 끼지 못할 테니까요.

하나님 : 죄인들을 말하는 거냐?

광고 대행사 : 죄인들이라고요? 어휴, 하나님, 정신 차리세요! 농담하세요? 처치 곤란한 그런 말은 내다버리세요. 그렇게 불리는 것을 원하는 사람은 아무도 없으니까요. 자존감을 떨어뜨리거든요. 분위기만 나빠진다고요.

하나님 : …

광고 대행사 : 우리 기획팀의 제안은 이렇습니다. 일단 모든 규칙들의 금지 수위를 좀 낮추지요. 몇 가지 명령들이 다소 거칠게 느껴지거든요. 제 말은, 살인과 도둑질은 상당히 많이 사용하는 개념이지만 그밖에 다른 것들은… 음… 좀 구식이거든요. 좀더 '좋은 느낌' 으로 만들어보자고요. 믿음과 인간의 본성 사이에 시너지를 창조하는 것입니다. 탕자 역할을 할 전문가들을 몇 명 데려옵시다.

말이 통하고 선하게 보이는 사람들로 말이죠. 이미지 개선을 하자는 겁니다. 기적을 몇 개 일으키는 것도 좋지만, 황금 시간대에 특별 방송에 나오도록 이미지를 포장할 필요가 있습니다. 폭스 TV의 '치명적이고 복수심에 불타는 하나님의 행동'은 어떨까요? 슈퍼볼 기간에 대대적인 선전 공세를 하는 겁니다.

「USA 투데이」지에 전도지를 끼워 넣고요. 하지만 그리스도인이라는 타이틀은 버리는 게 좋겠어요. '믿음의 인간'은 어떻습니까? 듣기도 좋지 않습니까! 믿음의 인간 집회를 크게 열 수도 있습니다. 우리가 실물 크기로 만든 로고를 보여드리죠.

하나님 : 난 원래 계획대로 하겠다.

광고 대행사 : 그러시던가요. 계획을 다시 짜게 되더라도 우리 원망은 하지 마십시오. 누구 말이 맞는지 알게 될 겁니다.

하나님 : 알았다.

이름이 뭐기에?

초대교회에서 예수님의 추종자들이 제자들로 처음 알려진 사실이 흥미롭다. '그리스도인'이라는 말은 사도행전 11장 26절에 이르기까지 언급되지 않았다. 많은 사람들은 그 말이 실제로는 안디옥 도시에 사는 불신자들이 그들을 과격한 집단으로 설명하려다가 새롭게 등장했다고 말한다.

어찌되었든 그 말은 사람들의 뇌리에 박혔다. 믿음의 시장에서 가장 큰 문제는 '그리스도인'이라는 이름이 평가 절하되고 있다는 것이다. 많은 신자들은 그런 혼돈으로부터 자신을 구별하고자 '그리스도를 따르는 사람들'이라는 말을 썼다. 실제로 '그리스도인'에 대한 정의는 너무나 일반적이어서 그 실체와 자신을 동일시하는 것은 무의미한 일이다. 그리스도인이라는 이름이 예수 그리스도의 제자와 동일시되어 쓰일 정도이다.

그러나 많은 '선한' 사람들은 그리스도인들과 연합하지 않는다. 반면에 얄궂게도 기독교는 증오 집단과 정신 나간 극단론자들과 빈번하게 연결되고 있다. 그들은 그리스도의 가르침을 따르는 자들이 전혀 아닌데 말이다.

여론 조사에 의하면, 미국에서 거의 5천만 명에 이르는 사람들이 스스로를 복음주의적인 그리스도인이라고 부른다. 그런 주장을 할 수 있는 사람들의 실제 수는 조사 결과보다 훨씬 적을 것이다. 그 5천만 명이 정말로 그리스도의 가르침을 이해하고 그에 가깝게 살아간다면, 이 나라가 그렇게 도덕적으로 퇴보 상태에 있겠는가? 우리가 정말로 믿는다고 말한 것을 믿고 그대로 살아간다면 무언가 다른 점이 충분히 드러나야 하지 않겠는가?

최근에 한 사건을 통해, 나는 회사가 그들의 제품이 인식되는 방식을 중요하게 여긴다는 것을 깨달았다. 1999년 피자헛 체인점은 소비자들을 오도하는 광고와 제품 설명을 했다는 이유로 다른 피자 체인점을 고소했다. '더 좋은 성분, 더 좋은 피자'라고 제품 설명을 했다고 파파존스를 고소한 것이다. 피자헛이 그런 데 신경을 쓴다는 사실이 몹시 놀라웠다. 다른 집에서는 어떨지 몰라도 우리 집의 경우 광고 설명은 딱 한 차례만 유효하다.

일단 파파존스 피자보다 피자헛 피자를 더 좋아하는 이상 내 결심은 정해져 있다. 파파존스 피자를 먹으면 아이큐가 두 배는 높아진다고 말해도 소용없다. 그러나 피자헛은 소비자들에게 제품이 '인식되는 것'을 몹시 중요하게 여겼기 때문에 파파존스를 고소한 것이다!

불행히도 대기업들과는 달리 그리스도인의 본 모습을 지키기 위해 싸우는 전문 변호사는 없다. 우리 사회에서 변호사들은 사람들이 브랜드를 정확하게 쓰는지 확인해주면서 짭짤한 수입을 올리고 있다. 우리는 복사기를 돌리면서 "제록스 한다"라고 말하는 대신에 "인쇄물을 복사한다"라고 말해야 한다. 제록스는 당연히 그들의 고유의 이름을 잃고 싶지 않을 것이다. 티슈를 가리키는 일반적인 용어로 '크리넥스'라는 말을 쓸 경우 상표 전문 변호사가 당신에게 연락을 해올지도 모른다. 이름의 고유성은 한 회사의 생존이 걸린 상당히 중요한 문제이다.

그런데 그리스도라는 이름은 안타깝게도 너무나 여기저기서 쓰여 아무리 차용되어도 누구 하나 이의 제기를 하지 않는다. 정말 불공평한 일 아닌가? 군복을 입는다고 전투 전문가가 되는 것은 아니다. 나이키 운동복을 입고 등번호 23번을 단다고 해서 마이클 조던Michael Jordan처럼 농구를 할 수 있는 것도 아니다. 그런데도 그리스도인들은 인종 차별주의가 갖가지 형태로 드러나는 것만큼이나 부당하게 여기저기서 분석당하고 영적인 편협함의 목표가 되고 있다.

그 이름을 가진 모두가 판에 박힌 듯 도매금으로 넘어가고 있다. 교회나 집회에 나가고 예수님에 대해 말하는 당신은 그리스도인이다. 그 사실에 대해 사람들은 이런 냉소적인 반응을 보일 것이다.

"그래서 당신이 그리스도인이란 말이죠, 네? 제가 듣기로는 낙태 시술을 하는 병원을 폭파하고, 게이들을 증오하고, 성적인 욕망을 억누르며, 검열하는 편협한 신앙인 가운데 한 사람 아닌가요?"

"아니오, 전 아닙니다."

나는 진리를 찾는 사람이다. 나는 예수 그리스도가 진리를 향한 최고의 길이라는 신중한 결론을 내렸다. 나는 낙태를 증오하지만 동시에 낙태에 항거하기 위해 광신자들이 사용하는 가혹하고 사랑 없으며 비성경적인 방법들에 질겁하는 사람이다. 나는 게이들의 생활양식이 성경적은 아니지만 그들 모두가 사랑 많으신 하나님의 피조물이고 내가 마땅히 사랑하고 안타깝게 여겨야 할 사람들이라고 믿는다.

나는 포르노가 근본적으로 위험하다고 믿지만 이 변태적인 산업에 희생된 자들을 보면 마음이 아프다. 나는 오늘날 유행하는 사고방식과 문화적 흐름은 몹시 싫어 하지만 검열이 그 해답이라고는 믿지 않는다. 내가 믿는 것은 참다운 그리스도인들이 진리를 찾는 정직한 이들에게 대안을 실제로 줄 수 있는, 뭔가 다르고 매력적인 삶을 살 용기를 주어야 한다는 것이다.

그리스도와의 관계에서 아무 열매도 맺지 못하는 집단을 가리켜 '그리스도인' 이라고 부르는 모든 이들에게 경고하고 소송을 제기하기 위해 권력이 상당한 로펌의 변호사를 고용하고 싶다. 이런 집단들 대부분은 단순히 종교적인 것으로 실제보다 더 나은 모습으로 묘사되고 있다. 우리가 '젤오ell-O' 라는 말 대신에 '젤리' 라는 말을 써야 한다면 그리스도인이라는 브랜드도 보호해야 하지 않을까? 그런 삶을 살고 있지 않다면 당신은 그저 종교인에 불과하다. 내 변호사가 곧 연락할 테니 기다려라.

이 제품에는 열매는 없지만 바보들은 많다!

단순한 종교인이 되고 나면 이제 종교적인 바보가 되는 일만 남았다. 그런 사람들 역시 그리스도의 가르침을 따를 것을 주장한다. 그들은 내세에 들어가는 1인당 10달러짜리 '천국행 표'를 제공하는 인터넷 사이트처럼 해는 없을지언정 바보 같은 모습이 될 수 있다단체 할인은 없단다. 한편 종교적인 광신자들은 조금은혹은 많이 위협적인 존재가 될 수 있다.

무장되어야 할 우리의 '의무'와 관련해 미국의 '그리스도인 떨거지들'을 열심히 훈련시키는 단체들에 대해 들어본 적이 있는가? 다음 발췌문은 '이터널 그레이스 침례교회'의 존 스테반 브라운John stephen Brown 목사의 설교문에서 가져왔다. 그는 텍사스 주 포스워스에 있는 웨지우드 침례교회의 비극적인 총격 사건에 대해 말했다. 원문을 바꾸었다는 비난을 듣지 않기 위해 인쇄된 내용 그대로 글을 인용한다.

하나님의 성령이 내주하시는 피로 산, 거듭난, 세례 받은 신자로서 나는 최근의 사건들을 보면서 하나님의 말씀이 떠올랐습니다.

성경을 믿는 사람들은 하나님의 말씀으로 스스로를 무장하고 그 무기를 사용할 수 있도록 훈련하라는 가르침을 받았습니다. 우리는 우리가 선택한 성경이라는 무기를 쓸 수 있도록 적절한 훈련을 받는 한편, 그밖에 다른 전쟁 무기들도 훈련해야 할 의무가 있습니다. 많은 사람들이 영적인 무기와 세상의 무기, 이 둘을 모두 사용할 수 있는 적절한 훈련을 받지 못했습니다. 이 둘을 모두 사용할 줄 알아야 하나님의 다양한 축복을 지키는 선한 청지기가 될 수 있는데 말입니다.

위와 같은 방법으로 교회를 지키는 것이 목사와 집사 그리고 일반 교인들의 의무입니다.

나는 그리스도의 이름을 부르며 죄를 회개하는 모든 이들에게 자기 자신을 부인하고 하나님의 말씀에 매일 그들의 마음을 담그라고 권면합니다. 덧붙여, 적절히 스스로를 무장하고 필요한 곳에 쓰일 수 있도록 훈련하라고 조언합니다. 텍사스 주 포스워스의 사람들이 신실하게 우리 주님의 말씀에 순종했더라면, 죽음의 종소리가 훨씬 덜 울렸을지도 모릅니다.

우리의 생각과 행동을 통해 우리 주 그리스도께서 영광 받으시길!!!

나는 총기를 다루는 사람은 아니지만 다른 전쟁 무기도 쓸 수 있도록 훈련하라는 대목에서는 뒤로 주춤했다. 이런 말들을 하니 세상이 우리를 의심의 눈길로 쳐다보는 것도 당연하다. 왜 아무도 이런 식의 생각을 문제 삼지 않는 걸까? 이 목사는 웨지우드의 그 고통 받는 신자들 앞에 어떻게 책망을 내려놓을 수 있단 말인가? 어떻게 설교단에서 그들이 "신실하게 우리 주님의 말씀에 순종했더라면 죽음의 종소리가 훨씬 덜 울렸을지도 모릅니다"와 같은 말로 그토록 비극적인 일에 반응할 수 있단 말인가?

나는 웨지우드의 형제자매들에게, 하나님의 집에 당신이 머물렀던 바로 그 순간이야말로 당신이 주님의 말씀을 신실하게 순종하고 있었음을 보여주는 증거라고 말하고 싶다. 자신에게 잘못이 없음을 아는 데서 오는 평안을 누리길 기원한다.

이보다는 좀더 가벼운 글에서여전히 당혹스럽기는 하지만 바보 같은 종교인들은 즐거움을 선사하기도 한다. 지구가 움직이지 않는다고 성경이 주장하고 있기 때문에 지구가 실제로 움직이지 않는다고 설명하는 인터넷 사이트가 있다고 생각해보라. 어쩌면 그들은 거의 30년 동안 세계 곳곳에 3.5미터가 넘는 나무 십자가를 갖다놓은 사람처럼 그냥 희한한 인간들일 수도 있다.

그들은 또한 그릇된 가르침을 받은 사람들일 수도 있다. 베니 힌Benny Hinn은 믿음의 능력을 토대로 하는 신학과 기사와 기적 운동 부문에서 가장 화려한 대표 주자이다. 그런데 그 믿음의 능력이라는 것이 실상은 형

이상학적인 '마음의 능력'이라는 개념에 단순히 영을 부여하고 기독교 언어를 치장해놓은 것처럼 보인다. 이 운동에 따르면, 신자들은 세대를 걸쳐 재물과 행복을 물려줄 수 있을 뿐만 아니라 절대적인 권위로 병을 극복하거나 예방하는 믿음을 가질 수 있다고 주장한다.

이 운동과 손을 잡은 텔레비전 전도사들의 전술들은 지나친 감이 있지만, 그럼에도 그들은 계속해서 다음과 같은 일을 꾀한다. A. A. 앨런A. A. Allen 목사는 자신이 '1달러짜리 지폐들을 20달러짜리들로 바꾸라'하나님께 명령할 수 있다고 주장했다. 사립대학에 다니는 두 아들을 둔 아버지로서 이것이 왜 매력적인 신학인지 이해는 하지만, 그것은 그리스도의 가르침에 근거를 두지 않는다.

트리니티 재단은 텔레비전 전도사들과 신앙 운동을 감시하는 감찰 기관이다. 그들은 한 여성이 5만3천 달러를 유산으로 받았는데 여러 차례에 걸쳐 이들 전도사들에게 그 유산 중에서 4만9천 달러를 보냈다고 보고했다. 그후 살기가 힘들어졌을 때 그녀는 교회에 가서 도와달라고 호소했으나 사회복지 기관에 가라는 소리만 들었다. 예수님이라면 분명히 그렇게 하지는 않으셨을 것이다.

프레드릭 프라이스Frederick Prie는 자칭 '그 이름을 부르고 요구하라' 신학의 대표자이다. 그는 추종자들에게 어떤 질병도 그의 집에 '발을 들여놓을 수 없다'고 말했다. 그러나 그의 아내는 암 치료를 받았다. 아무튼 프라이스는 자신이 예수님이 가신 길을 따라가고 있기 때문에 롤스로이스를 모는 것이라고 주장한다.

로버트 틸턴Robert Tilton은 ABC 방송 토크쇼 '프라임타임 라이브'의 가차없는 폭로의 대상이 되어 왔다. 그 프로그램의 제작자는 그가 기도해준다고 받은 시청자들의 수천 장에 이르는 기도 제목들을 쓰레기통에 버리는 것을 목격했다. 그 장면은 아무리 좋게 보아도 엽기적이었다. 이에 틸턴은 이렇게 말했다.

"사실은 약 기운에 취해 그 기도 제목들 위에 누워 있었는데… 뇌에 두 번의 작은 발작이 일어났습니다."

이 대목에서 나는 극도의 자제심을 발휘하고 있다.

자칭 하나님의 사자라는 이들을 비판하기가 망설여진다. 그 이유 가운데 하나는, 그들이 비판을 잘 받아들이지 않기 때문이다. 그들이 자신들을 비판하는 이들에게 어떻게 반응하는지 한번 보자.

"가끔 나는 하나님께서 우리에게 성령의 기관총을 주셨으면 한다. 그걸로 당신의 머리를 날려버리게." 베니 힌

"분노하는 하나님의 손이 되는 것은 두려운 일이다. 기름 부음 받은 자를 건드리지 말라! 선지자에게 해를 끼치지 말라! 로버트 틸턴

그런 위협들은 제쳐두고 이 같은 사람들의 선언은 과격한 것에서 우스꽝스러운 것, 아주 위험한 것에까지 다양하다. 나는 그들의 구원이나 신실함 그리고 수단을 판단할 입장은 아니다. 이 대목에서 나는 거울을 쳐다보며 스스로에게 묻는다.

"나는 지금 누구에게 돌을 던지고 있는 건가?"

하지만 이들의 가르침에 우리는 이의를 제기할 수 있어야 한다.

슬픈 사실은, 이 모든 메시지들로 인해 많은 불신자들에게 개신교 교회에 대한 부정적인 이미지가 널리 퍼졌다는 점이다. 그리고 형제여, 당신이 실제로 예수님의 모습이 어떤 것이냐는 싸움에 뛰어들 경우 "보는 것

이 얻는 것"이 될 수 없음을 알라. 그리스도의 삶을 잠시만 살펴보아도 그들의 거친 주장들이 대부분 앞뒤가 맞지 않다는 것을 알 수 있다.

그리스도의 가르침들은 안락하지 않았다. 신랄했으며 희생적이었다. 예수님께서 가신 길을 따라가는 것은 그분의 이름으로 롤스로이스를 모는 것이 아니다. 그보다는 그 차를 팔아 헌금하는 게 그분을 따르는 일과 더 관련이 있다. 이에 대해서는 11장에서 좀더 이야기하겠다.

그렇게 믿음 안에서 걸으려면 그리스도가 무엇을 가르치셨는지 알고 이해해야 한다. 예수님은 우리의 삶 속에서 질병을 근절시켜주겠다고 약속하지 않으셨다. 신앙이 있다고 재물이 보장되는 것은 아니다. 그러나 하나님과의 관계 속에서 우리는 재물이나 건강보다 훨씬 더 소중한 것들을 얻게 된다. 다름 아니라 우리가 존재하는 목적을 얻게 된다. 그로 인해 우리 영혼에 평안이 찾아든다.

당신의 생애를 마감할 때 베니 힌이나 로버트 틸턴, 또는 데이브 버체트가 믿는 것은 모두 중요하지 않다. 우리 모두는 메이저리그 경기장에 인공 잔디를 깔겠다는 생각만큼이나 잘못된 생각을 갖고 있을 수 있다. 중요한 것은 "그리스도를 누구라고 말하느냐?"이다. 우리는 그 질문에 반드시 대답해야 한다. 누구나 그 질문에 답해야 할 날이 올 것이다.

큰 이상을 품고 협력하기

슬픈 현실은, 기독교 마케팅의 가장 큰 문제가 잘못 묘사되고 있는 게 아니라는 점이다. 편향된 신문이 문제가 아니다. 믿음 없는 국가

지도자가 문제가 아니다. 프로레슬링처럼 뻔한 텔레비전 전도가 문제가 아니다. 사악한 '대중 매체'나 텔레비전, 혹은 영화가 문제가 아니다. 이러한 것들은 그저 기독교 마케팅에 큰 문제가 있음을 보여주는 징후에 지나지 않는다. 기독교의 가장 큰 문제는 교회 안에 있다. 그 문제는 바로 나이며, 당신일 수 있다.

많은 그리스도인들이 너무나 완전히 세상 문화에 동화되어 그들의 삶에서 구별되는 점이 아예 사라지고 말았다. 하나님의 은혜를 깨닫지 못해 누구에게도 매력적이지 못한 삶을 기쁨 없이 권태롭게 살아가는 사람들도 있다. 가끔 나는 하나님께서 무슨 생각으로 그리스도인들을 이 땅에서 그분을 대표하는 자들로 삼아 많은 사람들이 그들을 보고 예수 그리스도에 대한 첫인상을 갖게 하셨는지 궁금하다.

"좋은 첫인상을 줄 수 있는 기회는 오직 한 번뿐"이라는 옛 금언은 특히나 교회에서 진실성을 띤다. 지난 몇 년 사이에 세상을 떠들썩하게 한 다음 사건들보다 더 나쁜 기독교 마케팅 사례가 또 있을까? 여기 그리스도인의 부끄러운 마케팅 현장들을 아주 짧게 나열해보았다. 특정한 순서는 없다.

기독교 밴드 '레이즈'의 마크 안토인 데이비스Marc Antoine Davis는 성희롱과 강간 혐의로 체포되었다. 데이비스가 체포될 때 그의 밴드는 30개 도시 순회공연을 막 시작한 터였다.

짐Jim과 태미 페이 바커Tammy Faye Bakker 부부는 PTL 제국을 짓는다며 그리스도인들로부터 수백만 달러를 갈취했다. 나는 이 문제에 개인적으로 관련이 있는데, 신실한 나의 할머니께서 짐과 태미의 PTL

'동역자'가 되기 위해 삯바느질을 하셨기 때문이다. 결국 PTL은 부패와 횡령의 바다 속에서 난파되고 말았다. 바커는 수년간 징역을 살아야 했다. 나중에 그는 겸손히 회개하고 확실히 진중하고 신실한 사역을 시작했다. 그러나 이미 피해가 난 후였다.

존경받는 텔레비전 설교가 오랄 로버츠Oral Roberts는 키가 2미터가 훌쩍 넘는 예수님이 그에게 나타나 털사에 병원을 지으라는 비전을 주셨다고 발표했다. 나중에 하나님은 그 일을 성사시킬 돈을 모으지 못할 경우 그를 '집으로 부르겠다' 죽이겠다며 겁을 주셨다고 했다.

오랄의 후원자들은 기금을 모았고 그는 병원을 지었다. 몇 년 지나지 않아 그 병원은 파산했다. 과연 로버츠는 신실하게 옳은 일을 하려고 노력했던 걸까? 그 사실은 중요하지 않다. 여론들은 광분하며 그의 노력을 풍자하는 데 열중했다.

에이미 그랜트Amy Grant와 게리 채프먼Gary Chapman, 이 시대 최고의 기독교 레코딩 아티스트인 이 두 사람은 그들의 결혼 생활에 종지부를 찍었다. 대중의 반응은 냉소적이었다.
"여느 부부와 다를 게 없군. 말다툼으로 끝내기엔 서로 가진 생각이 완고했나봐."

애틀랜타 팔콘 미식축구 팀의 세이프티최후방 수비수-역자 주 유진 로빈슨Eugene Robinson은 '올해의 남성 그리스도인' 상을 받고 나서 같은 주 주말에 창녀와 매춘을 하다가 현행범으로 체포되었다. 로빈슨은 자신의 행동을 깊이 뉘우치고 사과했지만 그 부분을 조명한 기사는 없었다.

기독교 레코딩 아티스트 마이클 잉글리시Michael English는 다른 그리스도인 아티스트와 혼외정사를 가져 가정이 파탄 난 사실이 알려지면서 도브 상을 반납해야 했다.

그리스도인의 추문이 터지면 부수적인 피해가 그 주목을 받은 당사자만큼이나 특별한 관계가 없는 주님의 종들에게까지 돌아간다. 그리스도인이라고 자처하는 우리 대부분은 고개를 절레절레 흔들며 그리스도의 목적에 손상을 입힌 그 모든 사건들을 비난한다. 공공연하게 드러나지는 않지만 우리 모두는 어느 정도 실패한 사람들이다.

우리는 그리스도인이 된다는 것이 무엇을 의미하는지, 그 책임으로부터 어떤 결과를 이끌어내야 하는지 알지 못한다. G. K. 체스터튼은 이에 대해 다음과 같이 정확히 진술했다.

"기독교는 시험 당한 적이 없고 부족하다고 밝혀진 적도 없다. 어렵다고들 생각하여 아무도 시도해보지 않았기 때문이다."

다음 장에서 논의하겠지만, 말과 행동 사이에는 엄청난 차이가 있다. 신념이 반드시 긍정적인 행동으로 귀결되는 것은 아니다. 나는 훈련의 힘을 믿는다. 나 역시 말할 때보다는 행동할 때가 더 힘들다. 우리는 세상의 문제들을 사탄에서 할리우드에 이르기까지 둘 동일하게 생각하는 독자들도 있겠지만 모든 사람과 모든 것의 탓으로 돌린다.

하지만 이러한 문화를 뒤집어버릴 수 있는 자원이 우리에게 있다. 이 진리는 때때로 받아들이기 난처하며, 협조적으로 책임을 다하지 않는 한 우리를 자유롭게 놔주지 않을 것이다. 포고Pogo라는 만화 주인공은 이런 영원불변할 말을 했다.

"적을 찾아냈는데 그게 바로 우리야."

그런데 하나님은 왜 우리를 그분의 사자로 선택하셨을까? 분명히 하나님은 자유의지와 함께 인류를 만드실 때 우리가 실패할 것을 알고 계셨다. 하지만 이 땅의 한 아버지로서 나는 내 아들들을 보면서 그들 안에 있는 가능성을 본다. 설령 그들이 그 가능성을 충족시키지 못할 때에도 그러하다.

하나님께서 완벽한 사랑 안에서 나를 보시며 내가 될 수 있는 것을 보신다고 믿는다. 그분은 내가 상상할 수 있는 것보다 훨씬 더 많이 내 안에 든 가능성들을 보신다. 내가 무슨 특별한 존재여서 그런 것은 아니다. 하지만 하나님은 온전히 헌신된 신자들이 무슨 일을 할 수 있는지 아신다. 관건은 내가 개인의 안건을 포기하는 데 있는데, 그게 쉽지 않은 일이다.

그러나 점점 더 많은 우리 세대(베이비붐 세대)가 그런 변화에 준비되어 가고 있음을 본다. 우리 베이비붐 세대는 열광적으로 행복을 추구하며 안 해본 일이 거의 없지만 열매 맺지 못할 때가 자주 있었다. 이제 우리 많은 사람들이 남은 인생을 개인의 지위 확대 그 이상의 것에 걸 준비가 되어 있다.

하나님은 자신이 무슨 일을 하고 있는지 아신다. 그분의 마케팅 계획이 잘 진행되고 있음을 아신다. 그 계획은 초대교회에서 효력을 발휘했다. 대부흥 시기에도 효력을 발휘했다. 그 계획이 다시 효력을 발휘하게 될 것임을 그분은 아신다. 그러기 위해서는 차이를 만들어낼 선한 일꾼이 필요하다. 이것은 누구의 아이디어인가? 이것은 하나님의 아이디어였고 지금도 여전히 그러하다. 그 계획은 우리가 준비되는 대로 효력을 발휘할 것이다.

지식이 내게 너무 기이하니 높아서 내가 능히 미치지 못하나이다
7 내가 주의 신을 떠나 어디로 가며 주의 앞에서 어디로 피하리이까
8 내가 하늘에 올라갈찌라도 거기 계시며 음부에 내 자리를 펼찌라도 거기 계시니이다
9 내가 새벽 날개를 치며 바다 끝에 가서 거할찌라도
10 곧 거기서도 주의 손이 나를 인도하시며 주의 오른손이 나를 붙드시리이다
11 내가 혹시 말하기를 흑암이 정녕 나를 덮고 나를 두른 빛은 밤이 되리라 할찌라도
12 주에게서는 흑암이 숨기지 못하며 밤이 낮과 같이 비취나니 주에게는 흑암과 빛이 일반이니이다
13 주께서 내 장부를 지으시며 나의 모태에서 나를 조직하셨나이다
14 내가 주께 감사하옴은 나를 지으심이 신묘막측하심이라 주의 행사가 기이함을 내 영혼이 잘 아나이다
15 내가 은밀한 데서 지음을 받고 땅의 깊은 곳에서 기이하게 지음을 받은 때에 나의 형체가 주의 앞에 숨기우지 못하였나이다
16 내 형질이 이루기 전에 주의 눈이 보셨으며 나를 위하여 정한 날이 하나도 되기 전에 주의 책에 다 기록이 되었나이다
17 하나님이여 주의 생각이 내게 어찌 그리 보배로우신지 그 수가 어찌 그리 많은지요
18 내가 세려고 할찌라도 그 수가 모래보다 많도소이다 내가 깰 때에도 오히려 주와 함께 있나이다
19 하나님이여 주께서 정녕히 악인을 죽이시리이다 피흘리기를 즐기는 자들아 나를 떠날찌어다
20 저희가 주를 대하여 악하게 말하며 주의 원수들이 헛되이 주의 이름을 칭하나이다
21 여호와여 내가 주를 미워하는 자를 미워하지 아니하오며 주를 치러 일어나는 자를 한하지 아니하나이까
22 내가 저희를 심히 미워하니 저희는 나의 원수니이다
23 하나님이여 나를 살피사 내 마음을 아시며 나를 시험하사 내 뜻을 아옵소서
24 내게 무슨 악한 행위가 있나 보시고 나를 영원한 길로 인도하소서

시. 영장으로 한 노래

140 여호와여 악인에게서 나를 건지시며 강포한 자에게서 나를 보전하소서
2 저희가 중심에 해하기를 꾀하고 싸우기 위하여 매일 모이며
3 뱀같이 그 혀를 날카롭게 하니 그 입술 아래는 독사의 독이 있나이다(셀라)
4 여호와여 나를 지키사 악인의 손에 빠지지 않게 하시며

5 You hem me in—behind and before; you have laid your hand upon me.
6 Such knowledge is too wonderful for me, too lofty for me to attain.
7 Where can I go from your Spirit? Where can I flee from your presence?
8 If I go up to the heavens, you are there; if I make my bed in the depths, you are there.
9 If I rise on the wings of the dawn, if I settle on the far side of the sea,
10 even there your hand will guide me, your right hand will hold me fast.
11 If I say, "Surely the darkness will hide me and the light become night around me,"
12 even the darkness will not be dark to you; the night will shine like the day, for darkness is as light to you.
13 For you created my inmost being; you knit me together in my mother's womb.
14 I praise you because I am fearfully and wonderfully made; your works are wonderful, I know that full well.
15 My frame was not hidden from you when I was made in the secret place. When I was woven together in the depths of the earth,
16 your eyes saw my unformed body. All the days ordained for me were written in your book before one of them came to be.
17 How precious to me are your thoughts, O God! How vast is the sum of them!
18 Were I to count them, they would outnumber the grains of sand. When I awake, I am still with you.
19 If only you would slay the wicked, O God! Away from me, you bloodthirsty men!
20 They speak of you with evil intent; your adversaries misuse your name.
21 Do I not hate those who hate you, O LORD, and abhor those who rise up against you?
22 I have nothing but hatred for them; I count them my enemies.
23 Search me, O God, and know my heart; test me and know my anxious thoughts.
24 See if there is any offensive way in me, and lead me in the way everlasting.

For the director of music. A psalm of David.

140 Rescue me, O LORD, from evil men; protect me from men of violence,
2 who devise evil plans in their hearts and stir up war every day.
3 They make their tongues as sharp as a serpent's; the poison of vipers is on their lips. Selah
4 Keep me, O LORD, from the hands of the wicked; protect me from men of violence who plan to trip my feet.

나를 보전하사 강포한 자에게서 벗어나게 하시며 나의 걸음을 밀치려 하나이다
5 교만한 자가 나를 해하려고 올무와 줄을 놓으며 길 곁에 그물을 치며 함정을 두었나이다(셀라)
6 내가 여호와께 말하기를 주는 나의 하나님이시니 여호와여 나의 간구하는 소리에 귀를 기울이소서
7 내 구원의 능력이신 주 여호와여 전쟁의 날에 주께서 내 머리를 가리우셨나이다
8 여호와여 악인의 소원을 허락지 마시며 그 악한 꾀를 이루지 못하게 하소서 저희가 자고하까 하나이다(셀라)
9 나를 에우는 자가 그 머리를 들 때에 저희 입술의 해가 저희를 덮게 하소서
10 뜨거운 숯불이 저희에게 떨어지게 하시며 불 가운데와 깊은 웅덩이에 저희로 빠져 다시 일어나지 못하게 하소서
11 악담하는 자는 세상에서 굳게 서지 못하며 강포한 자에게는 재앙이 따라서 패망케 하리이다
12 내가 알거니와 여호와는 고난당하는 자를 신원하시며 궁핍한 자에게 공의를 베푸시리이다
13 진실로 의인이 주의 이름에 감사하며 정직한 자가 주의 앞에 거하리이다
[다윗의 시]

141 여호와여 내가 주를 불렀사오니 속히 내게 임하소서 내가 주께 부르짖을 때에 내 음성에 귀를 기울이소서
2 나의 기도가 주의 앞에 분향함과 같이 되며 나의 손 드는 것이 저녁 제사같이 되게 하소서
3 여호와여 내 입 앞에 파수군을 세우시고 내 입술의 문을 지키소서
4 내 마음이 악한 일에 기울어 죄악을 행하는 자와 함께 악을 행치 말게 하시며 저희 진수를 먹지 말게 하소서
5 의인이 나를 칠찌라도 은혜로 여기며 책망할찌라도 머리의 기름같이 여겨서 내 머리가 이를 거절치 아니할찌라 저희의 재난 중에라도 내가 항상 기도하리로다
6 저희의 관장들이 바위 곁에 내려 던지웠도다 내 말이 달므로 무리가 들으리로다
7 사람이 밭 갈아 흙을 부스러뜨림같이 우리의 해골이 음부 문에 흩어졌도다
8 주 여호와여 내 눈이 주께 향하며 내가 주께 피하오니 내 영혼을 빈궁한대로 버려 두지 마옵소서
9 나를 지키사 저희가 나를 잡으려고 놓은 올무와 행악자의 함정에서 벗어나게 하옵소서
10 악인은 자기 그물에 걸리게 하시고 나는 온전히 면하게 하소서
[다윗의 시]

제2부 불신자들은 왜 들으려 하지 않는가

청중을 잃는 방법에 관한 고찰

당신의 인격이 너무 큰 소리로 떠들어대는 탓에
당신이 하는 말이 들리지 않는다.

— 랄프 왈도 에머슨Ralph Waldo Emerson

제6장 우리의 말과 행동이 따로 놀고 있다

신문을 펼쳐 머리기사를 읽고
나는 그야말로 충격을 받았다.

"침례교인들의 이혼율이 무신론자들의 이혼율보다 더 높다."
잠깐, 뭐라고? 어쩌면 이럴 수 있지? 대체 뭐가 문제인가? 기독교가 결혼 생활조차 유지시켜주지 못하는 마당에 예수님에 대해 어떻게 설교하란 말인가? 나는 애틀랜타 저널 컨스티튜션 2000년 5월 23일자의 일면에 실린, 존경받는 한 기독교 지도자에 대한 기사를 읽고 망연자실했다. 애틀랜타 제일침례교회의 목회자 찰스 스탠리Charles Stanley는 회중들에게 자신의 결혼 생활이 회복할 가망성이 거의 없다고 말했다. 그 기사는 1995년에 스탠리 박사가 이같이 말했다는 점을 분명히 했다.
"아내가 저에게 이혼을 요구한다면 전 즉각 거부할 것입니다."

그로부터 5년 후 스탠리 박사의 아내가 이혼을 신청했을 때 그는 거부하지 않았다. 이 같은 기사가 나가자 스탠리는 침례교 신문을 통해 "그 서약은 적용되지 않는다"고 밝혔다. 그의 발표를 인용하자면, 그 서약은 5년이라는 특정 기간에 해당하는 것이었지, 앞으로 언제까지나 서약을 유지할 의도는 없었다는 것이다.

내가 문제 삼고 싶은 부분은 이것이다. 나는 그가 이혼하기로 결정하면서 어떤 어려움을 겪었는지 잘 알지 못한다. 내가 분명히 아는 것은, 이혼을 거부하겠다던 그의 진술이 기록으로 남았으나 그는 그 말대로 하지 않았다는 사실이다.

찰스 스탠리의 잘못을 폭로하려는 것이 아니다. 단지 비그리스도인들이 우리에게 왜 그토록 냉소적인지 들려주려는 것이다. 세상은 우리를 지켜보고 있다. 그들은 우리가 과연 다른 삶을 사는지 궁금해 한다. 사실 그렇지 못할 때가 더 많은데 말이다. 우리는 주위 사람들이 영적 목마름을 느낄 만큼 짠맛을 내지 못하고 있다.

얼마 전 달라스 스포츠 라디오 프로그램에서 한 운동선수를 초대해 토론을 벌였다. 그는 자신이 그리스도인이라고 공공연히 이야기하면서도, 무례하고 위협적인 행동을 일삼으며 대중매체와의 인터뷰에서 상스러운 말도 서슴지 않았다. 더욱 당혹스러운 것은, 그가 이 같은 대중매체들이 자신의 포교 활동을 선전해주길 바란다는 사실이다. 그를 취재했던 많은 기자들이 얼마나 기독교에 냉소적인 태도를 보이는지 일일이 말로 설명할 수 없을 정도이다.

낮은 기대치라는 연약한 고정 관념

조지 W. 부시 George W. Bush 대통령은 교육 문제를 주요 이슈로 부각시켰다. 특히 텍사스 주에서 자동 진급제도에 반대하고 나섰는데, 얼마나 공부했든 간에 다음 학년으로 진급시켜주는 제도 덕택에 학생들이 기대보다 낮은 점수를 받고 있기 때문이었다. 학생들에겐 그야말로 누워서 떡 먹기였다. 부시 대통령은 이를 두고 '낮은 기대치라는 연약한 고정 관념'이라고 불렀다.

장애를 가진 학생들은 종종 이 자동 진급제도 이데올로기로 인해 고통을 느낀다. 이 제도적 관점에서 봤을 때 그들은 골칫거리다. 내가 이러한 생각을 갖게 된 것은, 아내 조니가 텍사스 특수학교에서 일하는 모습을 지켜보면서부터다. 나는 여러 사연을 전해 들었고, 때로 아내가 좌절하는 모습도 지켜보았다. 또한 아내와 동료 교사들이 얼마나 열심을 쏟는지 지켜보았다. 결실을 얻어낼 때마다 아내와 함께 기뻐했고, 그러면서 이 헌신된 교사들이 얼마나 많은 불행을 덜어내고 있는지 경탄했다.

얼마 전 집 근처 식당에서 나는 조니가 왜 그렇게 열심히 노력하는지 알게 되었다. 식당에 들어서 자리를 잡고 앉으려는데, 아내가 반가운 표정으로 소리를 질렀다.

"어머, 우리 반 아이가 있어요!"

그 아이와 어머니는 우리 쪽 테이블로 얼른 다가왔다. 그리고 아이의 성적이 얼마나 나아졌는지 신나게 이야기했다. 지난 학기 성적이 수 아니면 우뿐이었던 것이다. 그 학생과 어머니, 그리고 아내의 얼굴엔 자랑스러운 표정이 가득했다. 이 아이는 낮은 기대치를 갖고 퇴학시키지 않은 교사들과 어머니 덕분에 축복을 누렸던 것이다.

혹시 우리가 그리스도인들을 향해 이와 같은 일을 하고 있는 건 아닐까? 부시 대통령의 생각을 빌려 말하자면, 우리 그리스도인들은 낮은 기대치라는 연약한 고정 관념에 물들어 있다. 우리는 그리스도인 형제, 자매들에게 최선을 기대하지 않는다. 우리는 그들에게, 그리고 우리 자신에게 최선을 요구하지 않는다.

물론 우리 중에는 완벽함만 기대하는 자들도 있는데, 이 역시 해롭기는 마찬가지다. 그리스도를 믿으며 그분과 동행하는 자들은 낮은 기대치나 완벽함이라는 기준 모두를 멀리 해야 한다.

혹시 예전에 교사나 감독이 당신에게 불가능해 보이는 일을 하라고 요구한 적이 있는가? 사람들은 대개 그런 교사나 감독을 좋아하지 않는다. 하지만 시간이 지나고 나면 그 행동이 얼마나 현명했는지 알게 된다. 우리는 자신의 잠재력을 제대로 보지 못할 때가 종종 있다.

하나님은 우리의 잠재력을 보신다. 그분은 우리를 향해 낮은 기대치를 품고 계시지 않지만, 우리는 뛰어넘어야 할 장벽을 때로는 형제들의 도움으로 낮추는 경향이 있다.

나와는 거리가 먼 이야기들

바나 리서치 센터에 따르면 성인 침례교인의 29퍼센트가 이혼을 경험했다고 한다. 내가 속한 초교파 교회는 그보다 높은 34퍼센트를 기록했다. 주류 교단과 가톨릭, 그리고 루터교인들은 그보다 낮은 이혼율을 보였는데, 이는 그들이 술을 마실 수 있기 때문이 아닌가 한다. 여하튼, 그리스도와 관계를 갖고 있는 사람들의 이혼율은 현저히 낮아야 마땅하다. 하지만 왜 현실은 그렇지 못한 걸까?

요즘 관례가 되어버린 기독교 윤리적 접근 방식은 나와 우리 가정에 해당 사항이 없는 죄목들을 맹렬히 공격하는 것이다. 예를 들어, 내가 가장 두려워하는 죄는 이럴 때는 효과음으로 드럼 소리가 들려야 하는데 코카인 남용이다. 왜냐고? 나는 한 번도 마약 때문에 골치 아파 본 적이 없는 데다 코카인 중독자들은 나와는 전혀 다른 세계의 사람들처럼 여겨지기 때문이다.

그렇기에 나는 코카인이라는 악에 대해서는 얼마든지 공격할 수 있다. 담배는 어떠냐고? 담배라면 치가 떨릴 정도이다. 양할아버지가 폐기종으로 고통스럽게 죽음을 맞이하는 모습을 지켜본 후로 담배는 아예 쳐다보기도 싫어졌다. 그러나 나의 이 대단한 신념은 올바른 신앙관 때문이라기보다는 할아버지의 끔찍한 죽음을 목격하면서 느낀 혐오감에서 비롯된 것이다.

한편 대화의 주제가 카페인 중독으로 넘어가면 나의 열정은 온데간데없어지고 교회와 스타벅스는 서로 아무런 관련이 없다는 나의 심오한 믿음은 극적으로 끓어오른다.

전형적인 그리스도인들이 혐오하는 죄들의 목록을 들자면 이렇다.

- 마약
- 음주
- 흡연
- 혼전 성관계
- 혼외정사
- 포르노
- 영화나 책
- 신성 모독
- 동성애
- 점잖지 못한 옷차림

마땅히 관심을 가져야 하지만, 그랬다간 일상사에 방해받기 때문에 애써 무시하는 죄목을 들자면 이렇다.

_ 험담　　　_ 탐욕　　　　　_ 이기심　　　_ 물질주의

_ 분노　　　_ 비통한 마음　　_ 교만　　　　_ 성 차별

_ 용서하지 않는 마음　　　　_ 인종 차별　　_ 질투

_ 정욕　　　_ 계급 차별　　　_ 무관심　　　_ 동성애자 혐오증

결론은 간단하다. 인간으로서 우리 자신의 죄보다는 다른 사람들의 죄를 고해하는 게 훨씬 쉽다. 나는 다른 사람의 죄라면 안개 속에 파묻혀 1킬로미터나 떨어진 곳에서도 정확히 알아볼 수 있다. 하지만 내 죄는 너무 희미해 알아보기 힘들다. 나는 관계 문제에 대한 설교를 들을 때면 언제나 즐겁다. 이런 문제로 골치를 앓지 않으니까 떳떳하게 강당 안의 사람들을 둘러볼 수 있다.

중요한 대목이 나올 때마다 팔꿈치로 서로 쿡쿡 찔러대는 부부를 보는 것도 얼마나 재미있는지 모른다. 나를 보고 고지식하다 할지 모르지만, 팔꿈치로 찔러댈 정도의 문제는 쉽게 없어지지 않는다.

또한 인간으로서 우리는 자신을 자꾸만 다른 사람들과 비교하려 한다. 이는 비교를 통해 우월감을 느끼려는 욕구에서 비롯된다. 많은 그리스도인들이 나와 자신을 비교해보고는 자신이 대단히 거룩한 사람이라고 느꼈을 것이다. 나 역시 다른 그리스도인들의 삶을 보며 나의 영성이 그래도 좀 낫다고 느낄 때가 있었음을 고백한다.

나는 불신자들이 엉망으로 살아가는 모습을 볼 때마다 대단한 우월감을 느끼곤 했다. 과연 예수님은 내게서 이런 모습을 바라셨을까? 물론 결코 아니다.

올바른 비판

다른 사람의 삶을 경멸한다는 것은 우리 영성이 위기에 빠졌다는 증거이다. 한 놀이공원에서 파는 티셔츠에는 정말 정직한 문구가 새겨져 있었다. 앞면에는 이런 문구가 있었다.

"예수님은 당신을 사랑하십니다."

뒷면에 쓰인 문구는 이러했다.

"하지만 난 그렇지 않아요."

예수님을 믿고 난 후에도 주위 사람들을 대하는 태도가 전혀 달라지지 않았다면 우리는 이 티셔츠의 정직한 문구대로 사는 셈이다. 솔직히 말해, 교통 체증 속에서 당신의 차 앞에 끼어드는 차 뒤쪽에 기독교 심벌마크가 붙은 것을 보면 더 화가 나지 않는가? 아마 오각형 별모양pentagram 이교도의 상징-역자 주이 범퍼에 붙어 있었다면 '그럴 수도 있지' 하며 보내주었을 것이다. 아니, 어쩌면 그 잃어버린 영혼을 위해 기도라도 해주었을지도 모르겠다.

하지만 당신은 그리스도인 운전자들이 나무랄 데 없기를 기대한다. 그러나 그들은 그렇지 못하다. 이 책을 쓰면서 내가 가장 두려웠던 것은 독자들이 내가 뛰어넘어야 할 장벽의 기준을 높이면 어쩌나 하는 것이었다. 그래서 어느 정도 성공할 가능성이 있는 나이가 될 만큼 책 쓸 날을 정말이지 기다려왔다.

그리스도와의 관계를 정립해나갈 때마다 뛰어넘어야 할 장벽은 점점 올라간다. 오늘 한 경찰차가 아무런 신호 없이 내 앞을 끼어들었다. 처음에는 화가 났다. 그러다가 매주 수십 명의 운전자들이 이런 행동을 한다는 게 생각나자 화가 가라앉았다. 나는 왜 그렇게 기분이 나빴던 걸까? 그것은 경찰관에게서 위선적인 모습을 보았기 때문이다. 나에게는 교통 규칙을 지키라고 요구했을 경찰관이 그 규칙을 지키지 않은 것이다. 내가 그에게 더 많은 것을 기대했던 것은 그가 경찰관이기 때문이었다.

그는 나보다 더 시종일관 법을 지켜야 한다. 우리가 그리스도의 이름을 내세울 때 이와 같이 높은 기준이 적용된다. 불공평하다고 생각되는가? 그런 면이 없지는 않다. 하지만 인간의 본성이 그런 걸 어쩌겠는가? 그리스도인들은 사람들에게서 냉소적인 태도가 아닌 관심을 이끌어내야 한다.

나는 사람들을 반사적으로 판단하는 태도에 죄책감을 느껴왔다. 나는 사람들을 옷차림이나 직업, 머리 모양, 목소리 등을 바탕으로 판단하려는 경향이 있다. 나의 성급한 판단력 앞에서는 주디 판사(미국 텔레비전 법정 프로그램에 나오는 판사-역자 주)조차 우유부단하게 느껴질 정도이다. 나이를 먹어 갈수록 그러한 태도가 얼마나 어리석은지 깨닫게 된다. 처음 만났을 때에는 마음에 들지 않았지만 나중에는 소중한 친구가 된 사람들이 얼마나 많은지 모른다. 또 첫인상은 제법 훌륭했지만 알고 보니 교활했던 이들도 적지 않았다. 그 누구도 첫인상으로 판단해서는 안 된다.

누군가가 몰래 당신의 모습을 사진 찍어 잡지 표지에 싣는다면 당신은 화가 나 길길이 날뛸 것이다. 머리도 엉망일 테고 표정은 얼빠져 보이는 데다 옷차림도 적당치 않을 것이다. 누군가가 그리스도인으로서의 당신을 보고 스냅 사진을 찍는다면 그와 똑같은 일이 벌어질 것이다. 영적으로 엉망이거나 표정이 그다지 은혜롭지 않을 수 있다. 피곤하거나 절망적이거나, 또는 정신이 온통 혼란스러운 날일 수도 있다. 재정적인 압력이 짓누르는 때일 수도 있다.

그런 날 당신은 표지 모델로는 불합격감이다. 엄밀히 말해, 비그리스도인들이 갖고 있는 그리스도인에 대한 나쁜 명성은 이러한 스냅 사진 덕분일 때가 많다. 우리가 위선자로 비춰지는 게 전적으로 우리의 잘못이라 할 수 없는 것은, 비그리스도인들이 하나의 사건만을 갖고 우리를 판단하기 때문이다. 그런 사건이 우리의 삶 전체를 말해주는 것은 아니잖은가? 하지만 그것이 인간의 본성이다. 우리가 할 수 있는 것은, 우리가 집 밖을 나서는 매 순간 그리스도를 대표하고 있음을 의식하는 것이다.

그리스도인으로서 우리는 시간을 내어 한 사람의 삶 전체를 담은 앨범을 바라보아야 한다. 그래야만 정확한 판단을 내리기에 충분한 스냅 사진들을 얻을 수 있다. 아마도 아름답고 사랑 넘치는 사진이 분노와 절망으로 일그러진 사진보다 훨씬 많다는 걸 알게 될 것이다. 나는 스냅 사진 한 장만을 두고 판단하지 않으려고 노력하고 있다.

그렇다면 그리스도의 몸 안에서 기대치를 높이는 것과 서로에게 비판적인 태도를 피하는 것 사이에 일어나는 갈등을 해소할 수 있을까? 무엇보다 중요한 것은 성경 말씀을 따라 우리에게는 다른 신자들의 행동을 평가할 권리가 없음을 받아들여야 한다.

"비판하지 말라"(마 7:1)는 말씀을 들을 때마다 나는 그것을 비판에 대한 절대적인 금지령으로 받아들였다. 앞에서 우리는 성경을 볼 때 문맥을 살피지 않는 태도에 대해 논의했다. 마태복음 7장 1, 2절의 전체 구절은 다음과 같다.

"비판을 받지 아니하려거든 비판하지 말라 너희의 비판하는 그 비판으로 너희가 비판을 받을 것이요 너희의 헤아리는 그 헤아림으로 너희가 헤아림을 받을 것이니라"

너무나 공평한 말씀이지 않은가? 내가 당신의 행동을 평가 또는 비판한다면, 나 역시 그와 똑같은 기준으로 평가되어야 한다.

같은 장에서 예수님은 형제의 눈에 있는 티는 보면서 자기 눈의 들보는 보지 못하는 위선자들을 호되게 꾸짖으셨다. 혹시 형제자매들을 평가하지 말라는 뜻을 모호하게 전달하고 계시는 것은 아닐까? 전혀 그렇지 않다. 예수님은 말씀하셨다.

"외식하는 자여 먼저 네 눈 속에서 들보를 빼어라 그 후에야 밝히 보고 형제의 눈 속에서 티를 빼리라"(5절)

예수님은 자기 집을 먼저 깨끗이 청소한 후에 다른 집에 있는 먼지를 염려하라고 가르치신다. 기꺼이 자신을 점검할 때에야 다른 이들의 행동을 비판할 수 있는 것이다.

사실 잘못된 행동을 비판하는 능력 없이는 이 땅에서 하나님의 대사 노릇을 제대로 해낼 수가 없다. 여기서 중요한 것은 '행동'이다. 왜냐하면 우리는 자기 자신의 개인적 견해가 아닌 하나님 말씀의 빛으로 다른 이들의 행동을 판단할 권리밖에 갖고 있지 않기 때문이다. 오직 하나님만이 사람의 마음과 의도를 판단할 수 있다. 스스로 다른 이들의 마음속 의도를 판단하려드는 것은 얇은 얼음판 위에 위험스럽게 발을 내딛는 것과 같다.

다른 사람들을 사적으로 판단해 하나님의 계획을 망친 일을 하나 들려주자면 이렇다. 예전에 달라스 지역에 있는 한 교회에 다닌 적이 있는데, 굉장히 빠른 속도로 성장해가던 교회였다. 18개월 동안 연속 성장을 기록할 정도였다. 더군다나 별 특징 없는 상점이 죽 늘어선 골목에 위치해 있던 교회가 이처럼 성장하다니, 하나님의 축복이 넘쳐흐르는 것 같았다.

그런데 자칭 배심원 역할을 맡은 어떤 사람이 현재 담임 목회자가 이 교회의 미래를 책임질 인물이 아니라고 판단했다. 18개월의 성장이 그저 우연이었다고 생각했나보다. 성도들은 이 목회자가 너무 '촌스럽다'고 판단했다. 한 교회 지도자는 뻔뻔스럽게도 이 목회자를 찾아가 "당신은 동부 텍사스에서 조그마한 교회를 목회하던 사람"이 아니었냐고 물어볼 정도였다.

어떻게 이런 말을 내뱉을 수 있단 말인가? 작은 교회에서 목회하는 것은 덜 중요한 일이란 말인가? 도시에서 목회하기에 적합한 사람은 따로 있다는 말인가? 도대체 무슨 자격으로 하나님께 백성을 어떻게 사용해야 하는지 충고하는 걸까? 성경을 조금만 살펴보아도 하나님께서 틀에 박힌 방식으로 사람을 쓰지 않으신다는 것을 쉽게 알 수 있다. 여하튼 소위 우리 교회 재판관들은 그 목회자가 '젊은 엘리트층에게 어필하는 능력'이 부족하다고 판단했고 그는 교회에서 쫓겨났다.

그 후 그 교회가 쇠퇴를 거듭하다 거의 망할 지경에 이르렀다는 소식을 전하게 된 것이 하나도 반갑지 않다. 그리고 쫓겨났던 그 '촌스러운' 목회자는 어떻게 되었는지 아는가? 그는 현재 대도시에서 건강하게 성장하고 있는 교회를 담임하고 있다. 그는 열일곱 권의 책을 저술했다. 하나님은 그의 사역에 풍성한 축복을 내려주셨다.

이 이야기는 나쁜 그리스도인들이 선한 사람들에게 어떤 일을 할 수 있는지 보여준다. 분명 하나님은 이 선한 사람의 신실한 믿음을 축복하셨다. 그러나 교회 재판관들이 그 목회자를 내쫓지 않았다면 그 교회가 어떻게 되었을지 누가 아는가? 결과만 놓고 보았을 때, 독자들은 아마 그 교회 성도들의 행동이 하나님의 뜻의 일부가 아니었을까 하는 생각에 꽤 머리가 아플 것이다.

덧붙여 말하자면, 쫓겨난 그 목회자는 케이티와 우리 가족을 그 교회로 받아준 사람이었다. 우리는 그 전 교회 식구들로부터 거부당하고 상처받은 터였다. 그는 케이티를 잘 돌보아주겠다고 장담했고, 탁아실 직원들에게 그 사실을 알렸다. 그리고 그 직원들은 케이티와 우리 부부에게 각별한 신경을 써주었다. 우리 가족을 거부당했던 교회로 돌려보냈다면 어떻게 되었을까? 나는 그가 그리스도의 사랑이 어린 행동을 보여준 것에 늘 감사하고 있다.

우리의 말과 행동을 조화시키기 위한 계획은 간단하다. 그러나 결코 쉽지 않다. 기도하며 정직하게 자신의 삶을 평가하라. 그런 후에야, 반드시 그런 후에야 당신은 다른 사람들의 의도나 마음, 구원 여부가 아니라 행동을 평가할 수 있다. 다른 그리스도인들에게 최선을 기대하고 그들을 격려하라. 우리의 말과 행동이 조화를 이룰 때 사람들은 복음을 향해 떼를 지어 모여들게 될 것이다.

말을 얼버무리는 것은 무지 때문인가 아니면 무관심 때문인가?
- 윌리엄 사파이어William Safire

제7장 제2의 언어가 된 기독교 화법

최근에 우연히 한 지역 교회에 들른 적이 있다. 그 교회 교인들은 참으로 선량하고 신실한 사람들일 것이라고 나는 확신한다. 그들은 진리를 선포하고 싶었던 게 틀림없다. 분명히 이 세상에서 다르게 살기를 원했을 것이다. 그 교회 앞 표지판에는 이런 글이 적혀 있었다.

"우리는 그리스도가 십자가에 못 박힌 것을 전한다."

나는 이 말이 무슨 뜻인지 안다. 기독교식으로 말하고 있기 때문이다. 그렇게 써놓은 표지판을 보니 그 교회의 교리 및 구원과 그리스도의 정체성에 대해 그들이 신학적으로 어떤 입장을 갖고 있는지 알 것 같았다. 그러나 기독교 화법에 익숙하지 않는 딱한 사람들을 생각해보라.

그들 마음에 무슨 생각이 들겠는가? "도대체 이게 무슨 뜻이야? 십자가에 못 박히는 것을 권한다는 뜻인가?" 솔직히 말해 "그리스도가 십자가에 못 박히는 것을 전한다"는 말은 좀 오싹하게 들린다.

뭐라고요?

여행할 때 나는 그 지역 사람들이 쓰는 말영어를 쓰는 사람들의 말에 귀 기울이는 것을 즐긴다. 건축에서 동물원 관리에 이르기까지 모든 직업들은 저마다의 전문 용어를 갖고 있다. 골퍼들조차 그들만의 언어가 있다.

한 골퍼가 '팻샷fat shot' 클럽헤드가 공을 치기 전에 땅을 치는 타-역자 주을 쳤지만 '보기bogey' 기준 타수보다 더 쳐서 홀에 공을 넣는 것-역자 주를 면하려고 어떻게 '레이업lay-up' 의도적으로 목표물에 못 미치도록 타를 치는 것-역자 주 했는지 말하는 것을 들어본 적이 있는가?

골퍼들은 그 말이 무슨 뜻인지 정확히 안다.

내 아내와 같은 교육분야에 종사하는 사람들은 다음 대화가 귀에 들어올 것이다.

교사 1 : SED 학생들이 ADA와 IDEA를 통해 FAPE를 받고 있나요?

교사 2 : CIA가 끝나고 EYS가 결정된 후에, CRE를 확실하게 하기 위해 IEP를 개발할 겁니다.

교사 1 아직 눈이 게슴츠레해지지는 않았다 : CM/CBSE의 학생들 대부분이 HI이거나 OI, LD, EP, PDD 또는 SI이에요.

교사 2 도전 정신이 솟아서 : 우리 초등학교에서는 PIP나 PAT 프로그램으로 ECI를 제공하고 있어요.

교사 1 당신이 쓰는 약어들을 내가 알지. 내가 당신을 키웠거든 : 덧붙이자면, PPCD가 있는데, 이 프로그램이 지원되지 않으면 그 아이들은 HT의 도움을 받는 보통 학급에 들어가거나 CM, CBSE, LIFE 또는 BA를 받을 수 있어요.

무슨 말인지 알겠는가? 말이 난 김에 이 분야에 관심이 있다면 위의 대화를 풀어놓은 다음 글을 읽어보라.

교사 1 : 특수교육 학생들이 미국장애법령과 개인장애법령을 통해 무상 지원 공공교육을 받고 있나요?

교사 2 : 포괄적인 개별평가가 끝나고, 확대된 연간 서비스가 결정된 후에, 최소한의 구제환경을 확실하게 하기 위해 개별교육 프로그램을 개발할 겁니다.

교사 1 : 전문교육이나 특수교육 학교 학생들 대부분이 허약자이거나 지체장애, 학습장애, 정서불안, 진행형 발달장애 또는 언어장애를 가지고 있어요.

교사 2 : 우리 초등학교에서는 부모동역자나 부모교사 프로그램으로 유년 초기 부모개입교육을 제공하고 있어요.

교사 1 : 덧붙이자면 장애아들을 위한 취학 전 프로그램이 있는데, 이 프로그램이 지원되지 않으면 그 아이들은 보조교사의 도움을 받는 보통 학급에 들어가거나 전문교육이나 특수교육 학교, 역할별 환경학습 또는 행동적응 수업을 받을 수 있어요.

그리스도인들은 서로에게 말할 때, 심지어 불신자들에게 말할 때조차 종종 그들만의 암호를 나눈다. 그리스도인에게 의미 있는 말일지라도 믿음에 익숙하지 않은 사람들의 귀에는 그저 이상하게 들리고 혼동을 일으킬 수 있다.

그리스도인 : 형제님, 구원 받으셨나요?
전도 대상자 : 예?
그리스도인 : 예수님의 귀한 피로 씻김을 받으셨냐고요?
전도 대상자 : 뭐라고요?
그리스도인 : 당신이 활활 타는 지옥 불에 떨어질 운명인 죄인인 줄 모르시나요?
전도 대상자 : 안녕히 계세요.

물론 여기서 오간 대화는 다소 과장되었지만, 이와 비슷하게 당혹스러운 대화가 오가는 모습을 나는 보았다.

십대 시절 혈기왕성한 나는 착한 그리스도인답게 살려고 필사적으로 애쓰면서 예배당에 앉아 있었던 기억이 난다. 내가 다녔던 오하이오 주 칠러코시의 작은 교회에는 한 독특한 할머니가 있었는데, 그녀는 항상 자리에서 일어나 자신이 구원을 받았고, 성화되었으며, 악마의 욕망으로부터 자유의 몸이 되었다고 소리 내어 말했다.

나는 그곳에 앉아서 이렇게 생각하곤 했다. '확실히 할머니는 악마의 욕망에 관심을 갖기엔 너무 늙으셨어. 하지만 나는 여기 베티 제인 옆에 앉아 있지롱.' 나의 결혼 생활을 보호하기 위해 가명을 썼다

나이가 들어가면서 나는 그 할머니가 한 말들을 이해하게 되었지만, 우

리가 우리의 비밀스러운 언어로, 특히 정죄와 두려움의 언어로4장을 보라 얼마나 자주 교회에 다니지 않는 사람들을 불쾌하게 만들고 헷갈리게 하며 교회에서 쫓아냈는지 궁금하다.

내가 한때 다녔던 또 다른 교회의 게시판에는 돌아오는 주일의 설교 제목을 게시하곤 했다.

'육체의 고행.'

이런 제목으로 사람들을 불러 모으려고 하다니! 비그리스도인들은 '육체의 고행' 하면 아마도 신체 어디를 절단하는 고행 정도로 생각할 것이다.

복음은 명료하게 말할 경우 실제로 매우 단순하다. 하나님은 우리를 사랑하시지만 우리는 인간의 본성으로 인해 그분으로부터 분리되었다. 우리는 그 벌어진 간격에 다리를 놓을 방법을 찾아야 한다. 우리의 다리는 예수 그리스도이고, 그분은 우리를 대속하기 위해 가장 비싼 대가를 치르셨다. 우리에게 다가오려는 하나님의 계획에 따라 그리스도는 우리가 사는 곳으로 내려와 우리가 치러야 할 벌을 받고 고통당하셨다.

예수님의 희생적인 죽음으로 거룩한 하나님의 임재 속으로 들어갈 수 있는 길이 열렸다. 우리는 예수님이 우리를 대신해 죽으셨다는 사실을 단순히 믿기만 하면 구원의 선물하나님과 화목하게 되는 것을 받을 수 있다. 우리 힘으로 그분의 임재 속에 들어갈 수 있는 길은 전혀 없다. 우리는 하나님의 은혜우리는 받을 자격이 없는 호의와 축복로 구원을 받았다.

하지만 우리는 텔레비전 자동차 광고 끝에 으레 붙는 합법적인 '디스클레이머disclaimer' 제조업자나 판매업자가 물건에 대한 책임을 부인하는 것-역자 주 문구만큼이나 까다롭게 표현으로 인해 이 간단한 복음을 헷갈려한다.

2000년 부활절을 앞두고「달라스 모닝 뉴스」지의 종교란에서 이런 문장으로 시작하는 칼럼을 보았다.

"그리스도인들은 하나님, 즉 성삼위일체와 인간 사이의 새 언약이 예수 그리스도, 즉 성육신하신 아들, 삼위일체의 제2위께서 성금요일에 골고다에서 희생하며 피를 흘리심으로 말미암아 만들어졌음을 믿고 가르치며 고백한다."

으윽!! 그리스도인들이 이런 말을 흘리고 다닐 때 기독교는 진부한 하나의 종교가 되기 십상이다.

"내 마음에 예수님이 계십니다."

"예수님이 나를 위해 죽으셨습니다."

"나는 성령 충만한 신자입니다."

"구원 받으셨나요?"

우리는 듣는 사람들이 이 말이 무슨 의미인지, 한술 더 떠 그들에게 무엇을 의미하는지 알고 있다고 전제한다. 슬프게도 우리 그리스도인들은 그 말들이 우리에게 의미하는 바가 무엇인지도 모를 때가 종종 있다. 불신자에게 예수 그리스도에 대한 자신의 신앙을 설명하고 싶다면 살아있는 믿음의 지식을 갖추고 신학적인 용어를 분명하게 설명할 수 있는 능력을 얻기 위해 시간을 내야 한다.

우리 신념의 신학적인 기반이 어려울 수 있음을 나도 안다. 믿음에 관한 어떤 부분은 쉽게 설명이 되지 않는다. 결국 믿음의 길을 걸어가 보아야 이해되는 것이 있다. 그러나 우리가 믿는 대부분은 삶의 다른 중요한 사안들만큼이나 우리에게 명쾌하게 다가와야 한다. 우리는 투자 대상에 대해 공부한다. 하지만 '성화'니 '공의'니 말하는 것을 이 둘 중 어느 하나의 의미를 이해하고 설명하는 것보다 훨씬 더 쉽게 생각한다. 우리는 '고정자산 매각 소득'이라는 말이 뭔지 설명할 줄은 알아도 성찬식에 대해서는 설명하지 못한다. 증권에 대해서는 설명해도 삼위일체에 대해서는 설명하지 못한다. 우리는 스포츠 용어를 익히느라 시간을 보낸다.

나만 해도 새 언약에 대해서는 자세히 설명하지 못해도 미식축구 용어 '니켈 수비'에 대해서는 설명할 수 있다. 또 각 팀의 이름을 줄줄이 꿰고 있지만 구약 성경의 각 권들의 이름을 다 대지는 못한다. 부끄럽게 생각한다. 더 나아가, 내가 특정한 신학 용어의 의미를 설명할 수 없다면 그것이 내 삶 안에 충분히 녹아들지 않았을 가능성이 상당히 높다는 뜻임을 깨달았다.

믿음과 관련된 일들이 대부분 그러하듯이 명확한 언어로 말하려면 균형이 필요하다. 대중과 말이 통하기 위해 우리의 믿음에 대해 '함구하라는' 뜻이 아니다. 우리의 신념을 김빠진, 스킨십 중심의, 고상한, 심리학적인 용어들로 바꾸어 말하라는 뜻도 아니다(이 단어들이 한데 엮일 수 있다는 생각은 예전에는 미처 못 했다). 균형을 맞추지 못하고 진자를 너무 멀리 흔들면, 우리가 하는 말들은 한때 인터넷에서 떠돌던 '정치적으로 옳은 절기 카드'와 다를 바 없이 무의미한 헛소리가 되고 만다.

의무감이나 함축된 의미 또는 사심 없이 우리가 전하는 최고의 소원을 받아주시기 바랍니다. 먼저 환경에 문제의식을 갖고, 사회적인 책임을 질 줄 아는 분이 되시길 소원합니다. 스트레스를 덜 받고, 중독에 빠지지 않으며, 성적으로 중립을 지키시길 소원합니다. 또한 귀하가 선택한 종교가 가장 기쁜 전통으로 지켜오는 동지 절기를 맞이한 것을 축하드립니다.

설령 그날을 종교적·세속적인 신념에 따라서 지키든, 그밖에 전통으로 여겨서 지키든, 종교적 전통이든 세속적 전통이든 아예 전통을 지키지 않는 사람들의 선택을 존중하여 세상의 풍습으로 지키든 말이죠… 재정적으로 성공을 거두고, 인간관계에서 만족을 누리며, 2001년도 달력들이 일반적으로 채택한 질병의 날들에 의학적으로 연루되지 말기를 소원합니다. 그렇다고 위대한 미국미국이 다른 나라들보다 위대하다거나 서반구에서 가장 좋은 나라라는 뜻은 아닙니다을 만드는 데 기여한 다른 문화권에서 채택한 날들을 존중하지 않는다는 뜻은 아닙니다.

또 인종, 신조, 피부색, 나이, 육체적 능력, 종교적인 믿음 또는 성적 취향과 관련하여 하는 말도 아닙니다.

이 편지를 받는다는 것은 다음의 조건을 받아들인다는 뜻입니다.

1. 편지의 내용을 첨삭할 수 있습니다.
2. 원문을 바꾸지 않고 마음대로 다른 사람에게 보낼 수 있습니다.
3. 편지를 받는 상대방에게 위의 소원을 실제로 빈다는 뜻은 아닙니다.
4. 법으로 금지된 곳에서 이 편지는 법적 효력을 갖지 않습니다.
5. 편지를 보내는 사람 마음대로 소원을 취소할 수 있습니다.

이 편지는 대체로 한 해 동안, 또는 다음에 오는 절기가 무엇이든 그 절기를 맞아 다른 편지를 보내기 전까지 좋은 일들이 있기를 소원하지만, 이 소원을 대신할 다른 소원이 있거나 편지 보내는 사람의 재량에 따라 새로운 소원이 생겼을 경우 꼭 그렇지만도 않습니다.

교인들이 그리스도에 대한 신념을 다른 사람들에게 말할 때 그 많은 이들을 따라다닐 통역사가 있다면 무슨 문제가 있겠는가? 교인들이 하는 말들을 풀어보면 아래와 같을 것이다.

"형제님, 구원 받으셨나요?"

하나님과 원만한 관계를 가질 수 있는 믿지 못할 만큼 놀라운 소식을 들어보시겠어요?"

"하나님의 눈에 당신은 죄인입니다."

모든 사람이 거룩한 하나님의 완벽한 성품에 이르지 못합니다. 누구도 하나님을 기쁘시게 하는 삶을 살 수 없습니다. 하나님 눈에 모든 죄들은 똑같습니다. 우리가 얼마나 착하게 사느냐는 실제로 중요하지 않습니다. 죄가 여전히 우리를 거룩한 하나님으로부터 떼어놓을 테니까요.

"예수님이 아니라면 당신은 활활 타오르는 지옥 불에 들어갈 운명입니다."

하나님은 당신을 많이 사랑하십니다. 그분은 인간 예수로 이 땅에 오셔서 우리와 같은 삶을 경험하셨습니다. 그리고 사람들에게 죽임을 당하셨지요. 그분이 우리 대신 죽으셨기 때문에 우리는 우리의 잘못된 일들로 인해 영원한 죽음이라는 벌을 받을 필요가 없습니다. 그런 후 그분은 죽은 자 가운데서 살아나셨고 지금도 살아계시므로 그분으로부터 영원히 분리되는 것을 피할 길이 우리에게 있습니다.

"당신은 예수님의 피로 씻김을 받아야 합니다."

예수님은 부당하게 죽으셨지만 그 비극조차 하나님께서 갖고 계신 계획의 일부였습니다. 알다시피 예수님은 직접 죽음으로써 우리의 죄를 가져 가셨고, 다시 살아남으로써 죄와 사망을 이기셨습니다. 그분이 우리를 위해 이루신 이 사랑 넘치는 희생을 받아들일 때 우리는 매일의 삶에 우리를 향한 하나님의 깊고 변치 않는 사랑을 경험할 수 있습니다.

비그리스도인 친구들과 가족들에게 말할 때, 진리와 이해가 교차하는 지점에서 목적을 달성할 수 있다. 좀더 자주 그 목적을 달성할 수 있는 능력을 달라고 기도하라. 그리스도인들이 맞이하는 오늘날 기업들을 포함해 도전은 간단하다.

　즉 당신이 믿는 것이 무엇인지 알라13장에서 이 중요한 주제에 대해 더 이야기하겠다. 쉽게 말해, 당신의 이야기를 들을 사람들에게 꼭 맞추어 설명하라는 것이다. 누가 알겠는가, 그 과정에서 뭔가를 배우게 될지.

> 미국 시민의 가치관을 과소평가한 사람들 중에 파산한 이는 아무도 없었다.
> — H. L. 멩켄H. L. Menchken

제8장 경건함인가, 저속함인가?

어젯밤 꿈에서 나는 예수님과 쇼핑을 했다.

기독교 서점을 둘러보는 중이었다. 그분은 "예수님이라면 어떻게 하실까?"라는 문구가 새겨진 팔찌 앞에 멈춰 서셨다. 나는 예수님이 뭘 하고 계신지 눈치 챘다. 예수님은 몇 걸음 옮기더니 포장지에 성경구절이 적힌 테스타민트Testamint영어로 성경을 의미하는 'testament'와 박하 향을 의미하는 'mint'를 합쳐 만든 상품명 - 역자 주 사탕을 집어 드셨다. 그러다가 어린 예수와 양치기 개를 형상화한 조각상을 바라보셨다. 그분이 웃으셨던가? '지저스 세이브즈Jesus Saves' 방향제도 그분의 눈길을 사로잡았다. 그렇게 그분은 여러 상품과 책을 진열해놓은 통로를 걸어 다니셨다. 줄지어 놓인 서적들은 온통 예수님을 어떻게 알아야 하는지, 예수님을 어떻게 닮아야 하는지 등 예수, 예수 천지였다.

"왜 이렇게 믿음을 복잡하게 만드는 거니?"

그분이 조용히 물으셨다.

"나는 나를 본받으라고 말했지 본뜨라고 말하지 않았다."

그 말에 잠이 확 깼다.

내가 돈 버는 걸 반대하는 게 아니다. 이 이야기와는 달리 난 이 책으로 돈을 버는 게 결코 싫지 않다. 하지만 이 모든 기독교 상품들이 전부 올바른 메시지를 전하고 있는지에 대해서는 의문을 던지지 않을 수 없다. 물론 나도 내가 냉소적이라는 것을 안다. 그리고 냉소적인 성격이 영적 은사가 아닐까 성경을 샅샅이 뒤져보았지만, 불행히도 그런 말은 없었다. 하지만 나는 예수님을 마케팅 하는 세태가 정말 염려스럽다.

여길 주목해주세요!

나도 WWJD 팔찌 "예수님이라면 어떻게 하실까?"가 새겨진 팔찌를 좋아한다. 매일 그리스도와의 관계를 되새겨주는 이 아이디어가 참 멋지다고 생각한다. 결혼반지도 그와 비슷한 역할을 하고 있다. 내 반지는 한데 얽혀 있는 금테와 네 개의 작은 다이아몬드로 되어 있는데, 금테는 결혼생활의 의미를, 다이아몬드는 자녀들을 기억하게 해준다. 건강한 세 아들은 내 인생에서 중요한 의미를 차지한다. 네 번째 다이아몬드는 짧지만 의미 있는 생을 살다간 내 딸 케이티를 나타낸다. 위기가 찾아올 때면 나는 이 반지를 보며 마음가짐을 새로이 했다. 이 결혼반지가 의미하는 것보다 더 중요한 것은 별로 없다. 그리고 그렇게 마음가짐을 새로이 함으로써 나는 그리스도 안에 있는 영적 토대로 돌아간다.

삶 가운데 진실의 가치를 되새겨준다는 면에서 WWJD 팔찌는 해로울 게 전혀 없어 보인다. 하지만 WWJD 팬티가 나오는 것을 보고는 아연실색하지 않을 수 없었다. 예수님이라면 어떻게 하실까 되새기기 위해 바지를 내려서 봐야 한다니, 원래 의도와는 다소 멀어진 듯하다.

교회에 다니지 않는 친구에게 믿음을 전해주는 가스펠 플라이Gospel Fly는 또 어떤가? 가스펠 플라이는 플라이 낚시대에 달린 곤충 모양의 후크를 본떠 만든 옷핀으로, 이걸 옷깃에 단 사람은 사람을 낚는 어부가 된다고 한다. 누군가 옷깃에 달린 이 곤충이 뭐냐고 물으면 나도 꽤 많은 사람들에게 질문을 받았다 이렇게 대답하면 된다.

"이건 플라이 낚시하는 데 쓰는 곤충이 아닙니다. 이건 저를 사람 낚는 어부로 만들어주는 곤충이랍니다."

어, 그럼 이 상황에서 참견 잘하는 그 친구는 물고기가 되는 셈이다. 자, 설명서를 읽고 낚고 싶은 물고기를 향해 미끼를 던져라. WWJD 낚시용 방수바지 입는 걸 잊지 말고, 자, 이제 낚시를 즐겨라!

'지저스 세이브즈' 방향제는 내가 지어낸 것이라 생각한 독자들도 많을 것이다. 미안한 말이지만, 그것이 생활용품 가게에서 버젓이 판매되고 있는 걸 직접 보았다. 그 포장지에는 이렇게 쓰여 있었다.

"이 아름답고 의미 있는 방향제와 함께 당신의 마음을 표현하세요. 기분 좋은 향이 필요한 곳이라면, 악취가 있는 곳이라면 어디서든 이 제품을 사용하세요." 하나만 물어보자. 대체 '의미 있는' 방향제는 또 뭔가?

최근 기독교 상품 박람회에서 나는 상상을 초월하는 '기독교' 상품들을 보며 정말 놀랐다. 구원의 향을 원하는가? 기독교 향수를 사라. 페디큐

어를 바르는 동안 발가락에 끼워두는 십자가와 물고기 모양의 발가락지도 있다.

　내 SUV스포츠 형 다목적 차량-역자 주가 복음 전도에 대한 책임감을 떠맡고 있음을 알고는 얼마나 소름이 끼치던지. 물론 그런 책임을 감당하려면 뒷범퍼에 십자가와 물고기 모양의 스티커를 붙여야 할 것이다. 예비 타이어는 "예수님은 당신을 사랑하십니다"라는 문구가 쓰여 있는 비닐 커버로 씌어두고 말이다. 창문에는 "이 차에는 예수님이 함께 타고 계십니다"라는 문구도 붙여야지. 적어도 교회 주차장을 사용하기에 편하지 않겠는가? 텍사스에 태양이 작열하는 여름이 찾아오면 쇼핑몰에는 기독교 차양이 벌떼처럼 등장할 것이다.

　도둑들도 내 차에 다가왔다가 "경고!! 이 차는 예수님이 지키고 있음"이라는 스티커를 보면 움찔하겠지. 앞 범퍼에 "영구차에 실려서 교회에 가실 건가요?"라는 문구를 붙여두면 지나가던 사람들도 한 번쯤 아차 하겠지? 고속도로의 과속 차량 단속반을 위해선 이런 범퍼 스티커를 붙여두어야겠지. "안전한 섹스를 원하는가? 일단 결혼해 배우자에게 충실하든지, 아예 굶어라. -엡 5:3;고전 7:1-4" 시속 120킬로미터로 달리고 있을 땐 알아보기 힘들겠지만, 정말 중요한 메시지 아닌가.

　그리스도인 운동선수들을 위한 스포츠 천사 핀은 교회에 다니지 않는 경쟁자가 승리하지 못하도록 도와줄 것이다. 예를 들어, 골프 천사 핀은 백스윙을 하는 천사를 본뜬 장신구이다골프채가 날개에 닿을 정도다. 팜플렛에는 드라이브나 퍼팅을 할 때 이 천사가 당신을 지켜줄 것이라고 소개한다. 아무리 천사들이라도 숏 게임그린 주위에서 골프 경기를 하는 것-역자 주에서는 꽤 애를 태울 텐데 말이다. 함께 실린 사진에는 한 골퍼가 벙커에 빠진 공을 밖으로 쳐내느라 애를 먹고 있고, 그 위로는 다음 문구가 쓰여 있다.

"오늘 골프 천사를 옷에 다는 걸 깜빡 잊었나봅니다."

내 골프 천사는 귀마개라도 하나 준비해야 할 것 같다. 페어웨이 샷을 '지켜주지' 못할 경우 주인이 얼마나 노발대발하겠는가.

직장에서 사람들을 전도하는 재미있는 방법이 또 있는데, 그것은 올마이티 페이저Almighty Pager 서비스이다. 한 달에 5달러를 내면 성경 말씀을 문자로 받을 수 있는 서비스이다. 서비스 업체에서는 이렇게 말한다.

"하나님께 문자를 받아 성경 말씀을 읽을 뿐 아니라 주위 사람들과 그 메시지를 나누는 건 어떨까요?"

말도 안 된다. 독자들 중에는 의아한 목소리로 이렇게 끼어드는 사람들도 있을 것이다.

"잠깐만요. 하나님께 말씀을 받는다잖아요."

그 페이저 때문에 당신은 옛 직원들 모임에나 참석하게 될 것이다. 페이저가 아니더라도 하나님은 그분의 놀라운 일들을 하도록 우리에게 비밀스러운 방식으로 신호를 주신다.

내 마음에 들었던 상품으로 노래하는 마더 테레사 인형을 꼽을 수 있다. 꼭 진짜 같은 머릿수건을 쓴 인형은 태엽을 감아줄 때마다 이렇게 노래를 부른다농담이 아니다.

"당신은 제 삶에 빛을 비춰주었답니다."

아마 다음에는 낮은 목소리로 '바람에 흔들리는 촛불'을 부르는 요한 바오로 2세 인형이 나오지 않을까? 그러지 말라는 법도 없잖은가. 마더 테레사 인형이 마음에 들었다면 '죽음과 지옥으로 가는 열쇠' 퍼즐을 추천하고 싶다. 영생을 얻고 싶다면 퍼즐 조각 하나라도 잃어버려서는 안 된다.

모세가 거닐던 곳으로 가볼 수는 없어도 그가 밟았던 흙을 밟아볼 수는 있다. 그것도 매일! 홀리 스텝스Holy Steps 사에서 나온 구두 깔창의 가장 밑단에는 예루살렘에서 가져온 거룩한 흙이 깔려 있다. 중간층에서 땀을 흡수해주기 때문에 발 냄새 걱정이 없어 '지저스 세이브즈' 방향제도 필요 없다.

좀더 거룩한 신발을 신고 싶다면 피셔맨Fisherman 사에서 나온 샌들을 신어보라. 왼쪽 샌들 밑바닥에는 "예수님"이, 오른쪽 밑바닥에는 "당신을 사랑하십니다"라는 문구가 새겨져 있다. 이 상품의 영업직원은 이렇게 말한다.

"바닷가에서 모래사장을 거닐 때나 비 온 뒤 길을 걸을 때 이 샌들을 신고 귀중한 메시지를 남기세요."

얼마나 독특한 아이디어인지!

남동생이 그다지 보수적인 그리스도인이 아니라면 '열두 사도 맥주잔'은 썩 의미심장한 선물이 될 것이다. 베드로와 요한 등의 제자들과 축배를 드는 것만큼 멋진 영적 경험이 있겠는가?

바쁜 하루의 일과 속에 짧게나마 기도하고 싶다고? JMJ 생활용품 사에서는 욕실에 걸어둘 수 있도록 플라스틱으로 코팅된 기도 카드를 고안해냈다. "하루를 멋지게 시작하고 싶다고요? 온 몸에 비누칠을 하면서 아침 기도를 드려보세요!" 성경 구절로 묵상도 할 수 있다. 그러다가 "자기들의 몸이 벗은 줄 알"게 되겠지?

나는 예수님을 사랑으로, 하나님을 우리 아버지로 형상화하는 데 적극 찬성이다. 하지만 선라이즈 그리스도인 웨어Sonrise Christian Wear에서 내놓은 티셔츠를 보고는 지나칠 정도로 허물없는 문구에 마음이 불편해졌다. 그 셔츠 뒷면에는 십자가 위로 이런 메시지가 적혀 있었다.

난 아빠 만나러 간다.
아빠랑 널 위한 집을 마련하고 있을게.
널 데리러 곧 올 거야.
예수.

집을 마련한다고? 텍사스에 마련하기라도 한단 말인가? "너희는 가만히 있어 내가 아빠인줄 알지어다"도 그 정도는 아니다.

마지막으로 좀더 충격적인 이야기를 하자면 뜨거운 공기를 넣은 기구가 되어 하늘을 나는 예수님을 본 적도 있다. 이 거대한 기구는 미국 전역을 돌아다녔는데, 그 뒤편에는 "왕의 왕, 주의 주"라는 문구가 쓰여 있었다. "하나님의 아들 예수를 전하는 사명을 충실하고도 경건하게 담당하는 기구를 어떻게 만들 수 있을까?" 하는 질문에 정면 돌파한 셈이다. 누구도 쉽게 해내지 못할 일이지 않은가? 하늘을 나는 기구 예수는 무려 350킬로그램이나 나가고 258,000큐빅 피트의 공기로 채워져 있다. 잠깐만! 오럴 로버트 목사는 예수님이 꿈에 나타나 병원을 세우라고 하셨다고 했는데, 혹시 하늘을 나는 기구 예수가 그 목사의 집 위를 지나고 있었던 건 아닐까?

기독교 상품? 기독교 정신?

때로 우리는 모든 것을 '기독교적'으로 만드는 일에 너무 공들이는 것 같다. 이젠 또 뭘 할 작정인가? 기독교 의자나 기독교 컴퓨터를 판매할 셈인가? 나는 우리가 칙필라Chick-Fil-A 사의 설립자 S.

트루엣 캐시S. Truett Cathy의 본을 따르길 바란다. 그는 분명한 기독교적인 목적을 갖고 회사를 운영하고 있으며 주일에는 문을 닫아 오늘날 문화에 대단히 인상적인 메시지를 던지고 있다. 그러나 칙필라 치킨 체인점이 성공한 이유는 무엇인가? 캐시의 간증 때문인가? 직원들이 예배할 수 있도록 하루 쉬게 해주었기 때문인가? 내가 감히 제안하자면, 그 회사가 성공한 것은 맛있는 치킨 때문이다.

내가 그 회사의 후원자가 된 것도 그 때문이다. 사실 칙필라 사가 어떤 철학을 갖고 있는지 알기 훨씬 전부터 나는 이 대단한 치킨 맛에 푹 빠져 있었다. 이 회사가 상품의 질에 있어 귀감이 되고 있으며 수익금의 일부를 여러 사역에 지원하고 있다는 걸 알기에 나는 이 회사의 후원자라는 게 자랑스럽다. 트루엣 캐시는 위탁 가정이 필요한 아이들에게 애틋한 마음을 갖고 있다. 그의 회사는 매년 남동부 지역 위탁 가정들을 위해 수십만 달러를 기부하고 있다. 그런 회사의 치킨 샌드위치를 주문할 때면 기분이 좀더 좋아지지 않겠는가? 디저트를 추가할 때도 죄책감이 조금은 덜 들 것이다. 그럼에도 그 치킨이 맛이 별로 없었다면 나는 사먹지 않았을 것이다.

훌륭한 상품들을 생산하면서도 기독교 가치를 잃지 않는 회사는 많다. 놈 밀러Norm Miller는 달라스 주에 있는 인터스테이트 배터리즈Interstate Batteries 사의 회장이다. 탁월한 상품을 생산하는 이 회사는 세계 각지의 여러 사역 단체들을 후원하고 있다. 하지만 이들은 '기독교' 배터리를 만들지 않는다. 훌륭한 배터리를 만들고 기독교적 원칙에 따라 회사를 운영할 뿐이다. 프리미어 디자인 주얼리Premier Design Jewelry 사는 역동적인 공상가 그리스도인 부부인 앤디와 조안 호너Andy and Joan Horner에 의해 설립된 직접 판매 회사다. 그들은 벌어들인 이윤의 일부를 세계 각지의 선교사들을 돕고 있다. 그렇다고 그들이 '기독교' 보석을 파는 것은 아니다. 그들은 아름다운 보석을 판다. 그 회사의 장인 정신은 보석 시장 전체에 훌륭한 본이 되고 있다. 윤리적 차원의 타협점이 없더라도 그 회사 상품의 질 때문에 소비자들은 계속해서 주목해올 것이다.

나는 커피 중독자다. 베티 포드 센터알코올 및 마약 중독 치료 센터 – 역자 주에서 커피 중독을 위한 치료 프로그램을 개설한다면 나는 제일 앞에 앉아 프로그램에 참여하고 있을 것이다. 수십 년 동안 내가 커피 값을 지불한 회사는 이제 알라스카와 노스다코타 외의 모든 주에 지점이 들어서 있다. 그러다 나는 우연히 기독교 세계관을 가진 커피 회사를 알게 되었다. 그 회사의 이름은 푸라 비다 커피Pura Vida Coffee, http://www.puravidacoffee.com 다. 그들이 커피 재료를 사들이는 협동조합은 코스타리카의 가족 농장들을 후원하고 있다. 그리고 회사의 순이익을 코스타리카와 중앙아메리카의 어린이와 가족들을 후원하는 데 100퍼센트 쓰고 있다. 그들은 '기독교' 커피를 내게 팔지 않는다. 그들은 대단히 훌륭한 커피를 판다. 그 커피는 내가 지금까지 마셔본 커피 중에서도 가장 맛있다. 푸라 비다 커피를 즐겁게 사 마시면서 내 커피 값이 코스타리카의 아이들을 돕는 데 쓰인다는 사실에 기분이 더 좋아진다.

이 같은 회사들이 더욱 세상의 주목을 받을 수 있도록, 우리는 불매 운동가가 아니라 동정심 많은 기독교 소비자가 되어야 한다. 우리는 경제에서 중요한 요소를 차지한다. 「U. S. 뉴스 앤 월드 리포트U. S. News and World Report」지에서는 성인 그리스도인들의 수입이 1995년 한 해 1조 달러에 이르렀다고 밝혔다. 문화적 충격을 불러일으키는 하나의 방법은, 우리가 취하는 행동이런 회사들을 후원하는 일과 취하지 않는 행동을 통해 메시지를 전달하는 것이다. 지금까지 글을 읽으며 눈치 챘겠지만, 나는 요란스러운 불매 운동에는 그리 관심이 없다. 그런 불매 운동가들은 우리의 혐오증만 더욱 촉진시킬 뿐이다.

최근 팍스 텔레비전에서 더없이 불쾌한 '템테이션 아일랜드Temptation Island'가 첫 방영된 사건만 보아도 그렇다. 이 프로그램은 그리스도인들이나 자녀를 둔 부모들, 또는 치와와보다 영리한 사람들을 전혀 고려하고 있지 않다. 하지만 문제는 대중들의 강력한 항의가 오히려 이 맛없는 졸작을 금지된 과일인 것처럼 포장한다는 것이다. 감히 추론해보건대, 그 프로그램의 임원진들이 그리스도인들의 반대 여론을 마케팅 전략상 중대한 부분으로 여겼을 게 틀림없다.

에덴동산 이후로 인류는 금지된 것에 끌려왔다. 금지된 것을 목소리 높여 비난할 때 우리의 전략은 기대와 어긋난 결과를 낳고 결국 그 매력만 더 돋보이게 된다. 그렇다면 목소리를 높이는 대신에 우리의 영향력을 사용해보는 건 어떨까? 양질의 상품과 동정심을 보이는 회사들을 위해 긍정적인 영향력을 발휘하는 것이다. 이 같은 회사들과 입장을 같이하는 것만으로 큰 도전이 될 수 있다. 몇몇 뮤추얼 펀드들이 이 같은 회사에 투자하고 난 후 그 일이 훌륭한 선택이었음을 알게 되었다. 우리가 가진 모든 돈을 이 같은 회사를 위해 쓸 수는 없다. 그러나 이러한 기업들과 입장을 같이 하고 그들을 후원하는 것은 중요한 첫 걸음이 될 수 있다.

이미 사려고 계획했던 상품을 구매함으로써 이처럼 다양한 사역들을 돕는 게 그리 간단한 일로 느껴지지 않는가? 킹덤바이닷KingdomBuy.com이라는 인터넷 쇼핑몰에서는 당신이 온라인상에서 지불하는 돈의 1퍼센트를 당신이 지정한 교회나 사역 단체에 환불해준다. 추가 수당이 붙는 것도 아니다. 그저 소비 금액의 일부가 주님의 사역으로 돌아가는 것이다. 우리는 소비자들의 모든 힘을 동원해, 그리스도인들의 하나 된 힘을 발휘해 조용한 변화를 이루어야 한다. 나는 기독교적 세계관을 가진 더 많은 기업들이 앞으로 뻗어나가길 열망한다. 우리의 소비력으로 그런 기업들을 더 후원해줄 수 있도록 말이다. 역불매 운동인 셈이다.

바람직한 가치를 지지하는 것이야말로 더 큰 영향력을 발휘할 수 있다.

마지막으로 할 이야기가 있다. 앞에서 언급했던 상품들 모두를 바보 취급하려는 의도는 전혀 없었다. 몇몇 상품들은 정말이지 놀라웠다!

아차, 빠뜨린 상품이 하나 있다. 마지막으로, 정말 마지막으로 소개할 상품은 '말하는 묘비'다. 나는 4,995달러를 들여 움직임을 감지하는 이 묘비를 쓸 생각이다. 훗날 내 무덤 주위를 지나가는 사람을 깜짝 놀라게 해줄 수 있을 테니까. 사람들이 지나가는 게 감지되면 언제나 녹음된 메시지가 흘러나온다. 내 묘비에서 나올 메시지도 이미 녹음해두었다.

"안녕하세요! 전 데이브입니다. 여기 상품들이 정말 훌륭하다고 생각하신 분들이 있다면 정말 죄송합니다. 기분 나쁘게 했다면 정식으로 사과드립니다. 제 재산을 놓고 소송을 걸기 위해 여기 오셨다면 애석하게도 제 아이들이 벌써 다 써버렸답니다. 즐거운 영생되시길. 뭔가 도움이 필요하시다면, 올마이티 페이저에서 보낸 문자를 확인하세요."

제2부 불신자들은 왜 들으려 하지 않는가? : 경건함인가, 저속함인가?

반명예훼손연맹Anti-Defamation League유대인에 대한 명예 훼손과 혐오 사건을
반대하는 단체 – 역자 주에서는 5천 개에 가까운 혐오 사이트 목록을 발표했다.
그 가운데 3백 개의 사이트는 그들의 주장을 관철시키기 위해
성경 구절이나 교회 용어를 사용한다고 한다.
– 남부법률연구원Southern Legal Research institute

제9장 예수님이 눈물을 흘리셨다, 지금도…

지금까지 이 책을 읽어온 독자라면,
내가 어렸을 적 약삭빠른
꼬마였을 것이라고 짐작할 것이다. 우리 교회의 주일학교 선생님들은 성경 구절을 외워오는 아이들에게 사탕을 나누어주었다. 나는 주로 제일 먼저 앞으로 나가 명랑하게 외쳤다.

"예수께서 눈물을 흘리시더라. 요한복음 11장 35절!"

성경에서 가장 짧은 구절이다. 한번 찾아보라. 흥미로운 사실은, 비극적인 소식을 접할 때마다 이 구절이 마음에 떠오른다는 것이다. 그리고 1998년 예수님의 제자라고 자처하는 사람들이 비극적이고 무의미했던 한 죽음을 목도하면서 보인 소름끼치는 반응에 예수님은 또 한번 눈물을 흘리셨을 것 같다.

그날 저녁 텔레비전을 켜고 뉴스를 보다가 느꼈던 그 고통스런 마음을 나는 잊을 수 없다. 매튜 세퍼드Mattew Shepard라는 이름의 동성애자가 와이오밍 주에서 두 폭력배에게 심하게 맞아 숨진 사건이 보도되었다. 뉴스를 계속 지켜보다가 나는 격분했다. 와이오밍 주에서 치러진 그의 장례식에서 한 남자가 매튜의 얼굴 위로 뭔가 손짓을 하더니 이렇게 말했다.

"매튜는 지옥으로 갔습니다."

매튜의 가족과 친구들을 생각하니 몹시 슬펐다. 그리고 예수님과 그의 신실한 제자들이 청년 매튜의 죽음에 대해 저 남자와 같이 느끼지 않는다는 것을 그들이 알게 해달라고 기도드렸다. 적의로 가득 찬 사람들, 예수님만을 한결같이 사랑해 그분의 이름을 극악무도하게 드러내는 저 사람들을 보며 정말 고민스러웠다. 그리고 나를 지탱해주는 이 믿음이 만천하에 곡해되고 있는 장면을 보며 울화가 치밀었다.

캔자스 출신의 프레드 펠프스Fred Phelps는 '하나님은 동성애자를 증오하신다God Hates Fags' 라는 이름의 웹사이트를 창설한 소위 목회자라는 양반이다. 언론 매체들은 보수 기독교의 대변인으로 그와 인터뷰한 내용을 기사화했다.

나는 펠프스의 웹사이트를 찾아가 방송 매체와의 인터뷰가 아닌 평소 쓰는 글 속에서는 그가 어떤 이야기를 하는가 보았다. 기독교 여과 소프트웨어를 개발해 그 웹사이트에서 적의로 가득 찬 문장을 검열, 삭제한다면 정말 하나님나라에 영광이 될 것 같았다. 펠프스는 아마 그렇게 검열당하는 것을 가만히 보고만 있지는 않겠지?

그리스도인들이 자기가 하는 사역 속에 '진리' 가 있음을 도무지 보지 못한다며 개탄할 게 틀림없다. 그에게 동조하는 이들이 많지 않다는 사실이 얼마나 감사한지 모른다. 그 웹사이트에 올린 글에서 몇 문장 인용할 생각이었지만, 반복해서 써놓기엔 넌더리가 나는 이야기들이라 그만두었다.

일반 시민들은 그러한 비열한 행동이 대부분 그리스도인들의 반응이라고 여긴다. 동성애의 생활양식에 대해 아무리 부드럽고 친절하게 반대 의사를 표명해도 '완고하고 적의에 찬' 입장이라는 평가를 듣는다. 평균적인 동성애자들의 눈에는 나와 펠프스가 한 떡을 나누는 사이일 테니 그들이 느낄 공포와 혐오가 이해된다. 그런데 펠프스를 칭할 때 '존경하는Reverend'(흔히 미국에서 성직자 이름 앞에 존경의 의미로 붙이는 단어-역자 주)이라는 단어를 뺀 것은 사실 의도적이다. 내 사전에 그 단어는 '숭상할 만한, 또는 존경받을 자격이 있는' 등을 뜻한다. 내가 보기에 펠프스는 그 두 가지 뜻 어디에도 해당하지 않는다.

어떤 이들은 매튜 셰퍼드의 죽음을 놓고 보수적인 그리스도인들을 비난한다. 근본주의자들로 인해 생겨난 '동성애혐오증' 적인 사회 분위기가 그러한 살인을 조장했다는 이유에서다. 나를 포함해 교회가 동성애자들을 이해하고 섬기는 일에 총체적으로 실패했다는 사실에 대해서는 누구보다 잘 알고 있다. 하지만 우리의 신앙이 비겁한 살인 행위에 책임을 져야 한다는 주장에 대해서는 분명 반대한다. 악한 것은 악한 것이다. 그 살인자들은 분명 악했다. 그들은 적의에 차서 행동했다.

성경은 동성애에 대해 여섯 번에 걸쳐 주의를 준다. 이성애에 대해서는 3백 군데가 넘는 구절에서 주의 사항을 나열한다. 좀 솔직해지자. 동성애자가 아닌 우리의 뒷마당에도 치워 없애야 할 지독한 쓰레기가 얼마나 많은지 모른다.

어떤 그리스도인들은 내가 동성애 동정론자라고, 또 유색 인종과 유대인 추종자라고도 할 것이다. 사실, 이보다 심한 말도 많이 하겠지만 여기서 일일이 옮기지는 않겠다. 그들이 어떤 비난을 한다 해도 다 옳은 이야기들이다. 나에겐 선택권이 없다. 하나님이 자신의 형상대로 사람을 창조하실 때 그분은 인종과 계급, 학력과 수입 등 그 어떤 잣대도 제시하지 않으셨다. 나는 하나님이 선택하신 백성들 편에 굳게 서 있고 싶다.

성경에서는 믿는 자마다 영생을 얻는다고 했는데, 이는 믿는 모든 이들을 뜻한다. 하나님의 은혜는 부유하고, 아름다우며, 똑똑하고, 재능 있는 자들만을 위한 것이 아니다. 하나님의 은혜는 모든 사람들을 향해 열려 있다. 하나님이 갖고 계신 구원 계획은 사실 온갖 부류의 인류가 하나님께 돌아오는 것이다.

제 아무리 세계적인 갑부 도날드 트럼프Donald Trump라 하더라도 영원한 운명 앞에서는 나나 당신보다 더 유리하지도, 불리하지도 않다. 마지막 날 도날드 트럼프 역시 다른 모든 사람들과 같은 줄에 서서 자기 차례를 기다려야 한다는 점이 마음에 들지 않은가?

앞서 함께 살펴보았듯 비그리스도인들은 '그리스도인'이라는 이름을 사용하는 모든 사람들을 일률적으로 대한다. 자기 자신의 잘못에 대해 비난받는 것만으로도 충분히 힘겹다.

그러나 나와 명칭은 같이 하나 신념은 다른 사람들의 잘못으로 인해 비난받아야 할 때 정말이지 좌절감을 느낀다. 그리스도의 이름을 앞세우면서도 어떤 이들은 악을 묵인하며, 또 어떤 이들은 증오에 찬 메시지를 전한다—어느 쪽이 더 나쁜지 나도 잘 모르겠다. 그런 이들을 볼 때마다 얼마나 혼란스러운지 모른다.

경찰관 하나가 법에 저촉되거나 비윤리적인 사건에 연루될 때, 나는 경찰관 전체에 동정심을 느낀다. 나는 대다수의 경찰관들이 전문적이며 친절하다고 확신한다. 그들이 우리를 섬기고 보호하기 위해 최선을 다하고 있다는 사실에 하나님께 감사한다. 그러나 악당 같은 경찰관 하나가 신문의 머리기사를 장식할 때 경찰관 전체가 비난의 대상이 된다.

참 슬픈 버릇이지만, 인간은 본능적으로 1퍼센트도 안 되는 불량분자를 기준으로 나머지 99퍼센트도 판단해버린다. 문제는 사람들이 교회에 대해서도 그런 기준으로 판단해왔으며 지금도 그러하다는 사실이다.

역사는 우리에게 불리하다

비그리스도인들이 기독교에 대해 토론하는 자리에 함께 있어보았다면, 그리스도의 이름으로 자행된 잔학한 사건들을 장황히 나열하는 걸 듣다가 혼쭐난 기분이 들었을 것이다. 종교 재판, 노예 제도, 인종 분리정책 승인, 여성 비하, 동성애 혐오, 유대인 학대 등. 이 죄목들은 모두 사실이다. 이 모두가 교회의 수치다. 우리는 좀더 잘 알아야 했다. 좀더 잘 알았다면 무언가 해내야만 했다.

분별력이 없던 탓에, 하나님의 말씀을 인격적으로 알아가지 못한 탓에, 도덕적인 용기가 부족한 탓에 우리는 그런 죄들이 수십 년, 아니 수세기 동안 존재하도록 내버려두었던 것이다. 교회가 하나님을 섬긴다고 말하면서 악명 높은 죄들을 저질러온 것은 부인할 수 없는 사실이다.

나는 이 같은 죄들은 인간들이 하나님의 뜻에서 벗어나 그리스도의 가르침과는 완전히 반대된 행동을 한 결과라는 것을 확신한다. 정의로운 하나님만이 공평한 판단을 내리실 수 있음에도 불구하고 교회는 불신자들을 판단하고 비난하는 것을 자신의 권리인 양 착각했다. 복음 전도에 대한 열정으로 우리는 다른 문화와 인종, 신념들을 향해 죄를 저질러왔다. 그런 야만적인 전술을 뒷받침해주는 성경적 근거는 없다. 신약 어디를 찾아보아도 예수님이 그 같은 행동을 일삼으셨다는 구절도 없다. 그러한 접근법은 그리스도의 가르침을 더 면밀히 따르려는 사람들이 전하는 구원의 메시지와 사랑스러운 섬김마저 퇴색시킬 뿐이다.

불행하게도, 오늘날 비평가들은 교회가 문화적 다양성과 포용력에 거대한 위협이 되고 있다고 여긴다. 윌리엄스버그 차터 서베이Williamsburg Charter Survey가 실시한 종교에 대한 조사에 따르면, 대학 교수들 가운데 3분의 1이 복음주의 그리스도인이 "민주주의에 위협이 되고 있다"고 여긴다고 한다. 처음 이 기사를 읽고 나는 방어 태세를 취하며 분노했다. 그러나 그러한 비난 속에는 그리스도인들을 향한 뼈아픈 진리가 있다. 교만하게도 우리 자신의 개인적 이익을 위해 예수님의 메시지를 잘못 전달한 탓에 그런 힐책을 듣게 된 것이다.

우리는 주님을 몹시 슬프게 했으며, 기독교에 회의적인 사람들에게 공격할 거리를 제공했다. 밧세바와 성적 죄를 저지르고 급기야 그녀의 남편까지 죽게 만든 다윗 왕과 대면했을 때, 나단 선지자가 던진 메시지는 이 땅에서 하나님을 대표하는 모든 이들에게 울려 퍼지고 있다. 다윗 왕을 권고하면서 그는 이렇게 말했다.

"이 일로 인하여 여호와의 원수로 크게 훼방할 거리를 얻게 하였으니" (삼하 12:14)

하나님은 우리가 회의론자와 구도자들에게 기독교를 훼방할 거리를 더 이상 주지 않기를 원하신다. 어렸을 때 나는 전前 조지아 주 주지사 레스터 매독스Lester Maddox가 했던 다음과 같은 논평을 자주 들었다.

"하나님께서 우리가 서로 비슷해지길, 함께 연합하길 원하셨는데, 왜 우리가 굳이 다른 인종들과 함께해야 합니까?"

당시 기독교 교회에서는 이런 말들조차 거의 문제 삼지 않았다. 교회는 월 스트리트와 같은 곳이다. 우리는 불확실한 것을 좋아하지 않는다. 인종 갈등의 한 가운데 뛰어드는 것은 골치만 아플 뿐이다. 시민권 운동 덕택에 도저히 묵과할 수 없는 문제로 커질 때까지 그저 입 다물고 있기로 했던 것이다. 우리 교회는 인종 차별 문제에 대한 책임을 더욱 빨리 받아들였어야 했다.

1990년에 사랑하는 신시내티 레즈Cincicnnati Reds미국 메이저리그의 프로 야구팀-역자 주가 기대도 않았던 월드 시리즈에 진출했다. 그때 월드 시리즈 티켓을 구해 아내에게 얼마나 사랑받았는지 모른다. 텍사스에 사는 우리에게는 약간 거금이 드는 일이었지만 그 기회를 놓칠 순 없었다. 지금은 시너지필드로 이름이 바뀐 리버프론트 스타디움오하이오 주 신시내티에 있는 홈구장-역자 주의 외야석 상단에 앉아 강호 오클랜드 어슬레틱스와의 경기를 지켜봤다.

이날 경기에서 레즈의 눈부신 유격수, 배리 라킨Barry Larkin이 놀라운 경기를 선보여 팀을 승리로 이끌었다. MC 해머MC Hammer흑인 팝 가수-역자 주의 음악이 크게 울리고 나는 승리를 자축했다. 주위 레즈 팬들과 하이파이브와 포옹도 했다. 물론 전부 모르는 사람들이었다. 어느 순간 정신을 차려 보니, 내가 흑인 레즈 팬과 포옹을 한 채 펄쩍펄쩍 뛰고 있는 게 아닌가.

나중에 그 순간을 한 번씩 생각해본다. 길거리에서였다면 그와 편하게 포옹을 할 수 있었을까? 솔직히 말해 아마 그러지 못할 것 같다. 그렇다면 야구장에서는 왜 달랐을까? 우리는 야구라는 공통된 유대감을 경험했다. 나도 레즈 팬, 그도 레즈 팬. 중요한 것은 그것뿐이었다. 그리고 그 순간, 한 가지 깨달음이 머리를 스치고 지나갔다. 나는 흑인 레즈 팬과 있을 때만큼이나 흑인 그리스도인 형제와 함께 있을 때 마음이 편안한가? 스포츠

라는 유대감이 우리를 하나로 엮어주었다면, 왜 신앙이라는 유대감은 여러 인종들을 하나로 연합시켜주지 못하는 걸까? 슬프게도 인종 간 화해라는 영역에서만큼은 교회보다는 스포츠 행사에서 더 대단한 진보가 일어난 듯하다.

데자뷰 현상을 막아라

최근에 「성역은 없다Without Sanctuary」라는 다소 혼란스러운 책을 하나 우연히 발견했다. 그 책은 미국의 비극적 역사 폭력적 린치에 대해 기술하고 있었다. 실린 사진들은 하나같이 으슬으슬하고 역겨웠다. 그러나 가장 끔찍했던 것은 살인 현장을 담은 사진들이었다. 사람들은 마치 사냥감을 찾은 양 피해자들을 카메라에 담았다. 마이애미 출신 칼럼니스트 레너드 피츠Leonad Pitts는 오래된 신문 머리기사에서 다음과 같은 믿기지 않는 구절을 보았다고 한다.

"깜둥이가 죽은 현장이야말로 사진 찍기에 훌륭한 기회다."

내가 왜 자꾸 과거를 들추어내는지 독자들은 궁금할 것이다.

"그런 일은 더 이상 일어나지 않잖아요?"

내가 질문하고 싶은 것은 이것이다. 어떻게 교회는 옆에 서서 이런 일이 일어나도록 내버려둘 수 있었는가? 이에 대해 대답하지 못한다면 우리는 이 같은 역사가 반복되지 않도록 막을 가능성이 거의 없다. 물론 그렇게 잔학무도한 사건이 예전처럼 공공연하게 일어나지는 않겠지만, 잔인한 행위를 일으켰던 악은 인류의 마음에 여전히 존재하고 있다.

수년 동안 나는 그런 죄를 저지를 사람이 아니라고 스스로 안위하면서 그 문제를 교묘히 회피해왔다. 어쩌면 내 생각이 옳을 것이다. 그러나 우리 문화의 현 상태에 대해 생각할 때마다 작가 엘리 위젤Elie Wesel이 했던 말이 머릿속에서 떠나지 않는다.

"사랑의 반대말은 증오가 아니라 무관심이다."

오, 이런. 속편한 나의 합리화를 모조리 깨부수고 있군. 나는 증오하지 않았을지는 몰라도 무관심했다. 교회와 크리스천들의 무관심은 담장 아래에 난 구멍이 되어 악이 방해거리 없이 기어나가도록 해주었다.

최근에 나는 1933년 아돌프 히틀러와의 인터뷰 기사를 읽었다. 이때만 해도 히틀러는 예수라는 유대인들의 유산은 파괴시킬 수 없다고 여기고 있었다. 그는 이렇게 말했다.

"우리는 예수를 유대인이 아닌 백인으로 만들 수 없습니다. 그건 어리석은 생각이죠."

교회를 파괴시키겠다는 히틀러의 전략은 여전히 오싹하다. 하지만 산만하기 하나 매우 인상적인 그의 인터뷰 기사의 일부를 옮기려고 한다.

가톨릭교회는 이미 대단한 존재가 되었습니다. 2천 년에 걸쳐 존재해 왔지요. 우리는 그로부터 배울 점이 많습니다. 가톨릭교회는 지혜와 인간에 대한 이해로 가득 차 있습니다. 그들은 사람들에 대해 잘 압니다! 그들은 사람들이 어떤 존재인지 잘 알고 있습니다. 그러나 이제 그들의 시대는 끝났습니다. 성직자들 스스로가 이 점을 알고 있죠. 그들은 이 점을 깨닫고는 싸움에 끼어들지 않을 정도로 충분히 똑똑합니다. 그들이 싸움에 끼어들려고 한다면, 나는 그들을 순교자로 만들지 않을 작정입니다. 우리는 그들에게 단순한 범죄자들이란 낙인을 찍을 것입니다. 나는 그들의 얼굴을 덮고 있는 위엄의 마스크를 벗겨낼 작정입니다. 그것만으로 충분치 않다면 그들을 비웃음거리와 조롱거리로 만들 것입니다. 영화를 만들 것입니다. 성직자들의 역사를 영화에 담을 것입니다. 사람들은 그들의 이기심과 어리석음, 기만에 충격을 받을 것입니다. 그들이 소작농들에게서 돈을 어떻게 갈취해냈는지, 그들이 유대인보다 나아지려고 얼마나 노력했는지, 그들이 어떻게 근친상간을 저질러왔는지 드러낼 것입니다.

사람들은 극장 밖에서 줄을 서서 기다릴 것입니다. 신앙심 깊은 사람들의 머리카락이 주뼛주뼛 섰다면, 앞으로 더욱 그렇게 될 것입니다. 젊은이들은 그것을 이해할 것입니다. 젊은이들과 또한 그것을 이해하는 사람들 외의 사람들을 나는 기꺼이 포기할 것입니다. 장담하지만… 나는 마음만 먹으면 몇 년 안에 교회를 파괴시킬 수도 있습니다. 교회는 너무나 공허한 신앙으로만 이루어진 체제입니다. 철두철미하게 거짓으로 되어 있어 무너지기도 쉽습니. 약간의 힘만 가한다면 무너지고 말 것입니다.

그들이 워낙 이윤과 넉넉한 생활에 대한 욕구를 떠벌려놓은 탓에 우리는 쉽게 그들을 이길 수 있습니다. 이 점에 대해서는 모두들 동의할 것입니다. 나는 그들에게 2년의 집행유예 기간을 주고 있습니다. 왜 이런 것을 논의해야 하냐고요? 그들은 자신의 물질적 지위를 유지하기 위해서라면 무엇이든 삼켜버릴 자들이기 때문입니다. 싸움도 안 될 겁니다.

Dokumente zur Kirchenpolitik des 3 Reiches, Band 1, Das Jahr 1933. 오레곤 주 구텐베르크 대학 교수 David Crabtree 번역, 1998년 5월자 「컨텍스트Context」지.

히틀러의 생각을 읽으며 나는 정신이 번쩍 들었다. 그는 그리스도에게 도전했던 게 아니었다. 그는 교회에 초점을 맞추었다. 그리고 그의 전략은 교회를 웃음거리로 만드는 것이었다. 농담거리와 바보 같은 존재로. 그는 영화라는 매개물을 통해 자신이 전하고 싶은 메시지를 심고자 했다. 그의 목표는 젊은이들과 특권을 뺏긴 사람들이었다. 그는 신자들을 설득하는 것은 불가능한 일임을 인정하고 그들과 시간을 허비하려 하지 않았다.

그러나 나머지 사람들은 쉬울 것 같았다. 그래서 그들을 목표로 삼았다. 당신이 현 사회에 바라는 점과 비슷한 게 있다면 짚어보라. 히틀러는 신자들을 순교자로 만들지 않을 만큼 똑똑했다. 그는 신학이 아니라 교회 지도자들이 갖고 있는 물질을 위협해 그들을 공격할 계획이었다. 그리고 그는 교회에 대한 거짓을 퍼뜨리지 않고도 이 일을 진행해나갔다. 슬프게도 그 계획은 꽤 잘 먹혀들어갔다. 그리고 교회의 큰 반대가 없는 가운데 홀로코스트가 일어나도록 만들었다.

나는 히틀러의 주장을 몇 번이고 읽었다. 나였다면 그렇게 쉽게 동요되었을까? 나는 오늘날의 문화에 쉽게 흔들리고 있는가? 아마도 현재 미국 교회의 이른바 '안정적인' 상황에 내가 영향 받고 있지는 않은지 기도하는 마음으로 돌아보아야 할 것 같다. 윈스턴 처칠Winston Churchill은 이렇게 이야기했다.

"우리는 많은 저주와 욕설 앞에 벌거벗은 채 서 있습니다."

나는 히틀러가 말했듯이 교회와 현대 그리스도인들이 물질적 지위를 유지하기 위해서라면 뭐든지 삼켜버릴까 봐 두렵다.

교회에 대한 그리스도인들의 믿음은 히틀러가 거의 성공할 수 있도록 길을 내주었다. 그리스도에 대한 믿음은 그렇지 않았을 것이다. 그 차이를 볼 수 있도록 하나님께서 도와주시길.

제2부 불신자들은 왜 들으려 하지 않는가? : 예수님이 눈물을 흘리셨다, 지금도…

> 뭘 해야 할지 모를 때면, 빠르게 걷고 근심스런 표정을 지으라.
> – 딜버트의 법칙Dilbert's Rules of Order

제10장 문화 전쟁 :
람보냐, 양심적 반대자냐?

문화 전쟁으로 그리스도인들 사이에 감도는 긴장감 속에서 볼 때 딜버트의 이 계획은 그 어떤 것보다 훌륭해 보인다. '문화 전쟁'이란 그리스도인들이 어떻게 대중문화에 적응하고 참여할 것인가 하는 역사 깊은 고민거리를 통칭하는 단어이다. 여기서 쓰인 '전쟁'이라는 말은 많은 그리스도인들이 대중문화와 그 속에 몸담고 있는 사람들을 윤리적인 원수로 여기고 있음을 보여준다.

전쟁이든 아니든, 똑똑하다는 많은 그리스도인들이 과연 문화에 참여하는 '올바른' 방법이 무엇일까에 대한 저마다의 상충된 의견을 내놓고 있다. 이른바 람보 편에 선 사람들은 무기란 무기는 다 손에 들고 종교적 자유를 위협하는 모든 적을 향해 눈을 부라린다. 양심적 반대자에 속한 이들도 있다.

그들은 사랑과 평화를 상징하는 목걸이를 걸고 사회로부터 한 걸음 벗어나 교회 야유회 같은 곳에 가서 존 레논의 「평화에도 기회를Give Peace a Chance」과 같은 노래를 부른다. 어떤 이들은 우리 아들들이 잔디 깎기를 대하는 방식으로 문제를 바라본다. 계속해서 무시하다 보면 언젠가 문제가 없어질 것이라고 생각하는 것이다.

또 자신은 전방에서 물러나 기도에 매진하는 동안 그리스도인 '전문가'들에게 이 전투를 해결하도록 맡겨버리는 사람이 있다. 이 영적 접근법은 2000년 5월 14일자 「뉴스위크」지에 실린 '코소보 은폐사건'이라는 통쾌한 기사가 폭로한 전투에서 쓰인 접근법과 다르지 않다. 「뉴스위크」지에 따르면 클린턴 행정부가 코소보 사태에서 미국이 몸을 사리는 전략을 취하기로 승인했다고 한다.

미국은 그 전쟁에 참가하기를 원하나 미국인들의 생명이 위험해지기에 자금과 공군력을 투입해 세르비아의 독재자 슬로보단 밀로셰비치를 무력화시키기로 했다는 것이다. 다름 아니라 높은 상공에서 목표물을 향해 '스마트 폭탄' 레이저 광선으로 유도되는 폭탄을 일컫는 미군의 속어-역자 주을 투하하는 것이다.

존 배리John Barry 기자와 에반 토마스Evan Thomas 기자는 '역사상 가장 성공한 공군력 투입 작전'이라고 알려진 작전 뒤에 숨은 비화를 처음으로 자세히 소개했다.

헨리 셸턴Henry Sheton 장교가 윌리엄 코헨William Cohen 국방부 장관과 함께 밀로셰비치의 군사력을 파괴했다고 발표했다. 포병대 절반과 장갑차 3분의 1을 파괴했다는 내용이었다.

정말 믿기 어려운 수치였다. 나토에서 파견한 군대는 120대의 탱크와

220대의 병사수송차, 그리고 대포와 박격포를 합쳐 450대 정도를 파괴했다고 했다. 참으로 흥분되지 않을 수 없는 내용이었다. 그도 그럴 것이 아군의 피해를 최소화하면서도 전쟁을 수행할 수 있게 되었으니 말이다.

하지만 점차 진실이 드러났다. 「뉴스위크」지는 실제 상황을 상세히 그려갔다. 파괴된 탱크는 120대가 아닌 14대뿐이었고, 공격당한 병사수송차도 220대가 아닌 18대뿐이었다는 것이다. 450대의 대포와 박격포를 공격했다더니 파괴된 것은 겨우 20대에 지나지 않았다. 영리한 코소보 군대는 미끼용 목표물을 설치해두어 조종사들을 오인하게 했다. 실제 포병대가 있는 곳에서 10킬로미터 정도 떨어진 곳에 낡은 트럭들을 세워놓고 그 위에 까만색 긴 통나무를 올려 마치 목표 지점의 포병대처럼 꾸몄던 것이다. 아군은 실제로 열두 곳의 미끼용 목표물과 가짜 다리를 파괴했을 뿐이었다. 멋진 공중묘기를 선보였지만 밀로셰비치에게 입힌 손상은 미미했다.

나 역시 다른 그리스도인들과 함께 그러한 전투 계획을 채택했다. 우리는 우리가 보유한 자금과 보이콧, 정치적 행동 등을 통해 문화적 목표물에 '스마트 폭탄'을 투하하려고 노력한다. 선교단체를 파견하거나 그리스도인 정치단체에 자금을 제공함으로써 목표물을 전략적으로 공격할 수 있다면 우리가 상처 입을 일이 없을 것이다. 어쨌든 개인의 안전이 가장 중요한 관심사가 아닌가? 그러나 불행하게도 그리스도인들이 높은 상공에서 투하한 스마트 폭탄들은 대부분 미끼나 중요하지 않은 목표물만 맞추고 휘황찬란한 불꽃놀이 쇼만 제공할 뿐이다.

아마도 이러한 전략의 허점을 가장 잘 보여준 예는, 1980년대 후반 모럴머조리티Moral Majority미국 보수적 기독교 정치단체—역자 주와 같은 단체들에 엄청난 돈을 쏟아 부은 일일 것이다. 칼 토마스Cal Thomas는 그의 책

「권력에 눈멀다Blinded by Might」에서 종교계가 문화를 바꾸기 위해 어떻게 정치권력에게 수백만 달러를 투자했다가, 보기좋게 실패했는지 기록했다. 모럴머조리티와 같은 단체들은 숱한 폭죽을 터뜨리고 목표물 한두 개 정도는 폭파했지만 막대한 돈과 시간을 투자한 만큼 문화가 눈에 띄게 개선되었는지에 대해서는 대답하기가 어렵다.

현실 속에서 문화 전쟁은 무균 상태로 안전하지도 않을 뿐더러 람보와 같은 파괴력을 자랑하는 것도 아니다. 하나님은 우리를 참호 안으로 불러들여 우리가 정말 중요한 논점을 갖고 전투에 임하길 원하신다.

전투에서 승리하고 싶다면, 우리는 먼저 우리 문화 속에서 이루어내고 싶은 것이 무엇인지, 그 목표를 이루기 위해 무슨 일을 할 수 있는지 명확히 해야 한다. 일반적인 그리스도인들에게 오늘날 문화 전쟁에서 승리하는 것이 어떤 의미인지 물어본다면, 아마 이런 식으로 대답할 것이다. 낙태는 불법화해야 한다, 동성애는 억제되어야 한다, 십계명을 모든 법정에 걸고 아이들은 학교에서 기도해야 한다 등.

하지만 이러한 목표를 이룬다고 해서 진정한 승리가 찾아올까? 걸프 전쟁 기간 동안 미군은 현대 역사상 가장 결정적인 군사적 강점을 보여주었으며 승리를 거두었다. 그러나 역사가들은 우리가 사담 후세인에게 권력을 남겨둠으로써 더 높은 목표를 이루는 데는 실패했다고 입을 모을 것이다.

우리는 대부분 그리스도인으로서 우리의 사명이 세상에서 죄를 없애는 것이라고 생각한다. 하지만 그런 일은 결코 일어나지 않을 것이다. 정치를 통해 온갖 노력을 해보았지만 결과는 비참했다. 보이콧도 해보았다. 내가 마지막으로 확인해본 바에 의하면 디즈니는 여전히 건재하고 있다. 우리는 악행을 목표물로 삼았지만 그들에게 상처 하나 내지 못했다. 그러면서도 우리는 낙태와 싸운다. 동성애를 두려워한다. 마약을 비난한다. 할리우드와 텔레비전, 그리고 사악한 대중매체와 전쟁을 벌인다. 음악 산업을 비난한다. 포르노를 조롱한다.

60년대 후반과 70년 초반에 중고등학교 시절을 보낸 나는, 현재 대다수의 그리스도인들이 추구하려고 애쓰는 문화적 기준들이 과거에는 존재했던 것들임을 말할 수 있다. 그때에는 낙태를 합법화하지도 않았고 동성애 문제가 이렇게 대두되지도 않았다. 우리는 학교에서 기도했으며, 「섹스인더시티Sex in the City」 대신 「아지와 해리엇Ozzie and Harriet」과 같은 시트콤을 봤다. 성의 혁명과 즐기기 위한 마약 복용, 폭력적인 정치 운동, 그리고 격정적인 인종 갈등은 바로 이 세대에서 나타났다.

우리 그리스도인들은 소명을 잃어버렸다. 교회가 알아두어야 할 것이 하나 있는데, 우리가 복음주의라는 쟁반 위에 온갖 윤리적 이슈를 올려놓고 탐식한다 해도 세상 사람들은 계속해서 그런 문제들 속에서 인생의 의미와 목적을 찾을 것이라는 사실이다. 내가 지금까지 언급한 모든 문화적 이슈들은 그보다 큰 문제에 비하면 단순한 징후에 불과하다. 그 큰 문제란 바로 수백만 사람들의 내적 상태이다. 정치적, 법적 조작은 죄를 억제할 수 있을 뿐이다. 공익 광고나 교육은 기껏해야 행동을 억제할 뿐, 장기적인 해결책은 될 수 없다. 한 대학생이 했던 말이 생각난다.

"나는 마약은 안 된다고 말했지만 사람들은 전혀 듣지 않더군요."

재미있지 않은가? 하지만 비극적이게도 이는 사실이다. 각 개인이 변화되어야 비로소 이 사회 전체가 진정으로 달라질 수 있다. 그리고 우리는 이 부분에서 기회를 놓쳐버렸다. 우리는 이 시대가 끝나는 날까지 윤리적 법률을 제정하기 위해 노력할 수도 있다. 그러나 변화는 내면에서 일어나지 외부에서 일어나는 일은 거의 없다.

이제 새로운 차원의 접근이 필요하다.

그리스도인인 우리는 문화 전쟁의 한가운데서 세계관을 겨루는 전투를 치르고 있다. 기독교 세계관은 절대적인 진리가 존재한다고, 옳은 것과 그른 것 사이에 명확한 잣대가 존재한다고 단언한다. 인간의 생명은 소중하다. 인간은 죄성을 타고나며 어떤 사회 프로그램이나 교육, 외적인 영향력으로도 우리는 선해질 수 없다. 이러한 진리는 하나님 말씀에 권위를 두고 있다. 반면 다른 세계관들은 인간은 본래 선하며 그렇기에 교육과 지식을 통해 모든 문제를 해결하고 유토피아를 건설할 수 있다고 주장한다. 절대적인 진리는 없다고 본다. 진리란 그저 진화하는 실체로서 새로운 정보가 나타나면 달라지는 것이다.

그리스도인들은 진정 사람들을 변화시킬 수 있는 메시지를 갖고 있으며 그 메시지를 전하는 것이 우리의 주된 사명임을 아는가? 우리는 영향력 있는 세계관을 갖고 있다. 우리는 그 세계관을 이해하고 지키며 그것을 따라 살아야 한다.

문화 전쟁 속에서 그리스도인으로서 역할을 감당하기 위해 나는 주로 시적인 몸부림을 쳤음을 고백한다. 그 과정에서 어찌나 입장을 자주 바꾸었는지 ADHD주의력결핍 과다행동장애-역자 주가 있는 아이보다 변덕이 더 심했을 것이다. 현재 나는 두 가지 결론에 도달했다. 첫째, 우리 그리스도인들은 두 개의 시민권을 소유한 독특한 상황 속에 있다. 우리는 하늘과 땅 두 곳의 시민이며, 두 곳 모두에 책임을 지고 있다. 미국의 시민으로서 나는 주요 이슈를 알아야 하며 정부가 어떤 일을 하고 있는지, 당선된 의원이 어떤 인물인지 알아야 한다. 돌발 질문! 당신이 살고 있는 지역의 국회의원은 누구인가?

나는 훌륭한 시민이 될 의무가 있다. 세금을 내고 배심원으로 섬기며 성실하게 투표하는 등의 의무를 다해야 한다. 그와 동시에 나는 천국 시민으로서의 책임 또한 있다. 나는 이웃을 사랑하고 가난한 자들을 도우며 그들에게 복음에 담긴 소망과 은혜를 전해주어야 한다. 그리스도인들이 이 두 가지 역할을 성실히 해낼 때 감히 말하자면 이렇게 해내는 사람은 별로 없다 우리는 현 시대의 문화 속에 지금보다 더 깊은 영향력을 미치게 될 것이라 확신한다.

사보타주!

US 버클리 대학 언어학 교수 존 H. 맥워터John H. McWhorter가 쓴 책 「인종차별은 없다Losing the Race」를 읽어보았다. 논쟁거리가 되었던 이 책에서 그는 아프리카계 미국 흑인들이 때로 "미국에서 자신들의 잠재력을 스스로 사보타주 쟁의중인 노동자가 공장 설비, 기계 등을 파괴하여 생산을 방해하는 것-역자 주" 한다는 주장을 설득력 있게 펼친다.

그는 아프리카계 미국 흑인 문화 속에 나타난 다음 세 가지 현상 때문에 미국에서 흑인들이 더욱 진보하지 못했다고 주장한다. 그 세 가지 현상이란 다음과 같다.

1. 피해 의식. 문제가 발생하면 원인을 있지도 않거나 확대 해석한 백인 우월주의 탓으로 돌리는 경향을 말한다. 맥워터는 인종차별주의가 완전히 없어졌다고 말하고 있는 게 아니다. 다만 어떤 사건이 일어날 때마다 그 원인을 가장 먼저 인종차별주의에서 찾고 보는 것은 스스

로를 좌절시킬 뿐이라는 것이다. 인종차별주의는 많은 흑인들이 믿는 것만큼 그리 심각하지 않다.
2. 분리주의. 백인과 관련된 것이라면 무엇이든 멀리하는 마음자세를 말한다.
3. 반지성주의. 학문에 지나친 관심을 보이는 것은 곧 "백인처럼 행동하는 것"임을 미묘하고도 효과적으로 흑인 학생들에게 확신시키는 태도를 말한다.

맥워터 교수의 이론이 얼마나 정확한지에 대해서는 나중에 잠시 논의하자. 중요한 것은 내가 보기에는 그가 전술한 특징들이 그리스도인들에게도 똑같이 적용된다는 사실이다. 또한 그리스도인들이 사회에서 자신의 역할을 바라보는 방식에 있어 이 세 가지 현상이 지대한 영향을 미치고 있다.

1. 피해 의식

나는 피해 의식에 빠지는 것에 죄책감을 느낀다. 우리는 그리스도인이야말로 차별을 경험하는 유일한 종교 집단이라며 자주 투덜대고 불평한다. 그러한 피해 의식은 실제로 강박관념일 수 있다. 마음만 먹으면 주변에서 쉽게 그 예를 찾아볼 수 있다.

맥워터가 꼽은 세 가지 가운데 이 현상에 특히 관심이 가는 것은, '피해자' 라는 단어가 두 가지 의미를 지니고 있기 때문이다. 피해자란 어떤 불운한 상황 속에서 고통을 겪는 불행한 사람을 뜻한다. 또한 속아 넘어가거나 배신당한 사람을 뜻하기도 한다. 분명히 그리스도인들은 이 두 가지를 모두 경험했다. 그러나 나는 우리가 사탄의 속임수에 넘어가 스스로 피해자라고 '느낄' 때가 더 많다는 사실을 말하고 싶다.

분명 기독교를 적대시하는 사람들이 있다. 설령 그렇더라도 우리에게 난 상처 가운데 많은 부분은 스스로가 낸 것들이다. 다음은 피해 의식을 갖고 있는 사람들의 특징이다.

모든 사람들이 기독교를 꿰뚫고 있을 것이라는 망상증. 물론 그런 사람들도 있다. 하지만 솔직히, 대부분의 사람들은 우리가 무엇을 말하려는지, 무엇을 하고 있는지 별로 관심도 없을 뿐더러 이해하지도 못한다. 우리는 사람들의 주목을 받을 만큼 남다르게 살고 있지 못하다. 몇몇은 고개를 돌려 우리를 자세히 보겠지만 대다수는 무심히 지나친다.

우리는 개인적으로 얼마나 훌륭한 인생을 살았는가와 상관없이 그리스도인이라는 이유로 얼마간 비판을 받을 것이다. 인터넷에서 테레사 수녀나 빌리 그레이엄 목사까지 비판하는 글도 쉽게 찾을 수 있다. 그런 마당에 난들 비난을 피해갈 수 있겠는가? 하지만 우리가 그리스도의 이름으로 감내해야 할 최악의 고난도 다른 나라의 그리스도인들이 당하고 있는 박해에 비하면 아무것도 아님을 기억하며 감사해야 한다.

대중매체는 악하다는 믿음. 대중매체는 종교와 관련이 없다. 그리스도인들이 하나님이 원하시는 일을 수행하는 데 꼭 대중매체가 필요한 것은 아니다. 부흥은 하나님의 백성들의 마음에서 시작되지 신문 머리기사에서 시작되지 않는다. 그러나 수많은 신자들이 세속적인 대중매체에서 중요한 역할을 담당하고 있다.

그리스도의 빛이 되어 영향력을 미치려는 그들의 노력을 지지해주자. 그리고 그리스도인들이 하나님을 영화롭게 하는 행동을 할 때, 대중매체가 그런 모습을 긍정적으로 보도할 수 있는 위치에 서도록 기도하자.

하나님의 명령에 순종하지 못함. 피해 의식 때문에 하나님께 순종하지 못하는 일은 없어야 한다. 그리스도인들은 사회의 지지를 받든 그렇지 않든 옳은 일을 할 줄 아는 용기가 필요하다. 바울을 생각해보라. 돌에 맞고 감옥에 갇히는 등, 그는 피해 의식이 생길 만한 숱한 위협을 당했다. 내가 바울이었다면 한 곳에 정착해 천막 가게를 열고 주일학교에서 아이들이나 가르칠까 심각하게 고민했을 것이다. 그러나 바울은 끝까지 순종하며 자신의 소명을 따랐다. 그는 분명 피해 의식을 키우지 않았다.

영적 목표로부터 멀어짐. 이웃을 사랑하고 복음을 전하는 일보다는 ACLU미국시민자유연맹-역자 주에 지나치게 신경 쓰기 시작하면 우리는 이미 싸움에서 졌다고 보아야 한다. 나는 지금 ACLU나 다른 주요 조직들을 무시해야 한다고 말하는 게 아니다. 내가 하고 싶은 말은, 때때로 우리는 다른 사람들이 우리의 메시지를 얼마나 무력하게 만드는가에 집착한 나머지 그 싸움에 휘말려 전해야 할 메시지는 완전히 잃어버리게 된다는 것이다.

피해 의식은 그리스도를 퇴색시킨다. 예수님을 믿지 않는 사람들에게는 독선적이고 교만하게 들릴 테지만 진실은 이렇다. 우리가 믿는 게 진리라면나는 그렇다고 믿는다, 그 어떤 문화적 반대 속에서도 하나님은 그분의 계획을 이루실 것이다. 그리스도인들이 그리스도의 은혜와 희생적인 사랑을 드러낸다면, 시내 광장에 그리스도의 탄생 그림을 거는 것이나 공립학교 겨울 축제 때 캐롤 부르는 것을 금하는 ACLU의 소송들을 상쇄시킬 수 있지 않을까? 문화적인 적대감으로 인해 우리 주님의 권위가 손상되고 우리 자신마저 괴로워져서는 안 된다.

2. 분리주의

분리주의는 비단 오늘날의 문제가 아니다. '죄 많은 세상'에서 우리는 얼마나 멀리 떨어져 있어야 하는가? 그리스도와 바울, 그리고 여러 성경 인물들은 이 문제에 있어 '균형'이 핵심 단어임을 확증해준다.

분리는 고립을 의미하지 않는다. 마태복음 4장 19절에서 예수님은 이렇게 말씀하셨다.

"나를 따라 오너라 내가 너희로 사람을 낚는 어부가 되게 하리라"

나는 어부가 직업은 아니지만 낚시를 꽤 즐기는 편이다. 그런데 물고기가 살고 있는 물가로 가지 않고 고기를 낚은 적은 한 번도 없었다. 물고기가 우리 집 마당에 스스로 걸어 들어온 적도 없었다. 마찬가지로 사람을 낚기 위해서는 그들이 살고 있는 곳으로 가야 한다. 그러나 그들 중에는 오염된 물에서 살고 있는 이들도 있음을 기억하라.

세상 사람들이 아닌 세상 관습으로부터 분리되어야 한다. 세상에는 분명 그리스도인들이 가지 말아야 곳과 피해야 할 활동이 많다. 그렇다고 해서 그런 곳에 드나들며 그런 활동에 참여하는 사람들을 피해야 하는 것은 아니다. 바울은 고린도전서에서 이 점을 분명히 했다.

"내가 너희에게 쓴 것에 음행하는 자들을 사귀지 말라 하였거니와 이 말은 이 세상의 음행하는 자들이나 탐하는 자들과 토색하는 자들이나 우상 숭배하는 자들을 도무지 사귀지 말라 하는 것이 아니니 만일 그리 하려면 세상 밖으로 나가야 할 것이라"(고전5:9-10)

바울은 우리가 죄인들과 관계를 끊으려면 지구가 아닌 다른 행성으로 가야 한다는 것을 알고 있었다. 그가 사귀지 말라고 했던 사람들은 교회에 다니면서도 죄된 습관을 버리지 못하는 자들이었다. 그는 세상에 들어가 예수님의 명령을 따르기 위해서는 우선 세상에 있는 사람들과 접촉해야 한다는 것을 알고 있었다.

3. 반지성주의

반지성주의에 대해서는 13장에서 더 자세히 다루겠다.

더 나은 전략 하나 : 사랑하라, 귀를 기울여라

사도행전 당시 성도들은 문화 전쟁을 치러야 할 필요를 느끼지 못했다. 머지않아 하늘나라에서 예수님과 함께 있게 될 것이라 열렬히 기대하고 기다렸기 때문이다. 시간이 얼마 없을 때에는 바로 본론으로 들어가게 마련이다. 살날이 얼마 남지 않은 것을 알고 난 후에도 회사에 늦게까지 남아 일을 더하려는 사람은 거의 없을 것이다. 대부분은 인생에서 가족과 친구, 믿음과 같은 것이 중요한 문제임을 깨닫는다.

1세기 시대를 사는 신자들은 부활하신 주님에 대해 이야기할 시간이 얼마 없다고 믿었다. 그들은 시저가 무슨 일을 하든 크게 개의치 않았다. 그들에게 가장 중요한 문제는 예수님뿐이었다. 초기 그리스도인들에게 사회적 정치적 상황이 유리하게 작용한 것은 없었다. 그러나 그들의 열정적이고 진실한이게 핵심 단어이다 믿음이 다가올 새천년의 세상과 문화를 바꾸어놓았다. 이에 대해서는 15장에서 더 자세히 다루겠다.

각자가 세계관이나 문화 전쟁 때문에 얼마나 어려움을 겪고 있는지 우리 그리스도인들 모두는 은혜를 드러내야 한다. 그러나 그와는 반대로 인색하고 생색이나 내며 반지성적인 태도를 취할 때가 얼마나 많은지 모른다. 우리의 원수는 상충된 세계관이지, 그 세계관을 갖고 있는 사람이 아니라는 사실을 마음과 생각에 새겨두라. 분명 신실한 그리스도인들은 마음 깊은 곳에 신념과 여러 신조들을 갖고 있다.

하지만 신앙과는 관계없는 부분에서도 그럴 수 있다. 정직과 신념은 기독교만의 특권이 아니다. 자신이 아무리 옳다고 생각해도 싸움에서 이기기 위해 당신의 주장만 관철시켜서는 안 된다. 슬픈 일이지만 빈 깡통이 요란한 법이다. 마크 트웨인은 이런 사실을 다음과 같이 비꼬았다.

"큰 소리 친다는 것은 그가 별 볼일 없는 사람임을 증명할 뿐이다. 달걀 하나 낳은 암탉이 소행성이라도 낳은 양 꼬꼬댁거릴 때가 있다."

우리 가운데 많은 이들이 사도행전 19장 32절에서 묘사된 사람들 같지 않은가? "더러는 이렇게 외치고, 더러는 저렇게 외치는 바람에, 모임은 혼란에 빠지고"(표준새번역)교회에서 회의하는 장면 같기도 하다 하지만 더 중요한 구절은 다음에 나온다.

"무엇 때문에 자기들이 모여들었는지조차 알지 못하는 사람이 많았다"

그들은 자신이 그곳에 있는 이유조차 모르고 있었다.

당신이 왜 이곳에 있는지 알아야 한다. 시간을 내서 주요 이슈를 살펴보라. 국가의 의무에 충실하라. 그와 동시에 하늘의 시민권도 잊지 말라. 온 마음과 생각과 몸을 다해 주님을 사랑하라. 이웃을 당신의 몸과 같이 사랑하라. 복음을 말하고 복음대로 살며 "사람의 지혜가 어떠함은 그 행동을 보고 안다"는 사실을 기억하라.

내가 야고보서를 참 좋아하는 것은, 그 책에 담겨 있는 심오한 양식 때문이다. 야고보서는 이렇게 말한다.

"사람마다 듣기는 속히 하고 말하기는 더디 하며 성내기도 더디 하라 사람의 성내는 것이 하나님의 의를 이루지 못함이니라"(1:19-2)

하나님은 우리에게 눈 두 개와 귀 두 개, 그리고 입 하나를 주셨다. 그 가운데 우리가 가장 적게 사용하길 원하신 것은 무엇이겠는가?

그러나 자기 신념에 열중할 때 상대방에게 귀 기울이기보다는 화를 내며 자기 입장만 내세우기 쉽다. 우리는 상대방이 '자유주의' 철학으로 무슨 말을 하려는지 다 안다는 태도로 말 중간에 끼어들어 그들의 입장을 직접 정리해준다. 결혼 생활을 하면서 그런 식으로 대화를 나눈다고 생각해보라.

"여보, 당신이 무슨 말하려는지 다 알아요. 그러니 그 이야기는 그만 하고 당신이 왜 틀렸는지 생각해보자고요." 이런 방법은 물론 나의 결혼 생활에도 전혀 먹혀들지 않았다.

은혜 없는 사회에 은혜를 보일 때 사람들은 그리스도에게 관심을 갖게 된다. 우리의 사명은 우리와 의견이 맞지 않는 사람과 맞서 이기는 것이 아니다. 우리의 사명은 상대방에 대한 존경과 존중, 그리고 동정심을 갖고 사랑 가운데 진리를 말하며, 그 결과를 하나님께 맡기는 것이다.

마태복음 22장에 등장하는 바리새인들은 "네가 왜 틀렸는지 내가 말해주지" 하는 태도 면에서 단연 일등감이었다. 그들은 논리로 예수님을 이기려고 했다. 마태는 그 상황을 이렇게 설명한다.

"예수께서 사두개인들로 대답할 수 없게 하셨다 함을 바리새인들이 듣고 모였는데"

초라하게 나가떨어진 사두개인들을 대신해 바리새인들이 거들먹거리며 등장하는 광경이 눈에 선하지 않은가?

"야, 야, 저리 비켜. 웬만하면 나서지 않으려고 했는데 이제 내가 나설 차례군. 잘 보라고!"

마태는 율법사가 이 같은 질문으로 예수님을 시험했다고 설명한다.

"율법 중에 어느 계명이 크니이까?"

예수님은 언제나 그렇듯이 상대방을 난처하게 하셨다. 그분은 우선 첫째 되는 계명을 말씀하셨다.

"네 마음을 다하고 목숨을 다하고 뜻을 다하여 주 너의 하나님을 사랑하라 하셨으니 이것이 크고 첫째 되는 계명이요"(37-38절)

바리새인들은 그 계명 앞에서 부끄러울 게 없는 듯 의기양양한 표정을 지었을 것이다. 하지만 예수님은 여기서 멈추지 않으셨다. 에어백이 이제 막 터질 순간이다.

"둘째는 그와 같으니 네 이웃을 네 몸과 같이 사랑하라 하셨으니 이 두 계명이 온 율법과 선지자의 강령이니라"(39-40절)

이 계명 앞에만 서면 우리는 왜 이렇게 작아지는지…. 바리새인들은 자신이 부족하다는 것을 알고 있었다.

우리는 우리에게 주어진 시간과 자원으로 무엇을 하고 있는지, 주위 사람들을 어떻게 대하고 있는지 스스로를 속일 수 없다. 바리새인들은 이웃을 사랑하라는 '강령' 앞에 그저 얼버무릴 수는 없었다. 바리새인들은 슬그머니 자리를 피하고 사두개인들은 킬킬거리며 그들을 뒤따라 나가 예수님을 골탕 먹일 다음 계획을 짰을 것이다.

이 두 계명을 내 인생의 표준으로 삼아 진실 되게 살아왔다면 나 자신이 변화되는 것은 물론, 내 인생을 통해 주변 사람들 또한 변화되었을 텐데. 자기 인생에서 가장 중요한 사람이 누구인지 주위 사람들에게 한번 물어보라. 그들 대부분은 그들의 인생에 위대한 사랑을 보여준 사람을 꼽을 것이다. 테레사 수녀가 존경받은 것은 그녀가 가진 재산이나 지성, 미모 때문이 아니라 캘커타의 가난하고 버려진 이들을 향한 헤아릴 수 없는 사랑 때문이다.

더 나은 전략 둘 : 매사가 말하는 방식에 달려 있다

좀더 친절하고 부드러운 람보가 되는 쪽을 선택하는 것은 어떨까? 헤아릴 수 없는 위대한 사랑으로 용감하게 문화와 맞선다면 어떻게 될까? 결론부터 말하자면 그 결과는 좋을 수도, 나쁠 수도 있다. 사도행전 7장은 사도 바울의 아덴 방문기를 들려주는데, 그 도시에서 바울은 큰 고민거리를 만난다. 도시 전체가 우상으로 가득 차 있었던 것이다. 그런데 바울은 하나님을 경외하는 헬라인들이나 유대인들과 논쟁하는 것이 아니라 그의 말을 듣기 위해 찾아온 이들에게 논리적인 설명을 차근차근 했다. 바울은 그들에게 다소 신기한 사상들을 소개했고, 그들은 호기심을 느꼈다. 21절은 아덴 사람들이 새로운 사상을 말하고 듣는 것 이외에 달리 시간을 쓰지 않았다고 말한다. 이는 하나의 오락거리로서, 오늘날로 치면 청취자들이 라디오 방송국에 전화해 잡담을 나누는 일쯤 되었을 것이다.

나는 그 다음에 일어난 일이 참 마음에 든다. 바울은 청중들 앞에 서서 이렇게 말했다.

"아덴 사람들아 너희를 보니 범사에 종교성이 많도다 내가 두루 다니며 너희의 위하는 것들을 보다가 '알지 못하는 신에게'라고 새긴 단도 보았으니 그런즉 너희가 알지 못하고 위하는 그것을 내가 너희에게 알게 하리라"(22-23절)

멋지지 않은가! 방송으로 치자면 특별 손님으로 초대된 셈이다. 바울은 청취자들의 관심을 이끌어낸 다음에 결정적인 이야기로 채널을 고정하도록 만들고 있다. 바울과 초대교인들이 오늘날 우리가 즐겨 쓰는 전략을 사용했다면 어땠을까? 몇몇 교인들이 플래카드를 높이 들고 거리를 행진하는 것이다.

당신이 스토아학파라면,
주님이 다시 오실 때 어떻게 될지 한번 보자!

어기, 에피쿠로스학파! 파티는 끝났다네!

이제 이런 두루마리 성경은 치우고
킹 제임스 성경을 펼쳐라.
하나님의 공식적인 말씀 등장이오! (웃자고 하는 소리다.)

   바울이 한 걸음 앞으로 나와 이렇게 말했다면 무슨 일이 벌어졌을까?
"회개하라, 너희 이교도들아. 불타오르는 지옥 불에 던져지기 전에 회개하라, 사단의 불경한 자손들이여. 모든 우상을 들고 태양의 여신이 비치지 않는 어둔 구석에 처박아두라."
   아마도 전도에 성공하기는커녕 듣는 이들도 많지 않았을 것이다. 아덴에서 바울이 연설을 마쳤을 때 결과가 어떠했는지 성경은 말해준다. 우리 역시 사랑하는 마음과 성실함으로 우리 믿음을 설명하고 난 후에도 이런 결과를 맞이할 때가 많다. 어떤 이들은 코웃음 쳤다아마 이 책을 읽고 난 후에도 이런 반응을 보이는 사람들이 제일 많을 것 같다. 어떤 이들은 "이 주제에 대해 당신의 말을 다시 듣고 싶소"라고 말했다내 책을 맡은 편집자는 때때로 내 이야기를 더 듣고 싶어 한다. 그리고 몇 사람이 "믿었다"내 말을 듣고 몇 사람이라도 신앙을 재정립하기를 기도한다.
   바울은 그 마을의 믿은 사람들과 다시 듣고 싶어 하는 사람들을 위해 최선의 노력을 기울였다. 그 역시 비웃음과 조소가 달갑지 않았을 것이다. 그런 반응을 전혀 기대하지 못했던 것 아니겠지만 유쾌하지는 않았을 것이다.

초대교회가 문화 전쟁에서 '승리할' 가능성은 없었다. 그 대신 그들은 공동체를 만들어 문화 속으로 스며들었다. 지배적인 문화에 영향력을 미치는 것은 법정에 십계명을 거는 것 이상으로 어려운 일이다. 그것은 또한 고등학교 축구 경기 전에 공식 기도를 하는 것 이상으로 어려운 일이다. 광장에 예수님의 탄생 그림을 걸어두는 것 이상으로 어려운 일이다.

오하이오 주 문장紋章에서 "하나님과 함께라면 불가능은 없다"는 문구를 빼기로 결정할지라도 성령님은 그 주를 떠나지 않으신다. 문화에 영향을 미친다는 것은 가족과 이웃, 친구들의 마음과 생활에 기독교 세계관을 심는 것을 의미한다.

그러므로 모든 신자들은 단단한 반석 위에 기초를 세워야 한다. 그리스도의 말씀을 듣고 그 가르침들을 실천하며 살아야 하는 것이다. 그렇다고 해서 실수나 실패를 전혀 해서는 안 된다는 뜻은 아니다. 그러나 실패할 때마다 책임을 지고 회개하며 다시 현장으로 돌아가야 한다. 그렇게 단단한 기초 위에서 우리는 결혼 생활과 가족, 교회, 공동체, 그리고 문화를 세워갈 수 있다.

나는 수년 동안 어린이 야구단 감독을 맡았다 아직도 인간이 본래 선한 존재라고 믿고 있다면 어린이 야구단이나 축구단에 한번 가보라. 그 당시 아이들보다 내 속을 더 썩였던 것은, 당연한 말만 늘어놓고 정작 해결책은 못 내놓는 부모들이었다. 어린 프레디가 파울볼을 친다.

"똑바로 쳐야지, 프레디!"

아빠가 고래고래 고함을 친다. 그러면 프레디는 속으로 생각한다. '나라고 파울볼을 치고 싶겠어요?' 그리고 나면 베키의 부모가 소리를 꽥 지른다.

"베키, 스트라이크를 던져!"

'뭐라고요, 아빠? 스트라이크를 던지라고요? 누군 몰라서 안 던지나요?' 프레디에게 필요한 것은 도움의 손길이다. 팔을 더 빨리 돌려야 해. 엉덩이를 좀더 빼렴. 뒷발에 좀더 무게를 실으렴. 본루에 들어오기 전에 공을 치려고 노력해봐. 그저 "똑바로 쳐야지" 하는 말은 전혀 도움이 안 된다. 베키에게 필요한 것은 가르침이다. 좀더 보폭을 넓혀봐. 공 쥐는 법을 바꿔보면 어떻겠니? 공을 던진 후에도 끝까지 팔을 돌려.

그러나 문화 속에서 윤리적인 문제에 부딪혔을 때 그리스도인들은 이런 부모들과 같은 실수를 저지른다.

"그러면 안돼!"

우리는 소리를 지른다. 그러나 문화는 우리에게 되묻는다.

"그만두려면 어떻게 해야 해?" 아니면 이렇게 묻는다. "왜 그러면 안 되는데?"

이러한 질문에 대답하는 것이 우리의 역할이다. 우리는 그들에게 어떻게 해야 하는지 설명해줄 수 있어야 한다. 그리고 왜 그래야 하는지 말해줄 수 있어야 한다. 전투에 임하기에 앞서 철저히 준비하라. 진리와 은혜로 기꺼이 세상에 들어가지 않는 한 우리가 전하는 메시지의 진실성은 흔들리게 마련이다.

신병 훈련소 101 : 전략 사용법

우리가 문화와 대면하여 이러한 전략들을 적용한다는 것은 구체적으로 어떤 의미인가? 거룩함이라는 문제와 연관된 이슈들, 즉 우리가 몸담고 있는 문화 전쟁의 최전방을 살펴보자. 임신 중절 합법화를 주장하는 사람들은 그리스도인들에게 악의에 찬 비난을 던지고 있다. 훌륭한 기독교 철학자이건 정말 모순어법이 아니다 프란시스 쉐퍼는 낙태가 우리 시대에 분수령이 될 만한 중대한 이슈라고 밝혔다.

"인간 생명의 신성함을 깎아내리는 모든 주제들 가운데 낙태야말로 중심을 차지하고 있다. 그것은 생명의 가치에 대한 일반적 태도를 뒤바꾼 최초이자 중대한 이슈이다."

그가 이 같은 발언을 했던 80년대 초기에 나는 쉐퍼가 다소 문제를 과장되게 보고 있다고 생각했다. 하지만 지금은 그가 소름끼칠 정도로 정확했음을 절실히 깨닫고 있다.

현대 윤리학자들의 여러 글을 읽으며 이 부분에 관심을 갖지 않을 수 없었다. 피터 싱어Peter Singer 박사는 영아 살해에 대한 급진적 입장을 표명해 온갖 비판을 한 몸에 받은 인물이다. 예를 들어, 그는 혈우병에 걸린 아이가 태어났을 경우 부모가 그 아이를 죽이고 '이 아이보다 더 훌륭한 삶을 살 수 있는' 건강한 아이를 가질지 말지 결정할 권리를 갖고 있다고 말했다.

장애아를 죽이면 그 아이와 관련된 모든 사람들이 더 행복해질 수 있다고 생각한 것이다. 우리가 어떤 식으로든 행복의 무게를 재어 기준에 못 미치는 자를 사형에 처할 수 있다니 얼마나 기괴한 계산법인가? 싱어는 베스트셀러 「실천윤리학Practical Ethics」에서 이렇게 말했다.

"첫째 아이가 잃어버리게 될 행복한 삶보다는 둘째 아이가 얻게 될 행복한 삶이 더 중하다."

그는 계속해서 이렇게 말했다.

"그러므로 혈우병에 걸린 유아를 죽이는 것이 다른 이들의 삶에 전혀 나쁜 영향을 끼치지 않는다면, 전체적인 관점에서 그 아이를 죽이는 편이 낫다."

그가 했던 다음과 같은 말은 자주 인용되고 있다.

"장애를 가진 유아를 죽이는 것은 사람을 죽이는 것과 윤리적으로 동일하지 않다."

피터 싱어와 헬가 커스Helga Huhse가 공저한 책, 「그 아이는 살아야 하는가?Should the Baby Live?」에서 그들은 아기가 태어나고 28일이라는 기간을 거친 후에야 비로소 다른 이들과 똑같은 생명권을 주어야 한다고 주장한다.

"분명히 이 시기에 유아는 자신의 존재를 의식하지 못한다. 그러므로 비참하게 시작된 이 생명을 계속 살려두는 게 나을지 결정할 권리를 부부에게 허락해야 한다."

그런 상황에서 아내와 내가 28일 안에 내 딸 케이티의 생명을 없애라는 압력을 받았다면 어땠을지 생각만 해도 정말 끔찍하다. 그 당시를 회상해 볼 때 우리 부부가 그런 결정을 했을 리가 없다. 하지만 그때 겪은 비통함과 고뇌를 생각하면 마음이 전혀 흔들리지 않았을 것이라는 확신도 할 수 없다. 분명히 우리가 갖고 있는 도덕적 기준은 그것이 잘못된 생각이라고 말해주었을 것이다. 그리고 경험자로서 말하는데, 그것은 정말 말도 안 되는 이야기다.

나는 싱어를 주류에서 벗어난 극단론자로 여기며 대충 넘어가고 싶다. 하지만 그럴 수 없는 것은 그가 우리 문화에 큰 영향력을 행사하고 있기 때문이다. 싱어는 프린스턴 대학 인간가치연구센터의 생명윤리학 석좌교수이다.

프린스턴 대학은 위대한 신학자이자 설교가 조나단 에드워즈Jonathon

Edwards가 설립한 대학이다! 싱어의 「실천윤리학」은 전 세계적인 베스트셀러로 15개 언어로 번역, 출간되었다. 그는 최대 다수에게 최대 행복을 주는 행동이 가장 윤리적인 행동이라는 철학, 실용주의 노선에서 알아주는 인사다.

척 콜슨Chuck Colson이 그의 저서 「우리는 어떻게 살아야 하는가?How Now Shall We Live?」에서 질문했듯이 "이러한 엘리트 학생들이 권력의 자리에 앉게 되면 어떤 일이 벌어질지" 궁금하다. 이것은 중대한 질문이다. 싱어는 사람 취급하지 않아도 되는 기준을 연령에 상관없이 무능한 모든 사람으로 확대 적용했다. 더 이상 살 가치가 없다는 결정을 가족들이 내리면 그 사람은 죽여도 좋다는 것이다. 얼마나 주관적인 결정인가? 바로 우리 부모 세대 때 상당수의 그리스도인들이 살고 있는 독일에서 마음에 들지 않은 수만 명의 사람들이 죽임을 당했다는 사실을 잊을 수 없다. 그런 일이 이 땅에서도 일어날 수 있을까? 하나님은 이런 일을 분명히 금하고 계신다. 우리는 모든 생명이 존엄하고도 신성한 가치를 지니고 있다는 믿음을 굽혀서는 안 된다.

생명의 존엄성은 그리스도인들이 현재의 문화와 대접전을 벌여야 할 세계관 가운데 하나이다. 진화론 대 창조론 또한 끊임없는 문화적 갈등을 빚어내는 주제이다. 창조론을 믿는 사람이 다윈론자 앞에 가면 왠지 시대에 뒤떨어진 사람이 된 듯한 느낌을 받을 것이다. 윌리엄 뎀스키William Dembski, 「지적 설계」의 저자와 마이클 베히Michael Behe, 「다윈의 블랙박스」의 저자가 쓴 여러 책들을 읽고 나서 나는 창조론에 대해 새로운 믿음을 갖게 되었다. 필립 존슨Phillip Johnson이 쓴 「다윈주의 허물기」 역시 이 주제에 대한 훌륭한 저작으로 손꼽을 만하다.

하나님의 말씀에 절대적 진리가 있다는 믿음은 우리의 세계관을 이루는 또 하나의 기초석이다. 그러나 그리스도인들은 담배, 술, 옷 등에 대한 개인적 신념에 집착한 나머지 고결한 성경의 진리를 손상시킬 때가 많다. 베드로는 이렇게 말했다.

"무엇보다도 열심히 사랑할지니 사랑은 허다한 죄를 덮느니라"(벧전 4:8)

그러나 우리의 본성상 허다한 문제들이 사랑을 덮는 경우가 많다.

그리스도인으로서 우리는 기본적인 세계관에 대해, 그리고 그것이 무엇을 포함하는지에 대해 배워야 한다. 상대주의가 어떻게 우리의 교실과 일터, 심지어 교회로 흘러들어오는지 이해해야 한다. 척 콜슨과 낸시 피어시 Nancy Pearcey는 「우리는 어떻게 살아야 하는가?」에서 이 주제를 놀랍게 다루었다. 신앙을 순전하게 지키고 싶다면 기독교 세계관을 이해할 필요가 있다. 큰 무기가 될 것이다.

예를 들어 나는 뉴스 잡지인 「타임」지와 기독교 세계관을 담은 잡지 「월드」지를 함께 읽으며 균형을 잡으려고 노력한다. 「크리스채너티 투데이 Christianity Today」지와 함께 「뉴스위크」지도 읽는다. 나는 모든 관점의 글을 읽고 싶다. 그러나 그로 인해 내 기독교 세계관을 잃고 싶지는 않다.

세상은 우리의 원수가 아니다. 세상은 우리가 살고 있는 곳이다. 문화 속에 스며들어 있는 불경한 세계관이야말로 우리의 적이다. 우리는 세상의 한복판에서 보다 더 올바른 것을 제시해야 한다. 우리 문화는 다른 모든 사람들과 공통된 기반 위에 있으므로 우리는 그곳으로 나아가야 한다. 예수님은 그분의 메시지가 가장 필요한 자들을 향해 곧장 나아가셨다. 마태는 이렇게 기록했다.

"인자는 와서 먹고 마시매 말하기를 '보라 먹기를 탐하고 포도주를 즐기는 사람이요 세리와 죄인의 친구로다' 하니"(11:19)

여기 나온 문화를 보면 도덕적이지 못하다. 그래서 충격을 받았는가? 예수님의 가르침들을 피상적으로 받아들인다면 아마 그렇게 될 것이다. 하지만 우리는 충격에 휩싸여 분노하는 대신 사리에 맞는 해답들을 제시할 줄 알아야 한다.

최근에 읽은 악랄한 피터 싱어에 대한 글을 소개하면서 이 장을 마무리할까 한다. 얼마 전 그는 안락사 문제와 인간성에 대한 위선적 태도로 인해 비난을 받았다. 그는 인간느끼고 사고하며 자신의 존재를 인식하는 능력, 미래를 상상하는 능력을 가진 자과 인간 취급을 받을 수 없는 인간혼수상태, 심각한 치매 등에 걸린 자을 구분하는 기준을 세웠다. 싱어는 생명이 본래적으로 가치 있는 건 아니며 어떤 생명은 차라리 그만 사는 게 더 유익하다고 주장한다. 그는 이것을 단순히 '고통을 회피하려는 욕망'이라고 보았다. 이 얼마나 고결한 생각인가!

하지만 여기서 싱어 교수의 세계관에 얼마나 일관성이 없는지 드러난다. 그의 어머니는 불행하게도 치매로 고통 받고 있으며 그의 기준으로 볼 때 인간 취급을 받을 수 없는 편에 속한다. 싱어는 이에 어떻게 반응했을까? 그는 영혼 깊이 생명의 존엄성을 믿는 사람처럼 반응했다. 그는 어머니를 돌보기 위해 막대한 돈을 쏟아 부었다. '인간'으로서 더욱 '최대 행복'을 창출할 수 있는 누군가에게 그 돈을 보내지 않고서 말이다.

그런 행동 자체를 비난하는 것은 아니다. 어머니를 향한 싱어 박사의 사랑과 아낌없는 재정적인 후원을 나는 진심으로 지지한다. 그러나 이 같은 행동은 그의 세계관이 아닌, 나의 세계관과 일치하는 것이다. 싱어는 이렇게 말했다.

"이번 경험을 통해 이런 문제들을 갖고 있는 사람들에 대한 논의가 얼마나 판단하기 어려운 것인지 알게 되었습니다. 제가 생각했던 것보다 훨썬 어렵다는 것을 알게 되었지요. 문제를 지닌 사람이 당신의 어머니라면 모든 게 달라지기 때문입니다."

 개인적인 문제가 닥쳤을 때, 싱어가 갖고 있던 세계관은 전혀 먹혀들지 않았다. 철학은 사적인 영역과 무관하다며 반대할 사람이 있을지 모르겠다. 하지만 내가 분명히 말할 수 있는 것은, 인간성에 대한 나의 철학은 내 철학에 영향 받는 사람들뿐 아니라 내 삶에 그대로 반영되어 있다는 점이다.

 피터 싱어의 어머니는 소중한 분이며 보살핌을 받아야 한다. 우리 딸은 소중했기에 보살핌을 받아야 했다. 이것이 나의 세계관이다. 나는 나의 세계관대로 살련다.

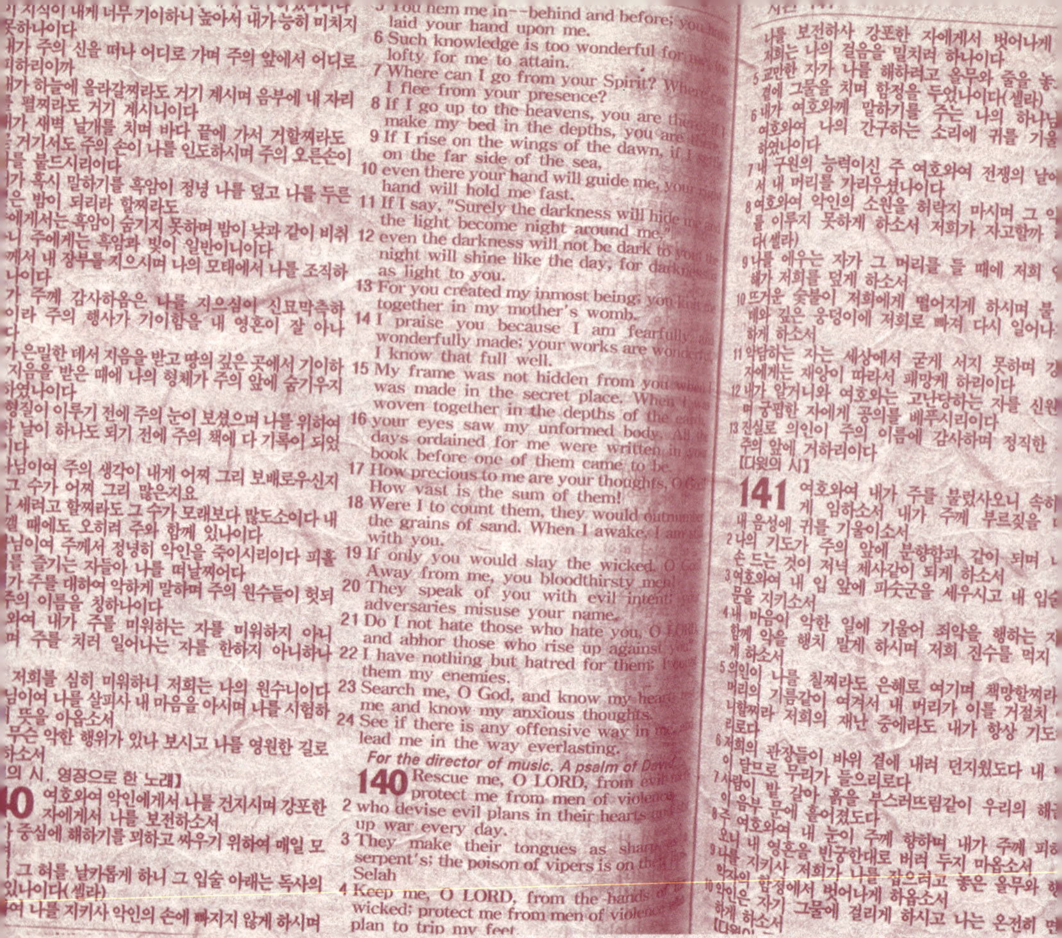

Korean column (left)

…하나이까
주의 신을 떠나 어디로 가며 주의 앞에서 어디로 …하리이까
…가 하늘에 올라갈찌라도 거기 계시며 음부에 내 자리 …펼찌라도 거기 계시니이다
…가 새벽 날개를 치며 바다 끝에 가서 거할찌라도
…거기서도 주의 손이 나를 인도하시며 주의 오른손이 …를 붙드시리이다
…가 혹시 말하기를 흑암이 정녕 나를 덮고 나를 두른 …은 밤이 되리라 할찌라도
…에게서는 흑암이 숨기지 못하며 밤이 낮과 같이 비취 …니 주에게는 흑암과 빛이 일반이니이다
…가 주께서 내 장부를 지으시며 나의 모태에서 나를 조직하 …나이다
…가 주께 감사하옴은 나를 지으심이 신묘막측하 …이라 주의 행사가 기이함을 내 영혼이 잘 아나 …이다
…가 은밀한 데서 지음을 받고 땅의 깊은 곳에서 기이하 …지음을 받은 때에 나의 형체가 주의 앞에 숨기우지 …였나이다
…형질이 이루기 전에 주의 눈이 보셨으며 나를 위하여 …날이 하나도 되기 전에 주의 책에 다 기록이 되었 …이다
…님이여 주의 생각이 내게 어찌 그리 보배로우신지 …그 수가 어찌 그리 많은지요
…세려고 할찌라도 그 수가 모래보다 많도소이다 내 …깰 때에도 오히려 주와 함께 있나이다
…님이여 주께서 정녕 악인을 죽이시리이다 피흘 …기를 즐기는 자들아 나를 떠날찌어다
…가 주를 대하여 악하게 말하며 주의 원수들이 헛되 …주의 이름을 칭하나이다
…와 내가 주를 미워하는 자를 미워하지 아니 …며 주를 치러 일어나는 자를 한하지 아니하나 …
…저희를 심히 미워하니 저희는 나의 원수니이다
…님이여 나를 살피사 내 마음을 아시며 나를 시험하 …뜻을 아옵소서
…무슨 악한 행위가 있나 보시고 나를 영원한 길로 …하소서

시. 영장으로 한 노래

140
여호와여 악인에게서 나를 건지시며 강포한 …자에게서 나를 보전하소서
…중심에 해하기를 꾀하고 싸우기 위하여 매일 모…
그 혀를 날카롭게 하니 그 입술 아래는 독사의 …있나이다(셀라)
여 나를 지키사 악인의 손에 빠지지 않게 하시며 …

English column (middle)

…You hem me in --behind and before; …laid your hand upon me.
6 Such knowledge is too wonderful for … lofty for me to attain.
7 Where can I go from your Spirit? Wher… I flee from your presence?
8 If I go up to the heavens, you are there… make my bed in the depths, you are…
9 If I rise on the wings of the dawn, if I … on the far side of the sea,
10 even there your hand will guide me, your … hand will hold me fast.
11 If I say, "Surely the darkness will hide … the light become night around me."
12 even the darkness will not be dark to … night will shine like the day, for darkness … as light to you.
13 For you created my inmost being; you k… together in my mother's womb.
14 I praise you because I am fearfully … wonderfully made; your works are wonder… I know that full well.
15 My frame was not hidden from you whe… was made in the secret place. When I … woven together in the depths of the ea…
16 your eyes saw my unformed body. All … days ordained for me were written in … book before one of them came to be.
17 How precious to me are your thoughts, O … How vast is the sum of them!
18 Were I to count them, they would out… the grains of sand. When I awake, I am … with you.
19 If only you would slay the wicked, O G… Away from me, you bloodthirsty me…
20 They speak of you with evil intent; … adversaries misuse your name.
21 Do I not hate those who hate you, O LO… and abhor those who rise up against y…
22 I have nothing but hatred for them; I … them my enemies.
23 Search me, O God, and know my hear… me and know my anxious thoughts.
24 See if there is any offensive way in m… lead me in the way everlasting.

For the director of music. A psalm of Dav…

140 Rescue me, O LORD, from evil… protect me from men of violence,
2 who devise evil plans in their hearts … up war every day.
3 They make their tongues as sha… serpent's; the poison of vipers is on … Selah
4 Keep me, O LORD, from the hands … wicked; protect me from men of violence … plan to trip my feet.

Korean column (right)

…나를 보전하사 강포한 자에게서 벗어나 …저는 나의 걸음을 밀치려 하나이다
5 교만한 자가 나를 해하려고 올무와 줄을 놓 …곁에 그물을 치며 함정을 두었나이다(셀라)
6 내가 여호와께 말하기를 주는 나의 하나님이 …여호와여 나의 간구하는 소리에 귀를 기울 …하셨나이다
7 내 구원의 능력이신 주 여호와여 전쟁의 날… 내 머리를 가리우셨나이다
8 여호와여 악인의 소원을 허락지 마시며 그 … 이루지 못하게 하소서 저희가 자고하… 다(셀라)
9 나를 에우는 자가 그 머리를 들 때에 저희 …가 저희를 덮게 하소서
10 뜨거운 숯불이 저희에게 떨어지게 하시며 저 …불과 깊은 웅덩이에 저희로 빠져 다시 일어 …못하게 하소서
11 악담하는 자는 세상에서 굳게 서지 못하며 …하는 자에게는 재앙이 따라서 패망케 하리이다
12 내가 알기를 여호와는 고난당하는 자를 신원 …며 궁핍한 자에게 공의를 베푸시리이다
13 진실로 의인이 주의 이름에 감사하며 정직한 … 주의 앞에 거하리이다.

[다윗의 시]

141
여호와여 내가 주를 불렀사오니 속히 … 내 음성에 귀를 기울이소서 내가 주께 부르짖을 …
2 나의 기도가 주의 앞에 분향함과 같이 되며 … 손 드는 것이 저녁 제사같이 되게 하소서
3 여호와여 내 입 앞에 파숫군을 세우시고 내 입… 문을 지키소서
4 내 마음이 악한 일에 기울어 죄악을 행하는 … 함께 악을 행치 말게 하시며 저희 진수를 먹 … 마옵소서
5 의인이 나를 칠찌라도 은혜로 여기며 책망할찌… 머리의 기름같이 여겨서 내 머리가 이를 거절 … 아니할찌라 저희의 재난 중에라도 내가 항상 … 하리로다
6 저희의 관장들이 바위 곁에 내려 던지웠도다 내 … 달므로 무리가 들으리로다
7 사람이 밭 갈아 흙을 부스러뜨림같이 우리의 해 … 음부 문에 흩어졌도다
8 주 여호와여 내 눈이 주께 향하며 내가 주께 피하 … 지키사 저희가 나를 잡으려고 놓은 올무와 … 악을 행하는 자의 함정에서 벗어나게 하옵소서
9 악인은 자기 그물에 걸리게 하시고 나는 온전히 …

[다윗의 시]

제3부 현실을 딛고
구세주의 믿음 위에 서라

거짓 세상에서 진실하기

하나님이 당신의 부조종사라면… 자리를 바꿔라!

— 범퍼 스티커에서

제11장 이 말씀은 어렵도다!

　　　　　　　　　　　　　나 는 예수님에 관한 영화를
　　　　　　　　　　　　　정말이지 좋아하지 않는다.

　예수님의 역할을 맡은 사람이 누구이든 그 사람을 전적으로 편하게 바라볼 수 없는 게 그 이유이다. 그 배우가 어떻게 연기를 해도 제대로 하는 것처럼 보이지 않는다. 나의 예수님이 나약하게 보이는 게 싫지만 그렇다고 엄격하거나 지나치게 남성적으로 보이는 것도 원하지 않는다. 그분은 예쁘장하지는 않되 용모가 준수해야 한다. 문화적으로 그럴 리 없다는 것을 알면서도 나는 예수님을 키가 큰 분으로 그린다.

　실제로 예수님의 목소리가 어땠는지 전혀 알지 못해도 배우의 목소리와 말투가 대체로 마음에 들지 않는다. 솔직히 말해, 예수님이 직접 예수님의 역할을 맡는다 해도 영화 마지막 자막이 올라갈 때까지 나는 아마

이래저래 그 역할을 헐뜯었을 것이다.

우리는 대부분 교회에서 본 적이 있는 그림들에 근거하여 마음속에 예수님의 형상을 하나씩 갖고 있다. 교회에 걸려 있는 그림들이나 내 마음속의 예수님은 중동 지방 유대인의 모습과는 상당히 다르다. 아니, 내 마음속의 예수님은 제자들에게 속사포처럼 영어로 말씀하시는 근육질의 체격 좋은 백인의 모습에 가깝다. 나는 예수님의 혁명적인 성품을 본받으려 하는 대신에 공명정대하게 열심히 일하는 내 나름의 미국인 이미지에 예수님의 모습을 맞추었다.

우리가 미국인이라는 여과기에 예수님을 거르는 것은 그분이 어떤 분인지 이해하지 못하기 때문이다. 그분은 우리 문화에 맞지 않으신다. 실제로 당시 그분의 문화에도 그리 편안하게 들어맞지 않으셨다.

또 보여달라고?

요한복음 6장 25-26절에서 예수님은 배고픈 5천 명을 먹이는 기적을 베푼 후 가버나움에서 무리를 가르치셨다. 어떻게 해야 하나님의 일을 할 수 있는지 사람들이 묻자 예수님은 이렇게 대답하셨다.

"하나님의 보내신 자를 믿는 것이 하나님의 일이니라"(29절)

사람들은 예수님의 말씀을 받아들이는 대신에 이렇게 물었다.

"그러면 우리로 보고 당신을 믿게 행하시는 표적이 무엇이니이까, 하시는 일이 무엇이니이까."

이들은 방금 위대한 기적을 목격한 자들이다. 예수님은 보리떡 다섯 개와 물고기 두 마리로 그 많은 이들을 먹이셨다. 그들은 차라리 이렇게 물어야 했다.

"대단한 재주였습니다, 주님. 다음에 보여주실 쇼는 뭐죠?"

모세는 하늘에서 내려온 떡을 주었지만 하늘 아버지는 하늘로부터 세상에 생명을 주는 참된 떡을 주신다는 것을 예수님은 그들에게 일러주셨다.

예수님은 자신이 생명의 떡이므로 "내게 오는 자는 결코 주리지 아니할 터이요 나를 믿는 자는 영원히 목마르지 아니하리라 그러나 내가 너희더러 이르기를 너희는 나를 보고도 믿지 아니하는도다"(35-36절)라고 말씀하신다. 나중에 예수님은 "내 아버지의 뜻은 아들을 보고 믿는 자마다 영생을 얻는 이것이니 마지막 날에 내가 이를 다시 살리리라"(40절)고 말하며 하늘 아버지의 뜻을 설명하신다.

유대인들은 인간의 본성대로 예수님께 반응했다. 불평하기 시작한 것이다. 그들은 예수님이 단순히 요셉과 마리아의 아들이라는 사실을 지적했다. '이 별 볼일 없는 사람은 자신을 누구라고 생각하는 거야?' 사람들의 생각이 여기에 미치기 전까지는 공짜 음식, 축제 분위기 그리고 새로운 선생 앞에 모여든 군중들의 흥분됨 등 모든 게 만족스러워 보였다. 그러나 예수님은 무리가 흩어질 만한 말씀을 하기 시작하셨다.

> 나는 하늘로서 내려온 산 떡이니 사람이 이 떡을 먹으면 영생하리라
> 나의 줄 떡은 곧 세상의 생명을 위한 내 살이로라 하시니라(요 6:51)

이제 분위기가 묘해지면서 유대인들은 서로 논쟁하기 시작했다. "이 사람이 어찌 능히 제 살을 우리에게 주어 먹게 하겠느냐"(52절)

물론 예수님은 장래에 대한 말씀을 하신 것이었다. 그분은 십자가에서

죽으심으로 그분의 살을 주고 세상의 죄를 위해 피를 흘리시겠다는 것이었다. 이 말씀은 그리스도인들이 그리스도의 희생적인 죽음을 기억하기 위해 가졌던 성만찬의 근거가 된다. 예수님은 이어서 만나를 먹고 죽었던 청중들의 선조들과 생명의 양식을 먹고 영원히 살게 될 사람들을 비교하신다. 이즈음에서 사람들은 머리가 어질어질해지지 않았을까?

"'이 말씀은 어렵도다 누가 들을 수 있느냐' … 예수께서 스스로 제자들이 이 말씀에 대하여 수군거리는 줄 아시고 가라사대 '이 말이 너희에게 걸림이 되느냐'"(60-61절)

후에 요한은 "이러므로 제자 중에 많이 물러가고 다시 그와 함께 다니지 아니하더라"(66절)고 기록했다 전후 문맥으로 볼 때 여기서 말하는 제자는 열두 제자들이 아니다.

"이 말씀은 어렵도다."

예수님의 사역 가운데서 우리는 바로 이 부분을 축소시켜왔다. 예수님의 말씀은 어려운 가르침으로 가득 차 있다. 그런데도 우리는 그분을 온화하기만 한 분으로 만들었다. 나는 이 어려운 가르침과 내 식대로 낭만적으로 그린 예수님의 모습을 조화시켜보려고 애썼다. 처음 그리스도인이 되었을 때 나는 예수님을 예전에 가수 캇 스티븐Cat Stevens이 불렀던 '구원열차'를 흥얼거리며 갈릴리 주변을 돌아다니는 소박하고 사랑스러운 테디베어 같은 모습으로 그렸다.

그러나 예수님은 구원열차의 차장이 아니시다. 오히려 그분은 비상 브레이크를 당기고 운행 시간표를 뒤엎어버리는 이단아다. 예수님을 오늘날 「오프라 쇼」에 출연한 '구루'처럼 그저 좋은 느낌을 전하는 선생이라고 생각한다면, 그분의 다음 몇 가지 가르침들이 어떠한지 한번 보라.

심령이 가난한 자는 복이 있나니 천국이 저희 것임이요(마 5:3)

심령이 가난한 자는 복이 있다? 기독교 방송에서 본 것과는 맞지 않는 말씀이다. 우리가 기독교와 관련해 팔고자 하는 이미지와도 맞지 않는다.

나를 인하여 너희를 욕하고 핍박하고 거짓으로 너희를 거스려 모든 악한 말을 할 때에는 너희에게 복이 있나니(마 5:11)

나는 믿음으로 이 말씀을 취해야 할 것 같다. 내 귀에는 도무지 축복하는 말씀으로 들리지 않는다.

나는 너희에게 이르노니 악한 자를 대적치 말라 누구든지 네 오른편 뺨을 치거든 왼편도 돌려대며 또 너를 송사하여 속옷을 가지고자 하는 자에게 겉옷까지도 가지게 하며 또 네 이웃을 사랑하고 네 원수를 미워하라 하였다는 것을 너희가 들었으나 나는 너희에게 이르노니 너희 원수를 사랑하며 너희를 핍박하는 자를 위하여 기도하라 이같이 한즉 하늘에 계신 너희 아버지의 아들이 되리니 이는 하나님이 그 해를 악인과 선인에게 비취게 하시며 비를 의로운 자와 불의한 자에게 내리우심이니라 너희가 너희를 사랑하는 자를 사랑하면 무슨 상이 있으리요 세리도 이같이 아니하느냐 또 너희가 너희 형제에게만 문안하면 남보다 더하는 것이 무엇이냐 이방인들도 이같이 아니하느냐(마 5:39-47)

좋다. 이 부분에 대해서는 나도 할 말이 있다. 곧 찾아가겠다.

외식하는 자들아 이사야가 너희에게 대하여 잘 예언하였도다 일렀으되 이 백성이 입술로는 나를 존경하되 마음은 내게서 멀도다(마 15: 7-8)

예수님이 바리새인더러 하시는 말씀인 줄은 알지만 나 역시 찔린다.

예수께서 가라사대 너희도 아직까지 깨달음이 없느냐 입으로 들어가는 모든 것은 배로 들어가서 뒤로 내어 버려지는 줄을 알지 못하느냐 입에서 나오는 것들은 마음에서 나오나니 이것이야말로 사람을 더럽게 하느니라 마음에서 나오는 것은 악한 생각과 살인과 간음과 음란과 도적질과 거짓 증거와 훼방이니 이런 것들이 사람을 더럽게 하는 것이요 씻지 않은 손으로 먹는 것은 사람을 더럽게 하지 못하느니라(마 15:16-20)

하지만 주님… 제 마음과 행동을 바꾸는 것보다 율법을 따지는 게 훨씬 쉬운 걸요.

이에 예수께서 제자들에게 이르시되 아무든지 나를 따라 오려거든 자기를 부인하고 자기 십자가를 지고 나를 좇을 것이니라(마 16:24)

솔직히 말해 나는 항상 나 자신을 부인하려고 하지는 않았다. 사실 그런 적이 거의 없었다고 말하는 편이 맞다. 자기부인은 자신이 추구해왔던 자아가 그럴 만한 가치가 없는 것임을 깨닫기 전까지는 그리 끌리는 개념이 아니다. 우리 세대베이비붐 세대의 인구가 많다고 거리낌 없이 말하는 것은, 우리 가운데 많은 이들이 그 문제에 처해 있거나 곧 처할 것임을 당신이 인식하고 있다는 뜻이다.

그 때에 베드로가 나아와 가로되 주여 형제가 내게 죄를 범하면 몇 번이나 용서하여 주리이까 일곱 번까지 하오리이까 예수께서 가라사대 네게 이르노니 일곱 번뿐 아니라 일흔 번씩 일곱 번이라도 할찌니라(마 18:21-22)

나는 베드로와 비슷한 면이 많다. 그는 자기 자신에 대한 모든 일들을 좋게 받아들였다. 스스로 영적인 사람이라고 생각했다.
"일곱 번이면 상당한 횟수이니까 예수님이 감동하실 거야."
예수님은 언제나 문제의 핵심을 꿰뚫어 보신다. 용서는 횟수에 관한 문제가 아니라 용서하려는 의지에 관한 문제이다.

내가 너희에게 말하노니 누구든지 음행한 연고 외에 아내를 내어버리고 다른 데 장가드는 자는 간음함이니라(마 19:9)

잠깐, 내가 한 말이 아니다. 슬픈 사실은 그리스도인이 관대하다는 것이다. 안타깝게도 우리는 그릇된 일에 점점 더 관대해지고 있다. 이혼한 형제나 자매들을 판단하려는 게 아니라 교회가 지난 20년 간 이혼에 대해 놀랍게도 점점 더 관대해지고 있음을 인정하라는 것이다. 우리는 덜 관대하게 다룰 죄들을 신중하게 고르는 것 같다. 상황에 따라 독실한 척하는 것도 그리스도를 높이는 일은 아니다.

화 있을찐저 외식하는 서기관들과 바리새인들이여 잔과 대접의 겉은 깨끗이 하되 그 안에는 탐욕과 방탕으로 가득하게 하는도다 소경된 바리새인아 너는 먼저 안을 깨끗이 하라 그리하면 겉도 깨끗하리라(마

23:25-26)

우리는 우리 삶의 외면을 깨끗이 닦으면서도 실제로 중요하지 않은 견해를 가진 사람들을 위해 내면은 더럽게 내버려둔다 가장 중요한 한 분을 위해. 우리 역시 바리새인들만큼이나 눈먼 자들일 때가 종종 있다. 다시 말해 눈이 어두워 그 더러움을 보지 못하는 것이다.

또 다른 사람이 가로되 주여 내가 주를 좇겠나이다마는 나로 먼저 내 가족을 작별케 허락하소서 예수께서 이르시되 손에 쟁기를 잡고 뒤를 돌아보는 자는 하나님의 나라에 합당치 아니하니라 하시니라(눅 9:61-62)

어려운 가르침이다! 우리는 예수님을 따를 때 치를 대가를 강조하지 않는다. 물론 은혜에는 값이 없다. 그러나 우리는 때때로 그것을 값싼 것으로 만들어버린다.

또 사기를 청한 자에게 이르시되 네가 점심이나 저녁이나 베풀거든 벗이나 형제나 친척이나 부한 이웃을 청하지 말라 두렵건대 그 사람들이 너를 도로 청하여 네게 갚음이 될까 하라 잔치를 배설하거든 차라리 가난한 자들과 병신들과 저는 자들과 소경들을 청하라 그리하면 저희가 갚을 것이 없는 고로 네게 복이 되리니 이는 의인들의 부활시에 네가 갚음을 받겠음이니라 하시더라(눅 14:12-14)

예수님은 우리가 그분을 따르는 자가 되기로 했을 경우 우리에게 더 많은 것을 기대하신다. 어려운 가르침이 아닐 수 없다. 누가 그 가르침을 받아들일 수 있을까? 예수님이 "이것이 네게 걸림이 되느냐?"라고 물을 때 당신은 뭐라고 대답하겠는가?

예수님 대 아메리칸 드림

오늘날 교회가 볼썽사납게 걸려 넘어지는 영역 가운데 하나는, 이 나라가 소유한 엄청난 부를 다루는 방법에 있다. 예수님은 우리의 우선순위가 어디에 있어야 하는지 아주 분명하게 말씀하셨다.

> 어떤 사람이 주께 와서 가로되 선생님이여 내가 무슨 선한 일을 하여야 영생을 얻으리이까 예수께서 가라사대 어찌하여 선한 일을 내게 묻느냐 선한 이는 오직 한 분이시니라 네가 생명에 들어가려면 계명들을 지키라 가로되 어느 계명이오니이까 예수께서 가라사대 살인하지 말라, 간음하지 말라, 도적질하지 말라, 거짓 증거하지 말라, 네 부모를 공경하라, 네 이웃을 네 몸과 같이 사랑하라 하신 것이니라 그 청년이 가로되 이 모든 것을 내가 지키었사오니 아직도 무엇이 부족하니이까(마 19:16-20)

청년의 두 번째 질문은 언제 봐도 재미있다. 마음속으로 그는 주님이 열거하신 모든 것들을 재고 있었던 것이다. 그는 간음하지 않았고, 도둑질하지 않았으며, 거짓증거한 일도 없었다. 그는 아버지와 어머니를 공경하고 이웃을 자기 몸처럼 사랑했다. 그는 상당히 착하게 살았던 것 같다. 많은 사람들이 느끼길 우리를 천국문 안에 안전하게 들여보내 줄 그런 삶

말이다. 그러나 청년은 뭔가 놓치고 있음을 알았다. 다른 뭔가가 잘못된 것이었다. 예수님은 이미 그가 자신의 소유물을 포기할 마음이 없다는 것을 아셨다.

> 예수께서 가라사대 네가 온전하고자 할진대 가서 네 소유를 팔아 가난한 자들을 주라 그리하면 하늘에서 보화가 네게 있으리라 그리고 와서 나를 쫓으라 하시니(마 19:21)

예수님께서 단지 청년에게 재산을 나눌 뜻이 있는지 알아보기 위해 이 말씀을 하신 것은 아닌지 궁금할 때가 종종 있다. 어쨌든 청년은 그 길을 택하지 않은 것이 분명하다. 그는 놓아버리기엔 너무나 많은 것들을 가지고 있었다.

> 그 청년이 재물이 많으므로 이 말씀을 듣고 근심하며 가니라(마 19:22)

그 청년에게 동감한다. 실제로 많은 면에서 내가 바로 그 청년이다 힘머리가 있다. 세상의 기준으로 볼 때 나는 상당한 재산을 가지고 있다. 그러나 주님을 위해 그것들을 포기하는 일을 충분히 기꺼워하지 않았다.

> 예수께서 둘러보시고 제자들에게 이르시되 재물이 있는 자는 하나님의 나라에 들어가기가 심히 어렵도다 하시니(막 10:23)

내게 약간 걸림이 되는 구절이다. 왜 어렵다는 건가? 부자들의 마음이 더 딱딱해서? 부자들이 착한 사람이 아니어서? 전혀 그렇지 않다. 재물과 재산에 집중하고 하나님께 의지할 여지를 조금도 남기지 않는 것은 인간의 본성이다. 예수님은 그 점을 알고 계셨다. 텔레비전 스포츠국 국장 일을 하면서 돈이 굴러들어 올 때, 하나님을 신뢰하는 나의 마음이 최소한의 예의를 지키는 정도에 그쳤음을 인정한다.

그러나 야구 시즌이 취소될지도 모르는 파업의 기운이 서서히 다가오면서 그분을 의지하는 마음과 기도에 대한 열심히 극적으로 늘어났다. 우리는 이 나라에 살면서 견줄 데 없을 만큼 축복을 받았지만, 그것은 또한 그만큼의 저주이기도 하다. 재물은 하나님을 매일 신뢰해야 하는 우리의 필요를 떨어뜨리는 자기 우상의 문화를 만들어냈다. 자신의 필요를 모두 스스로 충족하면서, 하나님은 우리가 자기 보상을 주계약으로 하고 일부 남은 부분을 보증하는 추가 보험 상품이 되고 만 것이다.

> 무리 중에 한 사람이 이르되 선생님 내 형을 명하여 유업을 나와 나누게 하소서 하니 이르시되 이 사람아 누가 나를 너희의 재판장이나 물건 나누는 자로 세웠느냐 하시고(눅 12:13-14)

이 대목에서 나는 웃음이 났다. 예수님조차 가족의 재산 분쟁에는 휘말리고 싶지 않으셨던 모양이다!

> 저희에게 이르시되 삼가 모든 탐심을 물리치라 사람의 생명이 그 소유의 넉넉한 데 있지 아니하니라 하시고(눅 12:15)

지금 이 순간 천사가 내게 와서 경건한 자녀들과 손자들을 선택할지 아니면 막대한 성공과 부를 선택할지 기회를 준다면, 나는 진심으로 경건한 가족을 택하겠노라고 자신 있게 말할 수 있다. 예수님은 돈이나 소유물과 관련해 바로 이 점을 우리에게 가르쳐주려고 하셨다.

> 너희는 무엇을 먹을까 무엇을 마실까 하여 구하지 말며 근심하지도 말라 이 모든 것은 세상 백성들이 구하는 것이라 너희 아버지께서 이런 것이 너희에게 있어야 될 줄을 아시느니라 오직 너희는 그의 나라를 구하라 그리하면 이런 것을 너희에게 더하시리라 적은 무리여 무서워 말라 너희 아버지께서 그 나라를 너희에게 주시기를 기뻐하시느니라 너희 소유를 팔아 구제하여 낡아지지 아니하는 주머니를 만들라 곧 하늘에 둔 바 다함이 없는 보물이니 거기는 도적도 가까이하는 일이 없고 좀도 먹는 일이 없느니라 너희 보물 있는 곳에는 너희 마음도 있으리라(눅 12:29-34)

우리의 보물은 어디에 있는가? 우리 모두는 이 질문에 대답해야 한다. 우리의 마음도 그곳에 있는 것이 확실하기 때문이다. 「로스앤젤레스 타임즈Los Angeles Times」지는 최근 교회들의 헌금 총액은 많아졌지만, 교인들은 그들의 수입 가운데 더 적은 비율로 헌금을 하고 있다고 보도했다. 조사에 따르면, 1998년 교회에 다니는 사람들은 세금 공제 후 수입의 2.52퍼센트만 헌금했다. 이 비율은 1933년 대공황 시절 때보다 낮은 수치다. 그리스도인 동지들이여, 이것 참 딱한 일 아닌가!

이 사실은 우리의 보물이 어디에 있는지 우울한 단서를 제공한다. 이 수치는 실비아Sylvia와 존 L. 론스벨John L. Ronsvalle의 보고서에서 나왔다 '1998년 교회 헌금 상황', 엠프티톰 사. 론스벨의 보고서는 "교회 지도자들이 시설 유지 관리에 열중하느라 교인들이 소비자의 생활양식으로 가도록 그들을 유기하고 있다"고 말한다. 이는 교인들의 카드빚과 대출 담보물이 늘어가는 한편, 교회 재정의 대부분이 봉급과 건물에 나가고 있음을 의미한다. 구제에 쓰이는 액수가 축소되고 있기 때문에 교회는 교회 건물 밖에서 점점 더 그 힘을 잃어가고 있다.

현재 상태가 계속 될 경우 교회는 "금세기 후반에 이르면 다른 사람들을 위해 지출하는 일이 전혀 없게 될 것"이라고 보고서는 말한다. 하나님은 우리가 그런 일이 일어나도록 내버려두는 것을 금하신다. 1998년에 교회 다니는 사람들이 수입의 평균 10퍼센트를 헌금했다면, 1310억 달러라는 돈이 새로이 주님의 일에 쓰였을 것이다. 생필품이 없어 사람들이 죽어가는 세상에서 그 돈이 얼마나 큰 도움이 될 수 있는지 보려고 너무 멀리 내다볼 필요는 없다.

더 심각한 일은, 그리스도인들이 얼마간 희생을 하면 들을 수 있는 하나님의 사랑의 메시지를 그들이 듣지 못하고 죽는다는 것이다. 그 메시지를 전하기 위해 우리는 어쩌다 '소유할 수 있는 미국인의 권리'가 되어버린 아메리칸 드림의 작은 한 부분을 기꺼이 포기해야 한다.

마태복음에서 예수님은 그분을 섬기는 자로 드러나고 싶으면 우리의 형제 가운데 가장 작은 자에게 다가가라고 말씀하신다.

내가 주릴 때에 너희가 먹을 것을 주었고 목마를 때에 마시게 하였고 나그네 되었을 때에 영접하였고 벗었을 때에 옷을 입혔고 병들었을 때에 돌아보았고 옥에 갇혔을 때에 와서 보았느니라 이에 의인들이 대답하여 가로되 주여 우리가 어느 때에 주의 주리신 것을 보고 공궤하였으며 목마르신 것을 보고 마시게 하였나이까 어느 때에 나그네 되신 것을 보고 영접하였으며 벗으신 것을 보고 옷 입혔나이까 어느 때에 병드신 것이나 옥에 갇히신 것을 보고 가서 뵈었나이까 하리니 임금이 대답하여 가라사 대 내가 진실로 너희에게 이르노니 너희가 여기 내 형제 중에 지극히 작은 자 하나에게 한 것이 곧 내게 한 것이니라 하시고(마 25:35-40)

이 구절이 "내가 주릴 때 너희가 푸드뱅크에 기부금을 냈고, 목마를 때 구제 기금을 주었고, 나그네 되었을 때에 노숙자 쉼터에 나를 보내주었고, 벗었을 때에 복지기관에 얼른 연락을 했고, 병들었을 때에 기독교 의료봉사 기관에 기부금을 냈고, 옥에 갇혔을 때에 교도소 후원회를 후원하였느니라"라고 말하지 않고 있음을 주목해서 보라. 사실 이 가운데서 어느 것 하나도 잘못된 일은 아니지만, 우리는 여기에 약간의 개인적인 접근을 섞을 필요가 있다.

이 방면에서 나는 개인적인 헌신을 해오고 있다. 그리스도의 목적을 위해 돈 이외의 것을 드리고 있다. 자선 단체에 돈을 줄 때가 있는가 하면 우리 자신을 주어야 할 때가 있다. 직접 찾아가서 소매를 걷어붙이고 누군가를 보살펴야 할 보호 시설에 수표 한 장만 보내놓고 나서 똑같은 축복이나 개인의 성장을 기대할 수는 없다. 사실 나는 몹시 바쁜 사람이다.

사실 이런 일이 불편할 때도 있다. 사실 집에서 편히 쉬는 게 더 좋다. 이 책 앞부분에서 나는 당신더러 안락한 참호에서 나오라고 말했다. 그것은 앞으로 몇 달, 몇 년에 걸쳐 내가 이루어야 할 일이기도 하다. 말로만 떠들어대는 것을 그치고 다른 누군가를 섬기러 갈 때마다 기분이 상당히 좋다. 그러나 시간이 흐르면 그 사실을 잊고 예전에 머물렀던 참호 속으로 되돌아가기 쉽다.

한 달에 26달러면 한 아이에게 음식과 의복을 제공해줄 수 있다는 월드비전의 광고를 보았다. 그때 나는 커피점에서 합법적인 흥분제인 사치스러운 커피를 마시는 데 한 달에 그만큼, 아니 그 이상의 돈을 쓰고 있었다. 나는 비싼 카페인 복용을 억제하고 그 돈을 한 아이를 후원하는 데 쓰기로 결심했다. 나는 지금 과테말라에 사는 일곱 살짜리 작고 예쁜 아이를 돕고 있다. 솔직히 그리 대단한 것을 포기한 것은 아니다. 다만 집을 나서기 전에 커피를 끓일 잠깐의 시간을 냈을 뿐이다. 하지만 그것이 시작이다. 기분 좋음은 전염성이 있어 당신이 계속 열심을 낸다면 그 외 지출 영역에서도 그 영향이 미치게 될 것이다.

가치 있는 것치고 쉬운 일은 없다

그리스도인이라고 자처하는 많은 사람들은 솔선하여 착하게 살고 성실하게 착한 일들을 하려고 애쓴다. 오랜 시간을 주일학교에서 보내고, 청소년 축구팀을 지도하고, 자선단체에 기부하고, 세금을 내는 등. 죽은 후 천국에 갈 것을 믿느냐고 그들에게 물어보라. 그렇다고 대답하는 많은 이들은 자신들의 선행을 근거로 나중에 심판 받게 될 것이라고 생각한다. 착한 사람들이 나쁜 사람들보다 더 가치 있는 존재라면, 그들이 바로 그 착한 사람들 군에 속해 있다는 것이다.

이것은 미국인들의 사고방식과도 뜻이 통한다. 공평해 보이는 것이다. 열심히 일하고 쉬지 않고 노력하면 성공할 것이라고 믿는 사회에서, 그와 같은 방식으로 천국에 가는 것을 마땅하게 생각하는 것이다. 그러나 여기에 단 하나의 문제가 있으니, 예수님은 그렇게 말씀하신 적이 없다는 것이다. 누가복음에서 구원을 얻는 자가 적으냐는 질문에 예수님은 이런 예를 들며 대답하셨다.

> 좁은문으로 들어가기를 힘쓰라 내가 너희에게 이르노니 들어가기를 구하여도 못하는 자가 많으리라 집주인이 일어나 문을 한 번 닫은 후에 너희가 밖에 서서 문을 두드리며 주여 열어 주소서 하면 저가 대답하여 가로되 나는 너희가 어디로서 온 자인지 알지 못하노라 하리니 그때에 너희가 말하되 우리는 주 앞에서 먹고 마셨으며 주는 또한 우리 길거리에서 가르치셨나이다 하나 저가 너희에게 일러 가로되 나는 너희가 어디로서 왔는지 알지 못하노라 행악하는 모든 자들아 나를 떠나가라 하리라 (눅 13:24-27)

어려운 말씀이다! "이것이 너희에게 걸림이 되느냐"라고 예수님이 물으셨을 때 많은 이들이 그렇다고 대답했을 것이다. 우리가 듣고 싶은 말은 이런 게 아니었다. 그러나 그로 인해 우리는 근본적인 질문을 하게 된다.
"예수 그리스도는 직접 말씀하신 바로 그 모습인가?"

그렇다면 우리는 그에 따른 일들에 착수해야 한다. 그것은 신자들이 삶 속에서 그리스도의 가르침을 모두 따르기 위해 헌신하는 것을 의미한다. 설령 그 가르침이 어려운 것일지라도.

> 내가 너희에게 이르노니 사람이 무슨 무익한 말을 하든지 심판 날에 이에 대하여 심문을 받으리니 네 말로 의롭다 함을 받고 네 말로 정죄함을 받으리라 (마 12:36-37)

극도로 긴장되는 말씀이다. 이 책을 읽으면서 짐작했겠지만 나는 평생 조심성 없이 말들을 많이 해왔다. 내가 그 모든 말들에 대해 책임을 져야 한다면, 내 줄에 계속 서 있고 싶은 사람은 없을 것이다. 내가 재미있다고 생각해서 했던 말들을 하나님께서 비디오카메라에 담으시는 악몽을 꾸어 본다. 내가 떠들어대는 장면이 상영되면서 이런 울림이 들리는 것이다.

"상당히 재미있는 생각 아니니, 응?"

실제로 그런 일은 일어나지 않을 것이다. 그리스도의 대속의 역사가 내가 뱉은 부주의한 말들을 덮어준다는 사실을 나는 안다. 그럼에도 여전히 내가 쏟아낸 말들이 하늘에서 상영될지 모른다는 생각을 하면 조금은 말하는 데 더 신중해지지 않을 수 없다.

그리스도인들은 '나쁜' 말들에 관한 주제에 흥미 있어 한다. 우리는 텔레비전과 영화에 나오는 나쁜 언어들을 혐오한다. 나는 개인적으로 불필요하게 하는 특정한 말들이 무례가 될 수 있음을 알게 되었다. 특히 맹세하면서 하나님의 이름을 사용하는 것이 그렇다. 예절을 바탕에 깔고 상냥하게 이의를 제기할 권리가 내게 있기는 하지만, 그렇다고 비그리스도인들이 그리스도인으로서 내가 갖고 있는 세계관을 높이 평가해주리라고는 기대하지 않는다. 우리는 그리스도가 반영된 삶으로 사람들의 존경을 받아야 할 것이다. 그런 면에서 우리는 잘못된 전쟁을 치르고 있고 거기서 지고 있다.

사람들이 항상 우리의 세계관을 이해하는 건 아니라는 사실만 알아도 길은 열린다. 스포츠국에는 노골적인 유머와 욕설들이 난무한다.

내가 일하는 이곳에서 높은 기준을 기대하면 안 된다는 것을 나는 알고 있었다. 한번은 '하나님의 대원'에 대해 농담하는 방송 제작자와 일한 적이 있었다.

"살살 좀 하지."

나는 농담처럼 말했다.

"왜요?"

그는 물었다.

"당신도 하나님의 대원인가요?"

"그렇다네."

"그러니까 거듭난 사람이라는 거죠?" 그는 우리가 쓰는 말을 조금은 알고 있었다.

"그렇지."

"제 말을 불쾌하게 생각하지 마세요."

그는 말했다.

"자네가 하는 이야기와 내 믿음은 상관이 없다네."

나는 말했다.

"그것은 예의와 매너에 관한 문제니까. 신앙 때문에 자네 말이 더 기분 나쁘게 들리는 것은 아니네."

그는 조금은 어리둥절해 하는 것 같았다.

"국장님과 그 믿음에 대한 이야기를 더 하고 싶군요."

그는 마침내 말했다.

"기꺼이 그러지."

장담컨대 내가 그리스도인이라는 이유로 그가 하는 말을 판단하거나 비난했다면 그는 내 믿음에 관심을 갖지 않았을 것이다. 내가 나를 책임져야 한다. 나와 하나님과의 관계, 그리고 믿음을 알지 못하는 사람들이 나의 신념을 존중해줄 것을 기대할 수는 없다.

우리 신자들은 종종 나름대로 기독교식 욕에 가담할 때가 있다. 종교인이 이 세상 사람들이 욕하는 강도와 느낌 이상으로 "젠장!"이라는 말을 내뱉는 것을 얼마나 많이 들었던가. 다를 게 뭐가 있는가? 오랜 세월 동안 나는 기독교식으로 놀랍게 창조된 욕들을 들어왔다. 'Dadgum' 'Dame it' 과 비슷한 발음을 차용함-역자 주, 'Jiminy Cricket' 'Jim Crow'와 비슷한 발음을 차용함-역자 주이 그 가운데 으뜸가는 것들이다.

개인적으로는 'Godfrey Daniels' 'God dame it' 과 비슷한 발음을 차용함-역자 주가 마음에 든다. 헛되이 주님의 이름을 들먹이는 것보다 차라리 이게 더 낫고 영적으로 중요한 태도라고 생각한다. 그것들은 실제로 그저 문화적으로 정중한 말들이 아닌가? 그러나 솔직해지자. 당신의 마음이 똑같은 분노를 품고 있다면 그 값 또한 치르게 될 것이다.

망치에 손을 찧을 때마다 왜 우리는 예수 그리스도의 이름을 외치는지 종종 궁금해진다. 어딘가에 머리를 부딪쳤을 때 특정한 종교 지도자의 이름을 외치는 모습을 한번 상상해보라.

"달라이 라마!"

우습지 않은가?

좋은 매너와 교양을 추구하다보면 온갖 쓸데없는 감탄사들이 우리가 쓰는 말에서 떨어져 나갈 것이다. 그럴 때 우리는 보다 더 지적으로 보일 수 있다. 진리와 가르침을 찾을 때 예수님의 이름을 대고 사용하라. 하나님의 이름 뒤에 다른 이상한 말들을 붙이지 말고.

> 나무도 좋고 실과도 좋다 하든지 나무도 좋지 않고 실과도 좋지 않다 하든지 하라 그 실과로 나무를 아느니라 독사의 자식들아 너희는 악하니 어떻게 선한 말을 할 수 있느냐 이는 마음에 가득한 것을 입으로 말함이라 선한 사람은 그 쌓은 선에서 선한 것을 내고 악한 사람은 그 쌓은 악에서 악한 것을 내느니라(마 12:33-35)

또 하나의 어려운 가르침이다. 이제 믿는 사람들이 SNL Saturday Night Live, 미국의 대표급 코미디 프로그램-역자 주에 나오는 스튜어트 스몰리 Stuart Smalley와 그의 코너 '매일 다짐하기'처럼 예수님을 보는 것을 그만 둘 때다. 거기에는 이런 장면이 나온다.

"당신은 충분히 착하고, 충분히 똑똑하다. 젠장! 사람들은 당신을 좋아해!"

그리스도의 구속을 받아들이는 것만으로 당신은 충분히 선하다. 당신에게는 하나님께서 주신 특별한 영적 선물이 있다. 진리를 말하는 당신을 사람들이 늘 좋아하는 것은 아니다. 설령 사랑으로 말한다 하더라도 그러하다. 그러나 당신은 그분의 모든 가르침들, 쉽지만은 않은 그 가르침들을 실천해야 한다. 진실로 가치 있는 것치고 쉬운 일은 없다. 어느 분야에서든 탁월해지려면 열심히 일하고 훈련해야 한다. 하물며 영원의 탁월함이야 어떻겠는가!

특정한 상황 아래에서 신성 모독은 기도하는 사람조차
누리지 못하는 위안을 준다.

— 마크 트웨인 Mark Twain

제12장 2000년 선거 기간에 복음주의에 대해 내가 배운 여섯 가지

신성 모독을 옹호하는 것은 아니지만, 2000년 미국 대통령 선거는 트웨인의 의견에 분명히 들어맞는 면이 있다. 코미디 센트럴 방송은 말도 안 되는 11월의 사건이 터지기 몇 달 전부터 그 세기의 선거를 '우유부단 2000' 이라고 불렀다 대단한 선견지명이다!

게슴츠레한 눈을 하고 뉴스 방송에서 이름이 호명되는 것을 듣는 37일간 나는 한 가지 사실을 통찰하게 되었다. 복음주의에 대해 내가 알아야 할 모든 것들을 이 탈선의 장롱, 선거판배경음악으로 코미디 쇼 「배니힐」의 주제곡을 사용하면 좋을 것 같다 에서 배울 수 있다는 생각이 문득 들었다. 왜 그리스도인이 정부가 아닌 하나님을 믿어야 하는지 불가피한 논쟁이 벌어졌다면 꼭 이 유랑 서커스단이 벌이는 모습 같았을 것이다.

선거 과정이 악전고투의 양상으로 접어들면서 케이블 뉴스 방송에서 흘러나오는 이야기들에 나는 그만 입이 떡 벌어지고 말았다(주요 방송국 뉴스에서 실제 사실을 듣는 것을 포기한 지 오래 되었다). 개표를 하고 불과 몇 주 후 나는 대부분의 전문가 또는 관련 정치인들의 인터뷰 성향을 익혀 인터뷰가 시작되기도 전에 그들이 어떤 전략과 어조와 반응을 보일지 예상할 수 있었다. 개중에는 내가 정한 '벙어리 상'을 받은 사람도 있다.

모두가 하나 같이 쓸데없는 말들을 늘어놓을 때, 나는 그리스도인들이 자신의 믿음을 다른 사람들에게 전하려고 애쓰면서 이와 똑같은 의사소통 상의 문제를 겪는다는 사실을 깨달았다. 그리고 나마저 정치와 종교를 덧없이 섞어놓아 더 많은 사람들에게 상처를 줄지 모른다는 생각도 들었다. 그럼에도 불구하고 '대통령 선거' 대학, '케이블 뉴스' 방송과에서 배운 여섯 가지 교훈을 한번 소개해보겠다.

교훈 하나 : 사람들은 듣고 싶은 것만 듣고 보고 싶은 것만 본다

지적이고 점잖은 두 사람이 한 가지 같은 사건이나 일련의 사실들을 보고 180도 다른 결론을, 그것도 격렬하게 내놓을 수 있다는 게 놀라웠다. 예를 들어, 선거일 닷새 전에 24년 전의 음주 운전 혐의 사실이 폭로되면서 텍사스 주지사 조지 W. 부시의 승률은 곤두박질쳤다. 부시 주지사는 체포된 그 당시의 자세한 이야기를 사람들과 대중매체에게 한 적이 없었다. 일부 숨 가쁜 보도들에 의하면, 그는 다만 그 일에 대해 '모호하게' 언급하거나 '단순히 암시하는' 말만 했지 '진실'을 들고 나온 적이 없었다.

내가 보고 들은 것

나는 조지 W. 부시를 지지하는 사람이다. 그래서 선거 초반에 그가 자신은 한때 술로 인한 문제가 있었는데 즉각 술을 끊어야 했다고 말했을 때, 그것이 무엇을 의미하는지 이해했다. 부시가 "술이 나를 마실 정도였다"라고 말했다는 소리를 듣고 참 용감하고 대담한 고백이라고 생각했다. 나는 약점을 인정할 만큼 의지가 있고, 그것을 고백할 만큼 용기 있으며, 그것을 직면할 만큼 강한 모습을 그에게서 보았다.

그가 파티장에서 그 약속을 깨뜨리거나 허세를 부리는 모습을 일일이 알 필요는 없었다. 나도 술꾼들 옆에 있어 보아서 한두 번 과도하게 접대 받은 적도 있지만, 어디까지나 1974년 이전의 일이고 정말이지 게걸스럽게 먹지 않았다 일반적으로 그게 어떤 모습일지 알만큼 안다.

다른 사람이 보고 들은 것

부시를 반대하는 사람들은 '진실이 은폐되었다'는 소리를 들었다. 그들은 입으로는 청렴을 말하면서 행동은 다르게 하는 모습을 그에게서 보았다. 한 웹사이트는 '위선자'라는 제목 아래에 몇 페이지에 걸쳐 그 일을 비평했다. '슬레이트 이-진Slate E-Zine'의 제이콥 와이즈버그Jacob Weisberg는 그 사건을 신랄하게 비난하면서 더브야Dubya 부시 대통령의 미국 내 별명-역자 주의 '엄청난 위선'을 까발렸다. 그 주지사가 픽업트럭을 타고

병맥주를 택시 후미 창에 던지면서 미친 듯이 도심을 질주했다는 이유로 오스틴 시를 위험 지역으로 생각하는 비 텍사스 출신 친구들이 있다.

배우 마틴 쉰Martin Sheen은 부시 주지사를 가리켜 "그 사실을 여전히 부인하는 멍청한 백인 주정뱅이"라고 했다. 쉰의 논리에 의하면 우리는 벗어날 수 없는 하나의 틀 안에 있는 셈이다. 그는 부시 주지사를 모욕할 뜻은 없다고 덧붙였지만 이 마당에 무슨 사과가 필요하겠는가? 어쨌거나 술을 끊은 지 14년이 지나도록 알지도 못하는 사람에게 '멍청한 백인 주정뱅이'라고 공공연히 불린다고 해서 누가 신경을 쓰겠는가?

작가 조안 디디온Joan Didion은 「책으로 돌아본 뉴욕The New York Review of Books」에서 기사 형식으로 부시 주지사를 비웃었다. 그녀는 "내가 술을 끊은 주요 이유는 1986년에 예수 그리스도를 나의 구세주로 영접했기 때문입니다"라는 그의 말을 적고 이렇게 응수했다. "정말로 이렇게 말하는 사람들이 있다니 놀랍지 않은가?"

적용

마태복음 13장 13절에서 예수님은 "저희가 보아도 보지 못하며 들어도 듣지 못하며 깨닫지 못함이니라"라고 말씀하신다. 하나님을 믿는 우리 또한 우리가 듣고 싶은 것만 듣는다. 자신감 있는 믿음으로 직면해야 할 때 마음에 불편함이나 의심을 일으키는 문제들을 무시하는 편을 택한다.

의심 많은 사람들과 회의주의자들, 그리고 그들의 비난을 거부할 때 우리는 복음을 전파하는 사명을 이룰 수 없다. 우리는 기도하는 마음으로 사람들이 무슨 말을 하는지 듣고, 그것들을 분별력 있게 정리하여 주님을 드러내며 그들에게 다가갈 좋은 방법들을 모색하는 대신에 모든 잘못을 악마와 문화와 대중 매체의 탓으로 돌린다.

하나님을 반대하는 사람들은 우리 가운데서 오직 위선자들과 우스꽝스러운 극소수들만 본다. 불신자들의 들끓는 비난의 소리로 인해 세계 곳곳에서 자신을 돌보지 않고 사랑으로 봉사하는 수많은 신실한 그리스도인들의 세밀한 음성이 가로막히고 있다. 다른 사람에게 당신의 신념을 표현할 때, 그들이 듣고 싶은 것만 듣는다는 점을 염두에 두라. 당신의 말을 하나도 빠뜨리지 않고 영적으로 경청하며 이해할 준비가 된 사람을 만나는 게 오히려 보통 일이 아니다.

우리는 다른 누군가가 키울 씨를 뿌리는 데 대부분의 시간을 보낼 것이다. 그러다 어쩌면 반대의 벽에서 벽돌 한두 개쯤은 허물어낼 수 있을지도 모르겠다. 인내하라. 그들이 당신의 말을 전부 듣지는 않아도 일부는 듣는다는 점을 명심하라. 그들을 사랑하고 친절히 대하라. 그들이 당신의 삶에 흥미를 느끼고 당신과 더 많은 이야기를 하고 싶도록 살아라.

교훈 둘 : 어조가 반응을 좌우한다

선거일이 지나고 몇 주 동안 정중한 대화는 불가능한 일처럼 보였다. 인구의 50퍼센트는 부시 주지사가 선거를 훔쳤다고 소리를 질러댔다. 나머지 50퍼센트는 고어 부통령이 선거를 훔치려 했다고 소리를 질러댔다. 그 모든 외침 속에서 사람들이 실제로 말하려 했던 것들은 전체적으로 모호해졌다. 민주당 논평가 폴 베가라Paul Begala의 칼럼을 둘러싸고 일어난 소동들을 살펴보자.

그가 말하려고 했던 것

문제가 된 원문을 읽기 전에 그 칼럼에 대한 베가라의 해명문을 읽을 기회가 있었기에 거기서부터 시작하겠다. 베가라는 자신이 광신자들에게 습격을 당했다고 주장했다. 하긴 냉담자에게 습격당할 일은 없을 것이다. 해명의 부제에서 그는 비평가들이 어떻게 그의 글을 완전히 그리고 놀랍게 잘못된 것으로 만들었는지 지적했다. 그는 다만 우리 사회의 복합성에 대해 말하려 했을 뿐이고, 공명정대한 사람이라면 그 점을 자신의 칼럼에서 보았을 것이라고 언급했다.

내가 읽은 것

그의 칼럼을 읽을 준비를 하다가 해명문부터 읽고 나니 왠지 어지러운 기분이 들었다. 그의 의견에 동의하고 나의 '공명정대함'을 드러낼 것인지 아니면 비탈진 이마를 한 바보그의 기준에 따르면 공화당원가 될지 갈림길에 선 것 같았다.

나는 그를 판단하는 데 있어, 그가 칼럼니스트 페기 누난Peggy Noonan을 건방지고 편향된 집필가로 묘사한 것에 영향을 받지 않으려고 애썼다. 또 '편향적'이라는 말을 사전에서 찾아봐야 한다는 사실에 자존심이 상하지 않으려고 애썼다.내 바보 친구들은 '편향적'이라는 말의 뜻이 '당파심이 강한, 맹목적인, 심지어 쟁점이 될 만한 견해'라고 생각한다. 그가 집필가이자 석학자인 로버트 노박Robert Novak을 어둠의 왕자라고 묘사한 것도 무시하려고 애썼다. 그리고 그가 해명한 대로 그의 칼럼을 조목조목 주의 깊게 살펴보려고 애썼다.

베가라가 쓴 글의 제목은 '바나나 공화당원들'이었다. 그것은 미국 정치인들이 어떻게 지역적으로 나뉘어 있는지 살펴본 논평가 마이크 바니클Mike Barnicle의 칼럼에 응수한 글이었다. 바니클은 붉은 바다공화당가 하트랜드와 남부와 로키에 걸쳐 있는 한편, 푸른 선민주당이 해안과 대규모 연합 도시들과 주들에 그어져 있는 유명한 지도에 대해 언급했다.

베가라는 "부시 지지자들은 무모하다"라는 말로 운을 뗐고, 그 다음에는 "그들은 정말 멍청한 말을 하고 있다"라고 썼다. 처음 두 문장에서 '무모하다'와 '멍청한'이라는 말을 들었다면, 그 글에서 지혜의 진주를 캐내는 데 상당한 은혜가 필요할 것이다.

그럼에도 계속 읽어보자. 베가라는 "공화당원들이 정직하고 공명한 과정보다는 그들이 선호하는 결과물에 더 신경 쓰는 것 같다"고 지적했다. 또한 공화당원들이 "민주주의를 존중하기보다는 권력을 더 갈망한다"고 말했다. 그는 부정직, 탐욕, 권력욕, 애국심 부족 등을 공화당의 특징적인 매력으로 꼽았다. 그러니 논객들의 감정적인 반응을 끌어낼 만도 하다. 그러나 베가라의 어조는 의견들을 취합할 만한 어떤 여지도 두지 않았다.

바니클은 부시 주지사가 고어를 지지하는 주들푸른색으로 칠한 지역에 맞서 선거에서 가져온 영역들붉은색으로 표시된 지역이 얼마나 되는지 지적했다. 바니클은 미국이 문화적으로 '월마트 대 마사 스튜어트Martha Stewart'로 분할되어 있는 증거로 이 사실을 인용했다. 베가라는 이에 동의하지 않았고, 미국 중부가 "동북부 엘리트들이 인정하고 싶은 것보다 훨씬 더 복합적인 지역"임을 보여주려고 다음과 같은 예를 들었다.

"미국 중부에 사는 수천만 명이 공화당에 투표하고 있음을 지적하는 바니클의 말은 맞다. 그러나 그 지도를 가까이 들여다보면 보다 더 복잡한 그림이 눈에 들어올 것이다. 제임스 비어드James Byrd가 몸이 갈기갈기 찢길 때까지 픽업트럭 뒤에 매달려 끌려간 주가 눈에 들어올 것이다. 붉은색으로 칠해진 주다. 매튜 세퍼드Matthew Shepard가 게이라는 죄목으로 가로장 울타리에 못 박힌 주가 눈에 들어올 것이다. 붉은색으로 칠해진 주다. 극우주의자가 연방정부의 건물을 날려버리고 다수의 연방정부 직원들을 살해한 주가 눈에 들어올 것이다. 붉은색으로 칠해진 주다. 게이라고 여겨진 한 사병이 야구 방망이에 죽도록 맞은 주, 신 나치주의자들이 피부색 때문에 두 흑인을 살해한 주, 밥 존스 대학이 반가톨릭 교파를 몰아낸 주, 그 모든 주들이 붉은 색으로 칠해진 곳이다."

골리, 폴, 우리 민감한 보수주의자들이 그런 일에 어떻게 화를 내야 속이 시원하겠소?

베가라의 결론은 다음과 같다.

"미국 중부는 마이크 바니클처럼 능력 있는 논평가가 장담하는 것보다 훨씬 더 복합적인 곳이다. 단순히 붉은색이다, 푸른색이다 또는 검다, 희다고 말할 수 없다."

그의 마지막 지적은 사실 적절했다. 전체적으로 드러나는 색깔로 특정한 주나 지역을 평가할 수는 없다. 증오는 어디서나 그 모습을 드러내는 법이다. 착한 사람들과 나쁜 사람들은 우리가 사는 땅 어디서나 살고 있다.

적용

이 모든 이야기들을 하는 이유는, 말하는 이의 어조에 따라 청중들이 그 뜻을 어떻게 듣고 읽는지 부여주기 위해서다. 베가라는 중요한 논지를 진지하게 입증하고자 했지만(그의 진심을 특별히 의심할 이유는 없다), 처음 칼럼을 시작했을 때의 논조와 이후 도가 지나친 예들로 인해 적어도 50퍼센트의 청중들은 그가 하는 말에 귀를 기울이지 않았을 것이다.

그것이 그리스도인들에게 주는 교훈은 간단한다. 어조가 우리가 전달하려는 메시지에 영향을 끼친다는 것이다. 사람들에게 소리를 지르고 그들을 죄인이라고 부르며 폄하한다면 우리가 전하는 메시지는 거의 효과를 내지 못할 것이다. 한번은 퓨젓사운드 만灣에서 꼬리 주위에 낚싯줄을 감아 연어를 잡아 올렸는데 실상은 올가미를 던진 셈이었다원한다면 증인들이 있다. 물고기를 잡는 데는 성공했지만 앞으로 다시는 그런 식으로 낚시를 하게 될 것 같지는 않다.

정치적 보수주의자들이 폴 베가라의 칼럼에 반응한 것과 상당히 비슷하게 많은 사람들이 그리스도인에게 화내고 비난 일색으로 나온다. 베가라가 최종적으로 한 가장 중요한 요지는 듣지 않는다.

나는 죄에 대한 교리를 믿는다. 사람들이 하나님으로부터 분리된 것에 대해 솔직해야 한다고 믿는다. 그 분리를 해결할 수 있는 답은 예수 그리스도에 대한 믿음에 있다고 믿는다. 그러나 말하는 우리의 어조와 태도 역시 중요하다. 그리스도가 위선적인 종교인들에게는 분노와 독설을 퍼부었지만 믿음을 추구하는 사람들이나 믿음을 전혀 고백하지 못하는 사람들에게는 그렇지 않으셨다는 것에 주목하라.

"화 있을진저 외식하는 서기관들과 바리새인들이여"

예수님은 종교 지도자들과 정면 대결할 때 이렇게 말씀하셨다.

"너희는 천국 문을 사람들 앞에서 닫고 너희도 들어가지 않고 들어가려 하는 자도 들어가지 못하게 하는도다"

예수님이 이제 막 열을 올리시는 장면이다.

"화 있을진저 외식하는 서기관들과 바리새인들이여 너희는 교인 하나를 얻기 위하여 바다와 육지를 두루 다니다가 생기면 너희보다 배나 더

지옥 자식이 되게 하는도다"(마 23:15)

예수님은 종교인들에게 확실히 인신 공격적인 모습을 보이셨다.

"뱀들아 독사의 새끼들아 너희가 어떻게 지옥의 판결을 피하겠느냐"
(마 23:33)

예수님께서 하신 그 말씀에 나는 적잖이 긴장이 되었다. 더 많은 예들이 있지만 이미 요지를 파악했으리라 생각한다. 예수님은 생명의 삶을 살지 않는 종교인들에게 다른 어조를 준비해두셨다. 그분이 믿음 없는 이들과 대화를 나누는 방법과 이를 비교해보라. 성경에서 가장 놀랍게 은혜를 보여주는 장면 가운데 하나는, 죄에 사로잡힌 여인이 예수님께 불려왔을 때이다.

예수님은 이전에는 아무도 그녀에게 보여준 적이 없는 사랑과 연민과 은혜를 보여주셨다. 당신도 그 이야기를 알 것이다. 아무도 선뜻 먼저 돌을 집어 들지 못했다. 슬프게도 나는 오늘날 많은 그리스도인들이 예수님이 이 질문을 마치시기도 전에 동작을 취할까봐 두렵다. 그러나 그 당시에는 아무도 그렇게 하지 않았다.

"예수께서 일어나사 여자 외에 아무도 없는 것을 보시고 이르시되 여자여 너를 고소하던 그들이 어디 있느냐 너를 정죄한 자가 없느냐 대답하되 주여 없나이다 예수께서 가라사대 나도 너를 정죄하지 아니하노니 가서 다시는 죄를 범치 말라 하시니라"(요 8:10-11)

위선적인 종교인들을 향한 통렬한 질책과 그분의 편에 의해 고소당한 죄인을 향한 그리스도의 부드러운 받아들임을 비교해보라.

"달린 행악자 중 하나는 비방하여 가로되 네가 그리스도가 아니냐 너와 우리를 구원하라 하되 하나는 그 사람을 꾸짖어 가로되 네가 동일한 정죄를 받고서도 하나님을 두려워 아니하느냐 우리는 우리의 행한 일에 상당한 보응을 받는 것이니 이에 당연하거니와 이 사람의 행한 것은 옳지 않은 것이 없느니라 하고 가로되 예수여 당신의 나라에 임하실 때에 나를 생각하소서 하니 예수께서 이르시되 내가 진실로 네게 이르노니 오늘 네가 나와 함께 낙원에 있으리라 하시니라"(눅 23:39-43)

예수님은 길을 찾는 죄인들을 받아들일 때 항상 친절하고 다정한 어조로 말씀하셨다. 어조에 따라 반응이 달라진다. 다정하고 상냥한 어조라고 해서 항상 좋은 결과가 돌아오는 것은 아니지만 당신의 말을 들려줄 기회가 늘어난다는 것만은 장담한다.

교훈 셋 : 열성적인 사람들은 감정에 치우친다

11월 8일이 되자 대통령이 누가 될지가 플로리다의 결과에 달려 있음이 분명해졌다. 변호사들이 곧 선샤인 주플로리다 주의 별칭 – 역자 주의 악어들보다 그 수가 많아졌고, 근거가 불충분한 주장들이 봄과 가을이면 하늘을 구름처럼 덮는 플로리다의 유명한 날벌레들만큼이나 두껍게 몰려다녔다. 투표용지를 다시 세보자고 요구하는 민주당원들의 소리가 여기저기서 들려왔다.

내가 본 것

플로리다의 주무장관이고 공화당원인 캐서린 해리스Katherine Harris는 수작업 개표를 중단시켰다. 법률상 수작업 재개표는 특별히 검표기가 오작동을 하거나 부정 투표가 있을 때에만 해야 하는데, 그런 이유들이 제기된 바가 없다는 것이 이유였다. 그녀는 기본 방식인 검표기 재개표에 법이 요구하는 대로 부재자 투표를 더한 것을 공식 결과로 확정짓기로 결정했다.

장래의 선거를 위해서는 확실히 이의 제기가 필요한 문제라고 보지만, 완벽함과는 한참 거리가 먼 상황에서 주무장관이 내린 결정은 최선의 해결책이 될 수 있을 것 같았다. 그러나 그후에 일어난 일들은 비참하게도 우리 사회에 보다 흔해지고 있는 절망을 사람들이 어떻게 '초토화' 전법으로 다루는지 보여준다. 화가 날 때 우리는 함께한 사람을 공격하거나 아니면 의심을 품고 사실 자체를 공격한다.

일어난 일들

이에 고어의 대변인 크리스 리핸Chris Lehane은 즉시 해리스를 '젭 부시Jeb Bush의 친구'이자 '부시 선거단의 아첨인'이라고 불렀다. 해리스는 또한 '스탈린주의자' '구소련 인민위원'이라고도 불렸다. 불행히도 그것은 예견된 일이었다. 정치판에서 그런 식의 공격은 이제 흔한 일이 되었기 때문이다. 철학적으로 의견 차이를 보이는 걱정스러운 경향들이 이

나라에서 제일 명성 있다는 두 신문에서 나타났다.

그들은 해리스의 결정과 관련해 법률상의 문제나 그녀의 결정 동기를 들이대며 집요하게 논쟁했을까? 아니 그렇지 않다. 예의라는 것이 사람들의 지지를 먹고 사는 것이라면, 그것은 2000년 11월에 다음과 같은 말들과 함께 공식적으로 사망했다. 그 글들에 내 말도 덧붙이겠다.

「보스톤 글로브Boston Globe」지는 그녀를 "엽기적으로 화장하는 플로리다 주무장관… 그녀의 마스카라와 아이섀도우는 그 뻔히 들여다보이는 속을 감추지 못한다. 잠깐만 뻔히 들여다보이는 속이라니? 그녀가 마스카라로 무엇을 그렇게 가리려고 애쓴단 말인가? 계속 읽어보자 야심으로 인해 그녀는 법률 조항 뒤에 숨어들었다."

좋다. 여기서 나도 문제를 제기하겠다. 먼저, 그녀의 화장은 그녀의 행동과는 아무 상관이 없다. 신문의 수준이 이 정도밖에 안 된다면 더 배워야 할 것이다. 둘째, 언제부터 주무장관의 약점이 법률 조항을 기준으로 결정되고 있는가?

또 다른 위대한 신문 「워싱턴 포스트Washington Post」지도 이와 비슷한 공격을 했다.

"그녀는 빨간색 립스틱을 두껍게 칠한다. 커피 잔마다 더럽히고 셔츠 깃에 얼룩을 남기는 크림 종류이다. 퓰리처 상 놓을 선반을 깨끗이 치워두어라. 이것 참 대단히 수준 높은 보도이다 그녀의 피부는 미장이들이 쓰는 흙손으로 화장한 것처럼 보인다. 짙은 아이라인과 푸른 아이섀도를 한 눈은 균일한 크기의 못들을 박아놓은 것 같은 인조 속눈썹의 무게를 지탱하고 있다. 그녀가 눈을 깜빡일 때마다, 최근에 한 결정을 점검하려고 눈을 내리깔 때마다 쐐기벌레가 올라가다가 떨어지는 것처럼 보인다. 잠깬 수완 좋은 법정 변호사처럼 기자는 이제 막 이 일련의 추론들이 타당하다는 증거를 보이려 하고 있다 사람들은 마스카라라는 요술 지팡이를 자제하지 못하고 휘두르는 이 여성 공화당원이 … 제대로 된 의사 결정을 내릴 수 있을지 의심한다."

아하! 증거로 든 마스카라 요술 지팡이가 실속 차리는 추리로 이어지고 있다. 모든 여성들은 사회적으로 중요한 위치에 오르기 전에 미리 마스카라 요술지팡이를 시험해봐야 할 것이다. 반드시! 그것이 사실이라면 바보처럼 머리 몇 가닥을 가지런히 빗어 넘긴 남자들도 비슷하게 묘사되어야 할 것이다.

"사람들은 머리빗을 자제하지 못하고 휘두르는 이 남성 공화당원이 … 제대로 된 의사 결정을 내릴 수 있을지 의심한다."

「USA 투데이」지는 해리스가 "주 정부 일을 하는 것보다는 아트 연회장에서 꼬마 샌드위치 넘겨주는 일을 더 편안해 할 것"이라고 주장했다. 어떤 미국 여성이 그런 야만적인 논평을 문제 삼지 않고 넘어갈 수 있겠는가? 언제나 그랬듯이 폴 베가라도 "그녀는 달마시안 강아지들을 훔치러 온 '크루엘라 데 빌' 같다"고 말함으로써 일찌감치 해리스 주무장관 논쟁에 끼어들었다. 그러나 나는 그가 실제로 하려 했던 말을 착각했다고 확신한다. 아마도 그는 투표 과정이 실제로 얼마나 복잡한지 이야기하려고 했던 게 아닐까?

적용

추악한 2000년 선거가 펼쳐지는 것을 보면서 나는 황소가 '고어goar 당하거나' 옆구리가 받치거나– 자 주 '부시핵크bushwhack 될 때' 덤불이 베이고 헤쳐질 때–역자 주 사람들이 감정적이 된다는 사실을 깨달았다. 분노하고 좌절한 고어의 지지자들은 확실히 추하고 부질없는 일들에 대해 말했다. 부시 지지자들도 그들과 다를 바가 전혀 없었다.

또한 그리스도를 믿는 우리도 그들과 다를 게 없다. 우리의 신념들에 대해 누군가가 경멸하는 말을 할 때 우리는 발끈하며 불안한 마음을 드러내기 쉽다. 대신에 자신을 낮추며 이렇게 말할 수 있는데 말이다.

"언젠가 당신도 예수님께 나아오게 될 겁니다."

그러나 때때로 우리는 추한 모습을 드러낸다.

"주님, 이 죄인의 눈을 열어주소서."

잘난 척하며 비난조로 이런 말을 할 때도 있다.

"하나님을 졸업하셨다니 그 대가를 받게 되겠군요."

심지어 위협도 한다.

"언젠가 내 말을 들을 걸 할 때가 올 걸세, 친구!"

무자비한 말도 한다.

"에이즈는 하나님께서 자네에게 주는 벌일세."

우리는 반대자들에게 결국 지옥에 가게 될 것이라는 말을 즐겨 사용한다. 모든 사람들을 그리스도께 이끌려면 그들을 저주하는 것을 기쁘게 여길 게 아니라 그들을 위해 기도해야 한다. 그들을 저주하는 것은 교만한 마음을 품고 인간적이고 죄된 앙갚음을 하는 것에 지나지 않는다.

"나를 조롱하다니! 지옥에서 뜨거운 맛을 보게 될 거야."

그렇다. 오랫동안 나는 이와 같은 말을 들어왔다. 나도 이와 비슷한 생각을 한 적이 있음을 고백한다. 다행히 이 부분에서 나는 성품의 성장을 경험했다. 이제는 누가 나와 내 신념들을 조롱해도 기분 나쁘게 생각하지 않는다. 당신에게 강요하는 것은 아니지만, 나는 사람들을 하나님의 피조물로 가치 있게 여기는 노력을 계속할 것이다. 나를 반대하고 나에게 해를 끼치는 사람들을 위해 기도하는 것은 어려운 일이다. 그러나 마태복음에서 주님이 우리에게 요구하신 것이 바로 이런 일이다.

> "네게 구하는 자에게 주며 네게 꾸고자 하는 자에게 거절하지 말라 또 네 이웃을 사랑하고 네 원수를 미워하라 하였다는 것을 너희가 들었으나 나는 너희에게 이르노니 너희 원수를 사랑하며 너희를 핍박하는 자를 위하여 기도하라"(마 5:42-44)

로저스Rogers미국의 재즈 트럼펫 연주자-역자 주는 누구나 사랑할 수 있는 사람이다. 래리 플린트Larry Flynt포르노 잡지「허슬러」의 발행인-역자 주에게 관심을 가지는 것은 조금 더 어려운 일일 것이다. 하지만 우리 그리스도인은 사랑하고 싶은 사람을 고를 선택권이 없다.

그러므로 사람들이 우리의 믿음을 공격할 때 감정적으로 대하지 말라. 우리 주님을 공격할 때 벌컥 화를 내지 말라. 왜 우리가 그런 미끼에 걸려 들어야 하는가? 하나님의 사랑이라는 진리를 지키는 훨씬 더 좋은 방법은, 은혜라고는 찾아볼 수 없는 반응을 보이는 사람들에게 그분의 사랑을 보여주는 것이다. 그것이 그들과 우리가 다른 점이고, 우리의 두드러진 모습이다.

이 혼탁한 세상에서 하나님과의 관계가 어떤 모습이 되어야 할지 우리는 본을 보여주어야 한다. 매우 확신하건대 하나님은 우리가 과잉 반응하거나 방어적인 자세를 취하지 않아도 스스로 일을 잘 처리하시는 분이다. 우리는 확실히 품위 있게 반응함으로써 세상 사람들에게 그들과는 다른 모습을 보여주어야 한다.

교훈 넷 : 주의를 전환한다고 해서 의심이 해결되지는 않는다

우리 집 큰아들은 주의 전환의 대가이다. 그는 논쟁하다가 불리하다 싶으면 얼른 부수적인 문제로 화제를 돌리고, 다시 생각을 조합할 때까지 문제의 핵심을 흐려놓는 이상한 논거를 들 때가 자주 있다. 그는 관성의 힘을 알고 있었고, 또 주의 전환이 그 힘을 멈추게 한다는 것을 알고 있다. 알다시피 이 주제에 대한 기본적인 생각은 3장에서 밝혔다. 선거 기간 동안 나는 고어 진영이 필사적으로 생각을 재조합하려고 애쓰면서 이 기술을 완벽하게 사용하는 것을 보았다.

그들이 말한 것

플로리다에서 투표가 끝나고 몇 시간 지나지 않아 비난의 소리가 어지러울 정도로 줄을 이었다. 나비 모양의 투표용지가 수많은 유권자들에게 혼돈을 일으켰고 노골적으로 불공평하다는 것이었다. 선거 기획단장 도나 브래질Donna Brazile은 흑인들이 경찰 바리케이드와 심지어 경찰견에 의해 괴롭힘을 당했으며 투표장에서 멀찌감치 떨어져 있어야 했다고 발표했다.

고어 진영은 부통령이 전국 지지율에서 승리했다는 사실을 거듭거듭 언급했다. 그것은 '국민의 뜻'을 찾기 위해 '선거권을 빼앗긴' 모든 표고어 측에서 내린 정의를 복구하는 데 매우 중요한 일이었다. 부통령의 지지자들은 「뉴욕타임즈」지의 전면 광고를 사서 투표 결과가 '법적으로 무효'라는 것을 선언하고 플로리다의 재투표 대실패가 '나라 전체의 정치 과정'을 위협한다는 영문 모를 주장을 했다.

제시 잭스Jesse Jackson은 플로리다의 투표에 '외압'은 없었는지 증거를 수집하자고 떠들어댔다(석 달 후 그 증거를 본 사람은 아무도 없었다). 불과 하루 이틀 사이에 플로리다는 하나의 거대한 해저드 마을이 되었고 보스 '호그'(영화 「듀크 오브 해저드」에 나오는 악당-역자 주)가 그곳의 선거 위원장이 되었다.

내가 본 것

민주당은 당연히 몇 가지 일들에 대해 걱정을 표명했고 나는 그들이 느꼈을 좌절을 이해한다. 그러나 그들의 타당한 걱정들은 걷잡을 수 없는 비난의 광풍 속에서 길을 잃었다. 그렇지 않으면 책임 추궁의 소용돌이 속에서 캐서린 해리스만 일부러 사악한 마스카라 요술 지팡이를 계속 흔들고 투표 결과에 인증이라는 재를 뿌렸단 말인가? 나는 악명 높은 팜비치의 투표가 민주당 사람들에 의해 의도되었고 그 과정에 연루된 모든 사람들이 그것을 용인한 것을 보았다.

확실하고 분명한 증거 없이 그들이 인종 차별이라는 상당히 치명적인 혐의를 제기하는 것은 야비한 일이었다. 고어가 인기투표에서 이겼다는 말을 무슨 주문처럼 되뇌는 것은 사람들의 주의를 전환시키려는 의도였다. 미국의 선거 제도 아래에서 인기투표에서 이기는 것은 미인 경영대회에서 '미스 화합상'을 받는 것과 같기 때문이다.

실제로 부통령이 인기투표에서 지고 선거구 투표에서 이길지 모른다는 여론 조사 결과가 나왔을 때, 고어 진영은 그러한 결과가 나올지라도 누구도 선거의 합법성에 의문을 가져서는 안 된다는 말을 했다. 하지만 막상 그 반대의 입장이 되자 그들은 완전히 태도를 바꾸고 나섰다.

적용

논쟁이 자신이 원하는 방식으로 흘러가지 않을 때 주의를 전환하려는 것은 인간의 본성이다. 당신과 신앙에 대해 이야기를 나누는 사람은 대단히 예리하게 이 기술을 사용하려 들 것이다. 다음과 같이 도전해오는 질문들에 대해 생각해보자. 각 항들은 정당한 질문이 될 수도 있고 주의를 전환하려는 의도가 될 수도 있다.

사랑의 하나님이 왜 이 세상에 고통을 허락하셨는가?
왜 예수님이 믿음으로 가는 유일한 길인가? 모든 종교들이 천국에 가는 길이 아닌가?
모든 위선자들에 대해 어떻게 생각하는가?
성경은 모순으로 가득 차 있지 않은가?
기독교는 신화와 전설에 의지하고 있지 않은가?
과학은 창조론이 사실이 아님을 입증하지 않았는가?

그리스도를 따르는 사람으로서 우리는 이런 이의를 제기하는 사람들에게 민감해야 한다. 우리의 과제는 이것이 정당한 관심인지 주의 전환 책략인지 구별해내는 것이다. 사람들이 정직하게 답을 찾는 것인지 아니면 답하기 어려운 문제로 당신을 수렁에 빠뜨리려는 것인지 그들의 태도를 잘 분별하라.

전환의 책략을 이해하고 나면 인내심을 가지고 신앙에 초점을 맞추는 일에 도움이 될 것이다. 몇 가지 유익한 변증서들C. S. 루이스의 「순전한 기독교」나 스티브 쿠마Steve Kumar의 「회의주의자들을 위한 기독교Christianity of Skeptics」이 도움이 되겠지만, 상대방을 정직하게 대하고 답을 도무지 모를 때는 모른다고 말하라.

그리스도인이든 자연주의자이든 무신론자이든 허무주의자이든 어떤 입장을 취하는 사람이든 궁극적으로는 믿음에 의지하게 마련이다. 정직한 사람이라면 아무도 자신이 옳다고 100퍼센트 확신하지 못한다. 그래서 기독교가 있는 것이다. 나는 기독교가 보다 많은 생명에 관한 중요한 질문들에 보다 많은 답을 준다고 믿는다. 믿음은 기독교의 필수 요소이기는 하지만 하나님은 그 믿음을 찾는 사람들에게 충분한 증거를 주신다. 사탄은 단순히 문제들만 찾는 사람들을 쫓아내려고 물을 진흙탕으로 만든다.

나는 성경 원문이 신뢰할 수 있는 것임을 입증할 수 있다. 성경의 역사적인 정확함을 뒷받침해주는 증거를 한 무더기는 내놓을 수 있다. 세상이 지적 설계론진화론의 한계를 과학적으로 지적함으로써 불가해한 섭리에 의한 창조가 있었음을 주장하는 이론-역자 주에 따라 창조되었을 가능성에 대한 과학적인 논의를 회의주의자들이 감탄할 정도로 내놓을 수 있다. 그리스도를 믿고 삶이 긍정적으로 변화된 유명 인사와 지성인들의 성공 사례를 수도 없이 댈 수 있다. 간단히 말해, 조니 코크란Johnnie, CochranO. J. 심슨을 변론했던 미국의 유명한 변호사-역자 주 같은 사람이 사전 형량 조정을 요청해오도록 만들 소송을 제기할 수 있다는 것이다. 그것은 듣는 이의 편에서 볼 때 믿음에 돌아오는 일이 될 것이다.

불안한 마음이 들 때 우리는 주의를 딴 데로 돌리려는 경향이 있다. 그러한 주의 전환을 분별하라. 정직한 의심들과 이의 제기에 답변할 준비를 하라. 하지만 그 질문들이 단순히 믿음이라는 문제를 회피하려는 연막에 불과하다는 사실이 간파될 경우, 우리 모두가 직면해야 할 가장 중요한 질문, 즉 "예수 그리스도는 누구이며 그것은 내게 무엇을 의미하는가?"로 돌아가도록 그 도전자들을 사랑으로 이끌라.

교훈 다섯 : 기준 없이는 의사소통할 수 있는 기반도 없다

개표 여부에 대한 관심이 막바지로 치달으면서 펀치카드를 평가하는 기준이 여전히 합의되지 않은 문제로 남았다. '차드' chad 펀치 카드에 구멍을 낼 때 떨어져나간 종이 조각-역자 주를 세는 것과 관련된 규칙들은 마치 구약 성경 레위기에 나오는 율법처럼 들린다.

"차드가 한 귀퉁이에 달려 있으면 깨끗한 것이라고 선언하고 셀 것이요, 두 귀퉁이에 달려 있어도 깨끗한 것이니 셀 것이니라. 만약 차드가 세 귀퉁이에 붙어 있으면 네게 깨끗한 것이 아니니 세지 말 것이니라. 그러나 제사장이 그 차드를 검사하여 그것이 단순히 눌려 부푼 것이면 깨끗지 못한 것으로 선언하고 세어서는 안 되느니라."

우리 모두가 본 것

혼돈. 팜비치 카운티에서 전해오는 그 장면을 지켜보면 기준이 이리저리 움직일 때 무슨 일이 일어나는지 알 수 있다. '3'이라는 숫자 자리에 움푹 들어간 자국이 아주 조금만 있어도 심사원 세 명 가운데 한 명이 고어 부통령에게 표를 주기로 결정했다. 투표용지의 다른 자리에 구멍이 확실하게 뚫려 있을 데에도 그들은 이 규칙을 적용했다.

다 좋다고 치자. 그래서 이 자유세계가 세상에서 가장 완벽한 곳이라 불렸던 위대한 카르나크를 재연하기라도 한단 말인가? 개인적으로 나는 그런 주관적인 기준으로 심사원들에게 판단 받는 게 싫을 것 같다.

적용

비그리스도인들이 자주 제기하는 논쟁 가운데 하나는, 하나님께서 그분의 영원한 집에 한 생명을 데려갈지 결정할 때 그 사람의 좋은 점과 나쁜 점의 무게를 다신다는 것이다. 나쁜 점보다 좋은 점이 많아야 그분의 집에 갈 수 있다는 논리다. 간단한 선거 투표용지 하나를 세는 것도 그토록 복잡해질 수 있는데, 일반 구도자가 그를 구원으로 이끌어줄 선한 일들을 어떻게 헤아릴 것인지, 정말로 주사위를 굴려 그런 일을 결정하고 싶을지 의심스럽다. 상대주의는 차드를 셀 때 사람을 미치게 할 수 있을지 모르지만, 영원을 위해 헤아리는 문제일 경우 그 기준은 보다 더 높아야 한다.

이런 종류의 상대주의가 최근에 더욱 번성하고 있다. 「회의주의자들을 위한 기독교」에 절대적인 것은 없다는 주장을 담은 연구 논문을 뛰어나게 쓴 한 대학생 이야기가 나온다. 그는 능란한 솜씨로 설득력 있게 만물이 상대적이라는 글을 썼다. 어떤 논문도 그보다 더 상세하고 학구적일 수 없었다. 교수는 그 논문에 낙제 점수를 줘서 돌려보내면서 이런 말을 덧붙였다.

"푸른색 표지가 마음에 들지 않네."

예상대로 학생은 불 같이 화를 냈다. 그리고 교수실로 돌진해 들어가 따졌다.

"이건 불공평한 처사입니다. 논문의 내용을 보고 판단하셔야죠!"

교수는 학생을 쳐다보고는 물었다.

"이 논문은 공평이나 정의 같은 것에 객관적인 도덕 원리가 없고 만물이 상황에 따라 상대적임을 주장하고 있지 않았나?"

"네! 네! 바로 그겁니다."

"그렇다면,"

교수는 결론지었다.

"나는 이 푸른색 표지가 마음에 들지 않네. 그래서 F 점수밖엔 줄 수 없네."

그 학생은 자신의 세계관의 기초에 금이 가는 것을 느꼈다. 그는 만물이 상대적이라는 점을 주장하면서도 자신에게는 공평함이 적용되기를 기대했던 것이다.

이 교수처럼 우리 그리스도인들은 상대주의 안에 내재된 문제들을 지적할 준비가 되어 있어야 한다. 모든 사람들또는 적어도 내가 같은 우편번호를 썼으면 하는 사람들은 도덕적으로 절대적인 어떤 유형을 따라 산다. 최근에 강간을 지지하는 사람을 만나본 적이 있는가? 아동학대를 즐기는 사람을 만나보았는가? 현재 복역하고 있는 죄수들 가운데 그러한 행동들이 '옳다고' 느끼는 사람들이 상당히 많다고 한다. 그렇다면 그들은 왜 수감되어 있는 것인가? 왜냐하면 도덕적인 가치들이 존재한다는 믿음이 우리에게 있기 때문이다.

우리 다원주의 사회는 예수님이 구원에 이르는 유일한 길이라고 주장하는 것을 선동적인 것으로 받아들인다. 사람들은 미국이라는 여과기에 하나님을 투과시키고, 하나님에 이르는 유일한 길을 예수님이라고 하는 것은 '공평'하지 못한 일이라고 결의한다. 그럴 때 나는 다만 내가 하나님에 대해, 그분이 누구인지에 대해 그리고 어떻게 나와 연결되어 있는지에 대해 내가 결정을 내려야 한다는 사실을 그들에게 말한다. 하나님이 하나님이시라면, 나는 정말이지 그분의 계획을 이래라 저래라 할 처지가 아닌 것이다.

하나님의 법이 공평하지 않다는 주장을 어떻게 받아들여야 할지 모르겠다. 그것은 이런 말과 똑같다.

"천국에 이르는 길이 단 한 개뿐이라니 그렇게 속 좁은 하나님께 예배드릴 수 없어요."

내 말이 틀렸다면 말하라. 명색이 하나님인데 그분이 원하는 규칙을 그만큼도 세울 수 없단 말인가? 우리가 영적인 축구 시합을 마치고 그분의 집에 가고 싶어 하는지 아닌지는 실제로 중요하지 않다. 이런 간단한 질문을 해보자.

"스스로 말씀하시는 하나님은 어떤 분인가?"

상대가 하나님일 경우 우리는 여섯 살짜리 꼬마가 보드 게임을 하다가 규칙을 바꾸듯이, 마흔여섯 살의 공무원이 선거 규칙을 바꾸듯이 그분이 정하신 일을 바꿀 수 없다. 우주의 창조주에게 이런저런 식으로 그분의 일을 하라고 제안한다면 웃지 못 할 일이 아닐까?

담당 편집자는 내가 스포츠 비유를 너무 많이 든다고 뭐라 하지만, 내가 지난 25년 동안 오직 HGTVHome & Garden Network를 위해 방송 일을 한 것은 아니다. 그러니 굴하지 않고 내가 1960년대에 그린 베이 패커 축구 선수였음을 이야기해야겠다.

그때 우리 팀에는 언제까지나 최고의 감독으로 기억될 전설적인 인물 빈스 롬바르디Vince Lombardi 감독이 있었다. 롬바르디 감독은 자기 식대로 일을 했고, 그의 방식대로 하지 않으면 누구도 패커의 일원이 될 수 없었다. 그는 선수들에게 신경을 써주었지만, 선수들은 기회만 있으면 다른 팀으로 가려고 했을 것이다. 롬바르디 감독과 나누는 다음의 짧은 대화를 상상해보라.

나 : 감독님, 감독님이 일하시는 방식이 철학적으로 저와 맞지 않는 것 같습니다

빈스 : ?

나 : 감독님이 그렇게 속 좁게 감독님의 방식을 취하는 게 정말 불공평한 일처럼 보이거든요.

빈스 : ???

나 : 알다시피 나름의 방식대로 최선을 다해 옳은 일을 하려는 성실하고 유능한 선수들이 우리 팀에는 많이 있습니다. 그런데 감독님은 감독님 방식만 요구하고 있다고요. 저는 그게 정말 공평해보이지 않습니다. 그게 옳은 일이라고 생각하세요?

빈스 : @#$%^&*(!@#$%^&*

나 : 훈련 캠프가 마친 후 정말 열심히 노력하고 나쁜 일보다는 좋은 일을 더 많이 한 선수들 모두가 패커의 일원이 되어야 한다고 생각합니다. 제 말은, 감독님 방식을 따르지는 않았지만 나름대로 노력한 선수들을 자르려고 하면서 어떻게 진심으로 선수들에게 신경을 써주신다고 할 수 있겠냐는 거죠. 정말 선수들을 돌볼 줄 아는 감독이라면 그들 모두를 팀에

있게 해야 하는 것 아닌가요? 어떻게 생각하세요, 감독님?

나 : 빈스의 방을 나오며 거봐, 감독이 나한테 신경 쓰지 않는다고 했잖아. 훌륭하고 성실한 선수들을 볼 줄 모르고 그들을 패커에 남겨두지 않는 속 좁은 감독을 따를 수는 없어.

우습지 않은가? 그렇다. 빈스 롬바르디만큼 강력하고 성공적으로 규칙을 세우려고 애쓰는 사람을 우리는 상상할 수 없다. 그럼에도 우리는 하나님이 우리를 그분의 가족에 들이는 방식에 제한을 가할 권리가 없다는 것을 주장하려고 한다. 다시 말하지만, 우리가 하고 있는 질문 모두가 잘못된 질문들이다.

그리스도인들은 그 빈약하고 보잘 것 없는 머리를 잘난 척하듯 두들기며 이렇게 말하고는 떠난다.

"그것은 당신을 위한 진리이지 나를 위한 진리는 아니에요."

그 말에는 내재된 문제가 있다. 어떤 것이 진리라면 그것은 모든 사람들을 위한 진리일 것이다. 예수님은 하나님과 관계를 가지는 것에 대해 몇 가지 아주 탁월한 말씀을 하셨다. 우리는 그분을 진리로 받아들이던가 아니면 거짓말쟁이로 여기며 거절할 수 있다. 하나님의 아들임을 주장하는 사람에게 선심을 베푸는 척하지 말라. 예수님이 진리를 말씀하시는 게 아니라면, 그분은 '위대한 선생'이 아니고 사람들을 그런 식으로 떠나가게 할 수도 없다.

"예수님은 진리다" 또는 "진리가 아니다", 우리는 두 가지 중 하나를 택해야 한다. 다른 선택이 뭐가 더 있겠는가?

교훈 여섯 : 열성당원은
자기가 원하는 요지만 골라낸다

그들이 말한 것

  선거일이 지나고 즉시 고어의 열성당원들이 팜비치 카운티의 투표용지가 '명백히 불법적'이라고 선언하자 법정 변호인들과 운영단들은 소리 높여 선거를 '도둑맞았다'고 외쳤다. 고어의 지지자들에 따르면, 플로리다 선거법은 특정한 순서로 후보자들의 명단이 적혀 있고, 각 이름의 오른쪽에 체크 상자가 있는 표준 투표용지를 요구한다. 그것은 사실이다. 그리고 팜비치가 이러한 요건을 따르지 않은 것도 사실이다. 아주 간단한 경우이다. 그러나 그들은 불편한 사실 한두 가지를 남겨놓았다.

추가된 사실들

  팜비치 카운티는 검표기용 투표용지를 썼기 때문에, 여기에 종이 투표용지를 위한 규칙을 적용할 수는 없다. 플로리다 법에는 이러한 카드를 사용하는 데 있어 별도의 규정이 있다. 이 별도의 규정에 의하면 팜비치 투표용지는 전적으로 합법적이지만, 고어의 지지자들은 그 점을 언급하지 않았다.
  투표자들 대부분은 투표용지를 알아보았지만 그 중 적지 않은 이들이 틀림없이 혼동을 일으켰던 것 같다. 그래서 투표용지와 관련된 문제가 일어났을 것이다. 그 투표용지는 다음 선거에서는 쓰이지 않도록 폐기되어야 한다. 그렇다고 그 용지가 불법적인 것은 아니다. 항의에 나선 사람들은 선별적으로 사실을 사용함으로써 그 문제에 더욱 음흉한 기운을 드리웠다. 투표용지의 디자인에 오류가 있었다는 말은 그리 호소력이 있지 않았다. 차라리 그 투표용지가 '불법'이라고 말하는 게 호소력 있지 않았을까?

적용

우리는 비그리스도인들로부터 감정적인 반응을 유도하기 위해 사실을 선별적으로 취하는 것을 경계해야 한다. 그리스도인들은 특히 이야기의 일부만 취해 황당한 거짓말 보따리로 크게 부풀리는 것에 익숙하다.

지난해에 지인으로부터 인터넷에 돌아다니는 이야기를 메일로 전해 받았다. 그 친구는 웹사이트에 돌아다니는 이야기는 뭐든 틀림없는 사실이라고 믿는다. 이야기인즉, 몇몇 시베리아 과학자들이 확실히 알 수 없는 이유로 땅에 15킬로미터 깊이의 구멍을 뚫었다는 것이다. 그런데 어느 지점에서 드릴이 헐거워지면서 오싹한 박쥐 모양으로 생긴 정체불명의 생명체가 흘러나왔다고 한다.

그들은 보드카를 마시러 돌아가는 대신 그 신비한 구멍 아래로 마이크를 내려 보기로 했다.시베리아 지역 방송국이 15킬로미터짜리 마이크 줄을 가지고 다닌다고? 어쨌든 이 이야기에 의하면, 그들은 그 밑에서 끔찍한 비명소리를 듣고 녹음했으며 그들이 지옥에 구멍을 냈다는 결론을 내렸다. 이 인터넷 링크는 비명 오디오 파일을 첨부하고 있어 클릭하면 들을 수 있게 해놓았다. 나는 그리스도를 믿지 않으면 안 된다는 경고로 이 이야기그리고 이와 비슷한 이야기를 나누는 신실하고 상냥한 그리스도인들을 만나보았다.

우리는 예수 그리스도의 복음을 드러내기 위해 의심스러운 이야기들을 꺼내들 필요가 없다. 우리는 그리스도가 누구인지, 그것이 매일의 삶과 영원의 삶에 있어 개개인에게 어떤 의미인지 이해해야 하고, 우리가 만나는 사람들을 위해 그 진리들을 따라야 한다.

그러므로 불신자들에게 믿음에 대한 이야기를 할 때 일부만 알고 있거나 의심스러운 정보를 사용해서라도 모든 면에서 그들을 '이기려고' 애쓰지 말라. 모르는 게 있으면 모른다고 말하라. 의심나는 게 있으면 의심이 난다고 말하라. 어떤 문제에 대해 씨름하고 있으면 그렇다고 말하라.

나 역시 내 믿음에 대해 여전히 대답하지 못하는 부분이 있고 어쩌면 그 의문은 죽을 때까지 계속될지 모른다. 그럴지라도 나는 그리스도에게 굳건히 헌신할 수 있는 충분한 경험을 했고 충분한 답을 받았다. 하나님께서 직접 사람들을 그분에게 이끄시는 과정에 계시므로, 우리는 그 일을 확실하게 하기 위해 모든 반대 의견에 슬램덩크할 필요는 없다.

사도행전에서 아그립바 왕은 사도 바울에게 자기변호 시간을 허락했다. 이에 바울은 다마스커스로 가는 길에서 경험한 일들을 상세히 말했고 그리스도의 부활에 대해 설명했다. 그는 예수님이 그분이 백성들과 이방인들에게 빛이 되셨다고 선포했다. 왕의 궁정원 가운데 한 명이었던 베스도는 그 말을 듣고 이렇게 외쳤다.

"바울아 네가 미쳤도다 네 많은 학문이 너를 미치게 한다"(26:24)

이에 바울은 침착했다.

"바울이 가로되 베스도 각하여 내가 미친 것이 아니요 참되고 정신 차린 말을 하나이다 왕께서는 이 일을 아시기로 내가 왕께 담대히 말하노니 이 일에 하나라도 아시지 못함이 없는 줄 믿나이다 이 일은 한편 구석에서 행한 것이 아니로소이다 아그립바 왕이여 선지자를 믿으시나이까 믿으시는 줄 아나이다 아그립바가 바울더러 이르되 네가 적은 말로 나를 권하여 그리스도인이 되게 하려 하는도다 바울이 가로되 말이 적으나 많으나 당신뿐아니라 오늘 내 말을 듣는 모든 사람도 다 이렇게 결박한 것 외에는 나와 같이 되기를 하나님께 원하노이다 하니라"(행 26:25-29)

모든 그리스도인은 다른 사람에게 믿음을 전할 때 자신의 동기에 대해 답할 수 있어야 한다. 나의 갈망 속에 오만함이 없기를 나는 기도한다. 교만하지 않기를 나는 소망한다. 나는 내가 신봉하는 것이 참되고 타당하다고 믿는다. 나는 살아 움직이는 믿음을 발견했다.

내게 무슨 대단한 의제가 있는 것은 아니고, 다만 이것이 내가 그리스도에 대한 믿음을 바라보는 방법이다. 내게는 기쁨이 있다. 평안이 있다. 다른 사람들도 내가 가진 것을 갖게 되기를 원한다. 그것은 내가 그랬던 것만큼이나 복잡한 일이다.

천재는 한계가 있을지 모르나, 바보는 뭐 하나 빠지는 구석이 없다.
— 엘버트 허바드Elbert Hubbard

제13장
신학에 대해 너무 알려고 하지 말아요

'미시건 소송 남용 감시단
Michigan Lawsuit Abuse Watch'

은 해마다 소비 제품에 붙은 '올해의 괴상한 소비자 경고문' 대회를 연다. 제조업자들은 소비자에게 분명히 필요하다고 생각해서 붙였을 다음의 경고문들을 보라.

- 유모차의 경고문 : "접기 전에 아기를 빼내시오."
- 가정용 다리미의 경고문 : "옷을 입은 채로 다리미질 하지 마시오."
- 일륜차에 달린 직경 30센티미터 휠의 경고문 : "고속도로에서 사용하지 말 것."
- 목수용 홈파는 데 쓰이는 전동구의 경고문 : "치과용 드릴로 사용할

수 없음."

정말 깜짝 놀랄 일은 이런 경고문이 필요한 경우가 있기 때문에 그 자리에 붙어 있다는 것이다. 샘 쿡Sam Cooke은 1960년대에 「멋진 세상 Wonderful World」이라는 히트 곡을 불렀다. 그 후렴구 "~에 대해 너무 알려고 하지 말아요"를 들을 때마다 나는 웃음이 나는데, 이 영리한 사나이가 아가씨의 사랑을 얻기 위해 자신의 가방끈이 짧은 것을 떠벌이고 있기 때문이다. 나는 이 노래가 좋다. 학교 다닐 때 완벽한 뺀질이었음을 연애의 힘으로 활용할 줄 아는 사람은 누구라도 다 우리 편이다.

그렇다면, 아는 게 뭔가?

그리스도인 공동체라고 해서 이따금씩 발견되는 영적 무지의 안전지대는 아니다. 고故 샘 쿡에게 양해를 구하며, 우리의 지식이 부족함을 노래하는 개사곡을 써보았다.

신학에 대해 너무 알려고 하지 말아요.
그리스도론에 대해 너무 알려고 하지 말아요.
레위기에 대해 너무 알려고 하지 말아요.
그들이 왜 출애굽을 했는지 알려고 하지 말아요.
하지만 하나님이 당신을 사랑한다는 걸 나는 알아요.
내가 선한 사람이 되려고 열심히 노력한다는 것도요.

이 얼마나 멋진 믿음인가요.
...
선한 그리스도인이 되겠다고 말하진 않아요.
하지만 그렇게 되려고 노력은 하지요.
왜냐하면 형제여, 선한 사람이 되면
어쩌면 영생을 얻을 수 있을 테니까요.

(다함께)
바리새인에 대해 너무 알려고 하지 말아요.
삼위일체를 설명할 순 없어요.
교회학에 대해 너무 알려고 하지 말아요.
바람직한 십일조가 무엇인지 너무 알려고 하지 말아요.
하지만 하나님이 나의 변덕을 용서하신다고 생각해요.
그리고 내가 착한 일을 하고 있는지 생각해보죠.
이 얼마나 멋진 믿음인가요?

  영적인 무지를 음악에 실어보니 재미있을지는 몰라도 사실 이것은 심각한 문제이다. 내 경우, 내가 믿음 생활을 하며 갖고 있었던 성실함을 직장에서 발휘했다면 나는 아마 구인 대상 제1호가 되었을 것이다. 그러나 많은 사람들이 믿음의 기본에 대해 배울 시간을 거의 내지 못하거나 아예 내지 못한다. 그리고 나선 왜 믿음이 효력을 발휘하지 못하는지 의아해한다. 많은 경우 우리가 믿음에 관한 지침들을 읽어보지 않았기 때문에 그것이 제 역할을 못하는 것이다.
  다음은 인터넷에서 떠돌아다니는 '세상에서 가장 깊이 없고 영양가 없는 도서들'의 목록이다. 다음의 고전들을 포함해 이와 비슷한 식으로 변형된 목록들을 아마 본 적이 있을 것이다.

- 내가 제일 좋아하는 점박이 올빼미 요리법앨 고어 지음
- 과학 기술에 관한 아미시 대 전집
- 내가 살 여유가 없는 것들빌 게이츠 지음
- 진짜 살인자를 찾아라O. J. 심슨 지음

우리 나름의 그리스도인 책들을 목록에 추가해보자.
- 남침례교의 디즈니랜드 백 배 즐기기
- 하나님의 성회의 칵테일 만드는 법
- 내가 선택할 여지가 없는 것들팻 로버트슨 지음
- 베니 힌의 증명된 치유법들
- 희생정신으로 살아라로버트 틸톤 지음

우리가 본 것 중에 가장 슬프고 심각한 제목은 '내가 확신하는 기독교 교리가 진리다'이다. 항상 생각할 거리를 주는 여론조사가 조지 바나 George Barna에 따르면, 보통 그리스도인들은 복음주의적인 기독교 교리에 대해 얄팍한 이해력을 갖고 있다. 그리스도인 1천 명 이상을 대상으로 한 바나의 조사에서, 응답자의 90퍼센트가 자신들은 기독교의 가르침에 매우 익숙하다고 말했다. 그들이 정말 기독교의 가르침에 익숙해서 그런 대답을 했다면, 나는 양자 물리학에 매우 익숙하다는 말을 하고 싶다. 왜냐하면 사전을 펼쳐보지 않고도 그것의 철자를 쓸 수 있기 때문이다.

이러한 성인 그리스도인들이 스스로 믿고 있다고 말한 것들의 예를 보

면 다음과 같다. 이 예들은 온라인 보고서 '미국인의 성경 지식은 야구장에 있지만 종종 베이스를 벗어난다' 2000년 7월 12일에서 가져왔다. http://www.barna.org. '정말로 그렇다'고 대답한 사람과 '어느 정도 그렇다'고 대답한 사람을 합하여 하나의 퍼센트 수치로 내보았다.

- 58퍼센트가 악마는 그저 상징에 지나지 않는다고 믿는다.
- 39퍼센트가 예수님은 인간이며 죄를 지었다고 생각한다.
- 61퍼센트가 성령님은 하나의 상징이며 살아 있는 영원체가 아니라고 생각한다.
- 75퍼센트가 하나님은 스스로 돕는 자를 돕는다고 믿는다.
- 오직 60퍼센트만 성경의 가르침이 완전히 정확하다고 생각한다.
- 44퍼센트가 어떤 종교를 따르든 상관없다고 생각한다.

기절초풍할 노릇이다. 이것이 그리스도인의 전형적인 모습이라면 바나는 이 분야에서 알아주는 전문가이다, 교회가 무력해지고 그리스도인이 매일의 삶에서 불신자들과 구별된 모습이 전혀 없는 게 이상한 이도 아니다. 바나가 인터뷰한 1,003명의 성인들 가운데 오로지 세 명 세 명 맞대!만 그가 물어본 열네 개의 교리문 모두에 확고하고 성경적으로 일관된 입장을 보였다. 그 수는 다시 말하지만 세 명, 즉 믿기 힘든 비율 0.002999퍼센트였다!

나는 지금 논쟁이 일어날 수 있는 교리적 입장에 대해 말하는 게 아니다. 조사에서 도출된 응답들은 믿음의 기본과 관련된 것들이었다. 어쩌면 우리는 법정에 십계명을 걸어놓을 수 있는지 그 여부에 대해 마음 졸이기 전에 기본 교리를 가르치는 입문 캠프라고 열어야 하는 것은 아닌지 모르겠다 한편 갤럽의 여론조사에 따르면, 미국인 열 명 중 여섯 명이 십계명의 반도 쓰지 못하고 그것들을 순서대로 열거할 엄두도 내지 못한다.

그렇다면 무엇이 중요한 일인가? 우리는 그리스도인으로 살아가기 위해 정말로 신학자가 되어야 하는가? 나는 우리가 일상적으로 인생에서 훨씬 덜 중요한 것들로부터 유익을 얻으려고 시간을 낸다는 점을 말하고 싶다. 예수님을 따르는 이들에게 그분을 향한 믿음이야말로 인생에서 가장 중요한 것이다(이어야 한다). 그것은 주식 시장보다 더 중요한 것이어야 한다.

스포츠 센터보다 더 중요한 것이어야 한다. 직업보다 더 중요한 것이어야 한다. 우리의 믿음은 우리가 행하는 모든 것들의 기초를 이룬다. 우리의 믿음과 교리는 결혼 생활과 가족, 자녀 양육, 개인의 도덕 그리고 직업 윤리를 규정한다. 매우 많은 그리스도인들이 혼란스러운 세계관을 가지고 있는 것은 놀랄 일이 아니다. 우리의 근본적인 신념들 역시 혼란스럽지 않은가.

나는 전국자동차클럽 회원이다. 그 클럽에 가입한 것을 나는 자랑한다. 그러나 그 클럽이 제공하는 것이 무엇인지 모른다면 소속감도 거의 느끼지 못하고 그것을 가치 있게 생각하지도 않게 될 것이다. 외따로 떨어진 고속도로에서 차가 고장이 났다고 가정해보자. 그럴 경우 휴대폰으로 전화만 하면 그 클럽에서 무료 응급 노상 서비스가 제공된다.

나는 그 서비스를 받는 대신에 가장 가까운 고속도로 출구까지 16킬로미터를 걸어가기로 한다. 그 자동차 클럽은 정비소까지 차를 무료로 견인도 해준다. 그러나 나는 연줄도 없는 견인 회사에 전화를 걸어 내 주머니에서 견인료를 꺼내 지불한다. 그리고 도로를 다시 달려 한 호텔에 차를 대고 비싼 요금을 문다. 자동차 클럽 회원이면 할인을 많이 받을 수 있는데 말이다. 호텔을 떠난 후 나는 길을 잃고 공사를 하는 길로 들어서 발이

묶이고 만다.

자동차 클럽은 길의 방향과 공사 구간에 대한 정보를 매일 업데이트하는 서비스를 하고 있는데 말이다. 자동차 클럽의 회원으로서 누릴 수 있는 유익을 듣지 못하고 이용할 줄 모르는 나를 당신은 바보라고 생각할 것이다.

이보다 더 비극적인 것은, 이것이 바로 수많은 우리가 그리스도 몸 된 자녀로서 행하고 있는 모습이라는 점이다. 우리는 우리 믿음의 기본 진리에 대해 알지 못하고, 따라서 매일의 삶에서 그 진리들을 따르지도 못한다.

바나의 조사로 돌아와 위의 슬픈 목록들을 다시 한 번 살펴보자. 조사에 참여한 그리스도인들 중 족히 반이 넘는 이들이 악마는 그저 상징에 지나지 않는다고 믿고 있다. 우리가 그토록 자주 영적인 전쟁에 준비되어 있지 못한 것도 당연하다. 악마와 악이 미치는 영향은 매우 실제적이다.

이 사회의 어두운 세계를 정기적으로 드나드는 사람들은 범죄와 증오로 인한 행동들을 보면 거기에는 단지 인생의 기회나 교육의 결여 이상의 문제가 있다고 말한다.

이 세상에는 악마가 존재한다. 우리는 더 나은 생명체로 진화하고 있지 않다. 내 말을 믿지 못하겠다면 대도시에서 근무하는 아무 경찰이나 형사들과 이야기를 나눠보라. 그들은 겁먹은 사람들 근처에 있을 때면 피부에 스멀거리는 악마의 존재를 느낄 수 있다고 말한다.

그리스도인은 악마와 악에 대해 알아야 한다. 마가복음에서 예수님도 직접 사탄에게 죄의 유혹을 받으셨다. 에베소 교인들에게 보내는 편지에서 사도 바울은 우리가 어떻게 악의 세력으로부터 스스로를 지킬 수 있는지 간단히 설명했다. 우리는 성경에서 상당히 두드러지게 논의되고 있는 악의 존재를 잊어서는 안 된다.

에베소서 6장 11-13절은 말한다.

"마귀의 궤계를 능히 대적하기 위하여 하나님의 전신갑주를 입으라 우리의 씨름은 혈과 육에 대한 것이 아니요 정사와 권세와 이 어두움의 세상 주관자들과 하늘에 있는 악의 영들에게 대함이라 그러므로 하나님의 전신갑주를 취하라 이는 악한 날에 너희가 능히 대적하고 모든 일을 행한 후에 서기 위함이라"

놀랍게도 악마가 그저 상징에 지나지 않는다고 응답한 사람의 80%가 천사의 존재는 믿었다. 성경은 선한 존재천사는 믿고 악한 존재사탄과 악의 세력들는 거부하는 태도를 허용하지 않는다. 사탄이 타락한 악마라는 사실만 보아도 우리는 천사의 존재들만 믿을 수는 없다. 웨이드 클라크 루프Wade Clark Roof는 골라서 선택하는 성향을 가리켜 '영적 탐색의 문화'라고 부른다.

베이비 붐 세대는 인생이 '나'를 위한 진리를 찾아가는 영적 여정이라고 믿는다. 상대주의라는 몇 가닥의 실들이 신학이라는 테피스트리 안에 섞여 들어가는 것 같지 않은가? 그는 또한 사람들이 이제는 어떻게 '종교적' 옹졸함과 무식함의 대명사이라고 불리는 것을 주저하게 되었는지 설명한다. 대신에 우리는 '영적'이라고 불리는 것을 좋아한다"저는 교회에 다니지는 않지만 상당히 영적인 사람이랍니다". '영적인' 사람이 되는 것은 좋은 일이지만, 그렇다고 우리 각자가 대답해야 할 중요한 질문들에 저절로 답이 생기는 것은 아니다.

예수님이 인간에 지나지 않고 죄를 지었다고 생각하는 성인 그리스도인들의 비율이 그토록 높게 나온 것은 특별히 비참한 일이다. 거의 세 명 가운데 한 명은 예수님이 죽으셨지만 육체적으로 부활하지 않았다고 믿는다.

그것은 예수님의 본질 자체와 예수님이 스스로에 대해 하신 말씀을 부정한다는 뜻이다. 예수님이 단순히 인간이었고 죄를 지었으며 몸이 다시 살아나지 않았다면, 기독교는 정말이지 다른 종교와 다를 게 전혀 없다.

우리 가운데 너무나 많은 사람들이 그리스도인으로 살면서 기쁨을 누리지 못하는 이유를 보여주는 가장 유력한 지표는, 성령을 악마와 같이 단순히 상징으로 보고 살아있는 존재로 믿지 않는 그리스도인들의 비율에 있다. 그리스도인이 성공적으로 살아갈 수 있는 핵심은, 성령님의 위로와 인도하심을 알고 나의 것으로 만드는 데 있다.

무식한 게 문제다

성경 지식에 관해 일반 그리스도인들이 무지함을 지적한 사람은 조지 바나만은 아니다. 여러 조사들에 의하면, 90%가 조금 넘는 미국인이 성경을 가지고 있으나, 너무나 많은 사람들이 그것을 문 받침대나 다른 종이들을 눌러놓는 용도로 쓰고 있다고 한다. 갤럽의 여론조사는 전체의 반에 못 미치는 미국인들만이 성경의 첫 권 이름을 쓸 수 있다고 보고했다.

세 명 중 한 명만이 산상설교를 한 이가 예수님이라고 정확히 이름을 댔다어떤 사람들은 그 메시지를 전한 사람이 빌리 그래함Billy Graham이라고 했다. 조지 W. 갤럽George W. Gallup은 "우리는 성경을 경외하지만 읽지는 않는다"며 그런 모습을 정확히 꼬집었다.

나는 죽어서 천국에 가는 악몽을 계속 꾼다물론 천국에 가는 부분은 악몽에 해당하지 않는다. 천국의 거리를 어슬렁거리다가 오바댜를 우연히 만난다. 우리는 집필에 대한 토론을 한다.

"내 책을 읽어봤소?"

예상대로 오바댜는 물었다.

"책이라뇨?"

나는 난처한 표정을 지으며 말한다.

"구약 성경 말이오! 아모스서 바로 다음에 나오는…."

그는 천국에서 허용된 만큼만 화를 내며 말한다.

"아, 그거요."

우물쭈물하는 내 모습이란…. 당신은 천국에서 이런 난처한 만남을 갖고 싶지는 않을 것이다.

「책과 문화Books and Culture」에 관한 한 기사에서 마크 부캐넌Mark Buchanan 목사는 베이비붐 세대가 교리라고 부르는 잡동사니에 대한 글을 썼다.

"베이비붐 세대는 답답하거나 강요된 느낌이 없는 인간적인 친밀함을 원한다. 그들은 인격적으로 많은 것을 요구하지 않는 인격적인 하나님을 원한다. 그들은 신비를 원하지만 그것은 통제될 수 있어야 하며 혼란을 일으켜서는 안 된다. 그들은 충만하고 실용적이고 현실적이며 관대하고 탁월하고 재미있고 힘을 주며 도덕적으로 요구하는 게 없으면서 도덕적으로 진지한 믿음, 불안한 마음을 회복시켜주고 친밀함을 깊게 해주는 믿음을 원한다. 그러면서 그 믿음을 위해 지나치다 싶은 대가를 치르거나 많은 시간을 들이고 싶어 하지 않는다."

텔레비전 맥주 광고와 투자 광고에 나오는 사람들처럼 우리 그리스도인들은 모든 것을 원한다. 그러한 자기중심적인 신념 체제는 우리 구세주에게 참으로 피상적이고 나약한 모습이 아닐 수 없다.

틴데일하우스 출판사의 조사에 의하면, 미국인의 64퍼센트가 너무 바빠 성경을 읽지 않는다고 한다. 다시 말하지만, 믿음을 중요하게 생각한다면 시간을 내야 한다. 충분한 시간이 없다는 것은 스스로에게 정직하기로 마음먹지 않는 한 그저 마음 편하자고 하는 변명에 불과하다. 시간은 일종의 돈이다. 우리는 그것을 우리에게 중요한 것에 써야 한다. 내가 갖고 있는 핵심적인 신념들 가운데 하나는, 시간 투자오랜 기간에 걸친가 우리의 우선순위와 실제의 사랑들을 상당히 정확히 보여주는 척도라는 것이다.

오리발 내미는 말 같지만, 사실 단기 재정과 업무, 건강 또는 그밖에 상황들로 인해 우리는 일시적으로 우선순위와 시간 투자들을 재배열할 수도 있다. 그러나 장기적으로 우리는 시간 관리를 통해 참된 사랑과 관련해 큰 결심을 해야 한다. 자녀들을 사랑한다고 말하면서 그들을 위해 시간을 거의 내지 않는다면 그 말은 허공에서 울리다 사라지고 말 것이다.

조지 바나는 또한 거듭난 성인들이 평균적으로 모든 영적인 일들성경 읽기, 예배, 기도에 들이는 시간의 일곱 배를 텔레비전 시청에 보내고 있다고 말했다. 또 대체로 교회에 헌금하는 액수의 두 배를 유흥비로 쓰고 있다고 했다. 이 대목에서 바리새인 같은 나의 교만함이 머리를 치켜들기 시작했다. 나는 그렇게 많이 텔레비전을 보지 않고 유흥비로 큰돈을 쓰지도 않아. 내가 '그 죄인들과' 같지 않아 참 기쁘다는 생각을 했다. 그러나 바나는 계속해서 말한다.

거듭난 그리스도인들이 기도하며 하나님과 이야기를 나누는 것보다 더 많은 시간을 인터넷 서핑에 쓰고 있다는 것이다. 성령님이 주시는 부드러운 찔림을 나는 느꼈다. 나는 평균적으로 성경 공부보다는 인터넷 스포츠 사이트들을 돌아다니는 데 더 많은 시간을 보내고 있기 때문이다.

"하지만 직업상 어쩔 수 없어요."
내 상처 난 교만이 이렇게 외쳤다.
"업무를 하려면 무슨 일이 어떻게 돌아가고 있는지 알아야 한다고요."
다시 부드러운 찔림이 왔다.
"물론 그렇겠지. 하지만 너는 지금 시간의 우선순위에 대한 글을 쓰고 있잖느냐. 그 시간을 실제 사랑에 써보는 건 어떻겠니? 너는 어디에 시간을 쓰고 있느냐?"
할 말이 없었다. 1961년 신시내티 레즈의 주전 선수들의 이름은 모두 댈 수 있어도 열두 제자들의 이름을 대려면 끙끙대야 한다는 사실이 참으로 부끄럽다.

우리는 중요한 것을 위해 시간을 내야 한다. 아내와 처음 사랑에 빠졌을 때 내 머릿속에는 언제나 온통 그녀 생각뿐이었다. 그녀가 보고 싶고, 그녀와 말하고 싶고, 그녀 곁에 있고 싶고, 나의 모든 생각을 그녀와 나누고 싶었다. 그러다가 서서히 직장에서의 성공과 일에 대한 사랑에 빠졌다.

나는 여전히 아내를 사랑하지만, 시간과 우선순위는 내가 아내보다 성공을 향한 욕망을 더 중요하게 생각하고 있음을 적나라하게 보여주었다. 성공이 바로 코앞에 있는 것 같아 달려가 보면 그것은 또 코앞에 있기를 반복했다. 아내는 참을성 있게 가끔은 그리 참을성 있지도 않았지만 나의 우선순위가 바뀌기를 기다리고 그것을 위해 기도했다. 마침내 나의 우선순위는 바뀌기 시작했으나 일련의 고통스러운 각성을 거친 후의 일이었다.

나는 성공을 반대하는 사람이 아니다. 직업을 반대하는 사람도 아니다. 한번은 한 젊은 기혼남과 가족에게 우선적으로 시간을 할애하는 문제에 대해 이야기를 나눈 적이 있다. 그는 대답했다.

"당신에게는 쉬운 일이겠죠. 사회적으로 성공하고 돈도 많이 버셨잖아요."

성공이라는 놈이 또 다른 희생자를 요구하며 유혹하는 모습이 보이지 않는가?

나는 그저 균형을 잡으려고 애써왔을 뿐이다. 직업과 가정 사이에 균형을 추구하라. 그것은 가능한 일이다. 개인 시간에 균형을 추구하라. 예수님의 삶은 그러한 균형을 보여주었다. 그분은 결혼 잔치와 연회에 종종 가셨다. 열두 제자들과 교제를 나누며 시간을 보내셨다. 하지만 그분은 분명히 그러한 시간과 기도와 묵상하는 시간의 균형을 이루셨다.

너무나 많은 그리스도인들이 완전히 균형을 상실한 채 살아간다. 한두 주의 시간표를 짜서 지켜볼 것을 제안한다. 자신에게 정직하라. 지난주에 무엇을 했는지 달력을 들여다보라. 시간을 어떻게 보냈는가? 배우자와 대화하는 데는 시간을 얼마나 보냈는가? 자녀들과 개인적으로 얼만큼의 시간을 보냈는가? 기도하거나 성경 읽으며 하나님과 얼마나 많은 시간을 함께했는가? 혹 시간 투자 방식을 재정리할 필요가 있지는 않은가?

나는 시간을 상호기금이나 주식 투자처럼 보기 시작했다. 주식 투자를 잘 해놓으면 다양한 경제 상황 속에서 든든한 바람막이가 된다. 어떤 투자는 금리가 높을 때 도움이 될 것이고, 다른 투자는 금리가 낮을 때 도움이 될 것이다. 상황이 어떠하든 의지할 만한 무언가가 있는 것이다. 이와 똑같은 전략을 시간 관리에도 활용할 수 있다.

이 모든 통계들 가운데 가장 두려운 항목은, 자신의 믿음에 대해 잘 알고 있다고 믿는 그리스도인이 90%에 이른다는 것이다. 사람들은 뭔가에 대해 잘 알고 있다고 생각되면 거기서 개선의 필요성을 거의 보지 못한다. 응답한 신자들의 75%는 성경에 "하늘은 스스로 돕는 자를 돕는다"라는 말이 나온다고 생각한다.

이 금언은 시드니 앨저넌Sidney Algernon(1622-1683)의 「정부론Dis-courses on Government」에서 처음 나왔으나, 많은 사람들이 벤 플랭클린 Ben Franklin의 것으로 생각하고 있다. 어쨌거나 성경에는 없는 말이다.

하나님은 스스로를 도울 수 없는 사람들을 더 많이 도우실 수 있는 분이지만, 우리 문화에선 시드니또는 벤가 한 이 말이 더 큰 목소리를 내고 있다. 우리는 임무 가운데 있는 것을 좋아한다. 낙담하는 것을 나약한 것으로 받아들인다. 그래서 우리는 자족하는 이 문화 속에서 그 사실을 인정하지 않는다.

이 조사가 무엇을 의미하는지 이해한다면 왜 우리가 우리 문화에 영향을 받고 있지 않은지가 조금 더 명확해질 것이다. 너무나 많은 그리스도인들이 그들이 무엇을 믿고 있는지 알지 못하고, 그런 무지함이 그들의 일상생활에 무엇을 의미하는지 모른다. 그리스도를 믿는다고 자처하는 사람들 가운데 인정하기 힘든 수가 그들의 삶에서 예수님과 맺는 관계의 능력과 유익을 어떻게 수행할지 모르고 있다.

우리의 위기가 바로 여기에 있다. 우리는 기본으로 돌아가야 한다. 어떤 말도 믿음의 근본을 모르는 데 대한 변명이 될 수 없다. 다른 영역에서 이와 똑같은 일이 일어난다고 생각해보라. 15년 간 대학에 다녀놓고선 전공에 대해 아무것도 모른다고 하면 어떻게 되겠는가?

수년간 한 직장에서 있었는데 당신이 담당해야 할 복잡한 일에 대해 단편적으로 알고 있다면 어떻게 되겠는가? 회사는 그런 당신의 모습을 용납하지 않을 것이다. 성경과 교리에 관한 기본 지식이 부족한 것도 마찬가지로 용납할 수 없는 일이다.

우리가 믿는 것이 무엇인지 모른다면 다른 사람들을 교회로 데려오는 것은 힘든 일이 될 것이다. 사람들에게 무슨 말을 할지 모르므로 전도라는 것이 없어질지도 모른다. 모르는 것을 설명할 수는 없는 노릇 아닌가.

또한 성경을 전체적으로 이해하는 능력이 떨어지면 특정한 목적을 위해 필요한 구절만 골라서 쓰게 된다. 오랜 세월을 거치면서 그리스도인이라고 자처하는 사람들은 노예 제도를 묵과하고, 유대인들을 탄압하고, 흑인들을 차별하고, 여성의 권리를 제한하며, 동성애에 대한 혐오를 정당화하기 위해 성경 구절을 따로 떼어내어 사용했다.

악명 높은 KKK(Ku Klux Klan)단은 "살아계신 그리스도는 KKK단을 특징 짓는 기준"이라는 믿기 힘든 주장을 하며 개회 및 폐회 기도를 했다. 그것이 그렇게 비극적인 일이 아니라면 나는 아마 웃음을 터뜨렸을 것이다. 살아계신 그리스도는 KKK단의 정반대 입장에 있으며, 성경을 통체적으로 이해한다면 KKK단을 떠나게 되거나 아니면 자신이 고집스럽게 하나님의 말씀에 불순종하고 있다는 사실을 알게 되기 때문이다.

동성애에 관한 경우, 구약 성경은 그것이 하나님께서 몹시 싫어하시는 일이라고 말한다. 그런데 하나님께서 싫어하시는 것들이 또 있음을 잊지 마라. 간음, 혼외정사, 천진난만한 아이를 죽이는 것(낙태?), 거짓말, 정욕, 창녀, 불순종, 가난한 자를 압제하는 것, 교만, 불화를 퍼트리는 것 등. 레위기의 율법에 따르면, 간음은 돌에 맞는 형벌을 받았다. 이를 다시 실시할 준비가 되었는가? 우리는 성경을 전체 문맥에서 보아야 하며, 특정 구절을 룰렛 하듯이 골라내는 것은 성경적인 견해를 찾는 방법이 아니다. 구약 성경은 그리스도의 새 언약과 통합하여 보아야 한다.

내가 어떤 경기 규칙집을 집어 들고는 특별히 경쟁력 있는 한 가지 규칙만을 중심으로 전체 시합을 이끌어간다고 생각해보자. 당신은 나보고 미쳤다고 할 것이다. 그 경기를 제대로 하려면 규칙집 전체를 실행하라고 틀림없이 소리칠 것이다. 하나님의 규칙집도 마찬가지다. 무지는 우리가 제기하는 영적인 문제들에 관한 한 축복이 아니다.

호세아 선지자는 "내 백성이 지식이 없으므로 망하는도다"(4:6)라고 외쳤다. 그는 오늘날 그리스도의 몸에게도 이런 말을 할 수 있을 것이다.

실제로 도움이 되는 믿음에 대한 지식이 없을 때 우리는 혼합된 신자가 되기 쉽다. 뉴에이지로부터 상대주의, 전통 개신교 교리, 미국 정신에 이르기까지 모든 것을 믹서에 넣고 한데 갈아버리는 것이다. 그래서 우리가 얻는 것이 기독교일 수도 혹은 아닐 수도 있지만 우리는 그것이 매끄럽게 받아들여지는 한 별로 신경 쓰지 않는 것 같다.

우리가 한데 섞어 만든 이 중성화 된 믿음은 전혀 다른 종교는 아닐지라도 다른 종교와 다를 게 거의 없다. 예수님으로 인해 삶이 변화되었던 우리는 애당초 기독교가 다른 것들과 달랐기 때문에 그것을 처음 받아들였던 것이 아닌가! 기독교는 불가능한 율례와 법률에 바탕을 둔 종교가 아닌 살아계신 하나님과의 관계를 우리에게 선사해주었다.

우리는 누군가에게 어디선가 들은 것이 아닌, 우리가 믿는 것과 그 믿음에 대한 성경의 기본을 더 잘 알아야 한다. 도로시 세이어스Dorothy Sayers는 "어떤 신조이든 '그게 즐거운 일인가?'가 아니라 '그게 진실인가?'라고 물어야 제대로 된 질문이라고 할 수 있다"며 이에 관한 문제를 잘 정리했다. 성경이 없다면 우리에게는 개념들의 유입을 평가할 검문소도, 지식을 평가하는 다림줄도 없는 것이다.

요한복음 4장에서 예수님은 우물가의 여인에게 영원히 목마름을 해결해줄 '생수'를 마시는 것에 대해 말씀하셨다. 신학적, 성경적 무지는 그리스도 몸에 상당히 심각한 수분 부족을 일으키고 영적인 무기력감을 남긴다. 조금이라도 목마름을 느끼고 있다면 샘물이 값없이 흐르고 있는 것이다. 당신은 그곳에 가서 물을 마셔야 한다. 그것도 자주.

> 나는 긴 산책을 좋아하는데, 특히 성가신 사람이 하는 긴 산책을 좋아한다.
> — 노엘 카워드 Noel Coward

제14장 하나님의 자녀들은, 설령 성가신 사람일지라도 모두 영혼이 있다

이유 없이 싫은 사람이 있음을 인정하라.

당신이 나 같은 사람이라면 그런 이들의 구원에 관심을 갖기가 참으로 어려울 것이다. 그들을 위해 기도하는 것이 불가능하지는 않아도 짐스러울 것이다.

그러나 하나님의 자녀들은, 설령 성가신 사람일지라도 모두 영혼이 있다. 이것은 진리다. 또한 내가 가장 받아들이기 힘든 개념이기도 하다. 나의 천성은 카워드가 갖고 있는 느낌에 좀더 가까워서 성가신 사람이 있으면 어디 멀리 산책이라도 갔다 오라고 보내는 편이다.

이것이 내가 갖고 있는 성품상의 주요 문제임을 고백한다. 세상은 나를 귀찮게 하는 사람들로 가득 차 있다! 예수 그리스도의 대사가 되기 위해 나의 책임들을 인정한다는 게 내게는 어려운 일이다. 증인보호 프로그램 안에서 살아가는 게 나는 더 좋다.

괴롭지만 사실이다

테 드 터 너 Ted Turner는 "기독교는 실패자들을 위한 종교" 라는 말로 기독교 사회를 떠들썩하게 했다. 많은 기독교 지도자들은 한데 결집하여 그 '난폭한 통솔자'가 얼마나 그들에게 큰 죄를 저질렀는지 발표했다.

그리스도인 형제들이여, 이런 생각을 한번 해보자_{공식적으로 말하는데, 나는 내 우편물을 직접 열어보지 않는다. 우편물 집중국에서 로봇이 열어본다.} 이것은 순전히 논의하기 위해 해보는 가정이다. 즉 터너 씨가 만났던 많은 그리스도인들이 실제로 실패자들이라는….

그 실패자 군에 속한 사람들은 우리 그리스도인이 특정한 시기에 예수님의 대리인 자격으로 한 일들을 보고 누군가가 예수님을 평가하지 않기를 바라는 것을 이미 알고 있다. 결국 그리스도인으로 살아간다는 것은 어떤 면에서 골프 경기와 같다. 모든 것을 파악했다고 생각하는 그 순간 인생 최악의 라운드를 맞이하는 것이다. 믿음을 표현하는 방법 때문에 나와 만났던 사람들이 나를 '실패자'로 여긴 날들이 있었음을 나는 너무나도 잘 안다. 또 다른 날에 그들은 내가 친절하고 남을 배려할 줄 알고 사회에 관심이 많다는 사실도 알게 될 것이다.

어떤 날에는 스윙이 부드럽고 페어웨이로 공을 날리고 퍼팅도 잘 된다.

그런가 하면 그 다음 경기에서는 공이 숲으로 날아가고 골프채가 부러지며 부모의 지도가 필요한 말들이를테면 'dadgum' 이라든지 'Godfrey Daniels' 같은 말들을 쓰게 된다. 그런 날에 테드 터너가 나를 보았다면 십중팔구 나를 실패자라고 부르며 잘못을 지적했을 것이다. 그리스도 안에서 삶을 변화시키는 신념들을 주장하면서 실제의 삶은 그것을 전혀 반영하지 못하기 때문이다.

이런 항의가 있을 수 있다.

"하지만 모두가 실수를 하는 걸요. 모두가 주님의 놀라운 은혜에 의지해야 하는 죄인들이란 말입니다."

맞다! 당신은 그 사실을 알고 있다. 나도 알고 있다. 밥 돌Bob Dole빌 클린턴과 경합했던 공화당 대통령 후보, 미국 전 상원의원-역자 주도 알고 있다. 하지만 아마도 테드 터너만 몰랐던 것 같다. 어쩌면 그는 살아오면서 언젠가 그리스도인에게 크게 상처를 받은 적이 있는지도 모른다. 실제로 유엔안전보장이사회에서 터너는 유소년 시절에 경험한 그의 믿음을 비난하며 그것을 가리켜 '편협하다'고 했다. 재미있지 않은가? 그런 그를 격렬하게 비난함으로써 우리는 그리스도인은 편협하다는 그의 신념을 확증해주고 있다.

교회가 벌인 야단법석은 실제로 그의 지적이 옳았음을 입증한다. 그러나 내가 견고하게 구세주와 연계되어 있다면, 실제로 테드 터너가 무슨 말을 한들 그 의견에 무게가 실리지 않을 것이고 나는 그 말에 주눅들 일이 전혀 없을 것이다.

미네소타 주지사 제시 벤추라Jesse Ventura도 이와 비슷하게 "조직화된 종교는 수적인 면에서 힘이 필요한 마음이 나약한 사람들을 위한 일종의 사기이자 버팀목"이라는 말로 교회를 발칵 뒤집어놓았다. 당혹스럽게도 조직화된 종교의 상당수가 일종의 속임수라는 점을 말해두어야겠다. 내가 '조직화된 종교'라고 말한 점에 주목하라. 그러한 종교는 진짜 기독교와 닮은 점이 전혀 없다.

그리스도와 특별한 관계를 맺고 있다고 주장하면서 그분의 가르침을 따르지 않는 단체와 교파는 사기꾼들이고 실제로 위험하다. 내가 '마음이 나약한'이라는 말을 쓰면서 약간 움찔했던 것은 인정하지만, 그것은 '깃털 목도리를 한 남자들'에게 위협받을지라도 굴하지 않을 나의 신념에서 한 말이다. 터너의 경우처럼 벤추라가 정말로 신실하고 헌신적인 그리스도의 추종자를 알았는지가 궁금하다. 그런 사람을 여러 가지 많은 이름으로 부를 수 있겠으나, 세상 곳곳에서 사심 없이 봉사하고 있는 충성스러운 그리스도인을 보았다면 '마음이 나약한'이라는 말은 떠오르지 않았을 것이다.

쇼크로커 특이한 연주, 복장, 소도구 등으로 청중에게 충격을 주는 록 음악가 역자 주 마릴린 맨슨Marilyn Manson은 기독교 모욕하기를 좋아한다. 기독교 단체가 그의 공연장 밖에서 피켓 시위를 하는 모습을 쉽게 볼 수 있다. 그의 노래 가사는 노골적이고, 저속하고, 험악하며, 이 자리에서 예를 들기 힘들 정도이다. 기독교 단체들은 그의 괴상함과 관련해 잘못된 주장들을 퍼뜨렸다. 그것을 반증하는 사실들을 우리가 찾지 못할 것이라고 생각했나보다.

그런데 맨슨이 브라이언 워너Brian Warner라는 이름으로 오하이오 주 캔톤에서 기독교 학교를 다닌 사실을 알고 있는가? 그는 다루기 힘들고 스스로 표현한 대로 친구가 거의, 아니 전혀 없는 비호감형 아이였다. 「토크매거진」 지와의 인터뷰에서 맨슨은 말했다.

"이런 아이들에게 힘을 북돋아주는 단체가 없습니다."

프랭크 페레티Frank Peretti가 고통스러웠던 자신의 실제 이야기를 담은 「상처 입은 영혼The Wounded Spirit」을 읽어보라. 그는 거기서 괴롭힘과 괴롭힘을 당하던 학생 때의 경험을 이야기한다. 그런 후 소외감으로 인한 상처가 어떻게 마릴린 맨슨의 분노에 찬 음악과 프랭크 페레티의 그리스도를 찬미하는 책들에 나타나게 되었는지 생각해보라.

 페레티는 그 차이가 그를 지지해준 모임, 즉 교회, 그리스도인 가정 그리고 친구들에게 있었다고 말한다. 브라이언 워너가 누군가에게 받아들여지기 원할 때 교회는 어디에 있었는가? 그리고 학교에서 가르치는 소명이 최고 단계의 사역이 아니라고 누가 생각한단 말인가? 꼭 전도하지는 않더라도 그저 아무도 보살펴주지 않는 이들을 보살펴주는 사람이 되는 것이다. 성 프랜시스 아시시Francis Assisi는 이에 대해 아주 적절한 표현을 했다.

 "항상 복음을 전해야 하지만, 필요할 때만 말하십시오."

 인터뷰에서 마릴린 맨슨은 계속 말한다.

 "민주당 총회장 앞에서 '매일 학교에서 두들겨 맞는 여드름쟁이 백인 청소년을 어떻게 생각하느냐?'며 시위하는 사람은 아무도 없습니다. 그게 과거의 제 모습입니다. 거기서 나를 위해 피켓을 든 사람은 없었습니다."

 브라이언 워너에게는 참 안 된 일이지만, 우리는 처음부터 그의 노래에 끌리는 아이들에게 필요한 사람이 되는 대신에 본능적으로 그 노래에 반대하며 시위에 나선다.

 우리는 맨슨이 느꼈던 철저한 절망과 소외감으로부터 그 아이들 모두를 구할 수는 없지만 몇 명은 구할 수 있지 않겠는가.

새로운 방향으로 나아가기

> 참으로 도움을 주기보다는
> 비판하기가 더 쉽다.

요한복음에서 예수님은 우리가 어떻게 매일의 수고에서 열매를 맺을 수 있는지 말씀하기 전에 그분과 어떤 관계를 가져야 하는지에 대해 말씀하셨다. 브루스 윌킨슨Bruce Wilkinson은 그의 책 「포도나무의 비밀Secrets of the Vine」에서 그 비유에 반영된 포도나무 가지와 열매의 오묘한 관계에 대해 이야기한다. 간단히 말해, 우리가 그리스도와 생명력 있는 관계에 있으면 우리의 생각과 행동들이 그러한 관계를 반영한다는 것이다.

"내 안에 거하라 나도 너희 안에 거하리라 가지가 포도나무에 붙어 있지 아니하면 절로 과실을 맺을 수 없음 같이 너희도 내 안에 있지 아니하면 그러하리라 나는 포도나무요 너희는 가지니 저가 내 안에, 내가 저 안에 있으면 이 사람은 과실을 많이 맺나니 나를 떠나서는 너희가 아무것도 할 수 없음이라 사람이 내 안에 거하지 아니하면 가지처럼 밖에 버리워 말라지나니 사람들이 이것을 모아다가 불에 던져 사르느니라"(요 15:4-6)

우리는 하나님이 원하시는 열매를 맺기 위해 포도나무에 붙어 있어야 한다. 나의 수확물이 신 포도뿐이라면 나는 포도나무에 제대로 접목되어 있지 않은 것이다. 이것은 내가 각 사람을 하나님이 보시기에 귀한 영혼으로 대하는 성숙함이나 태도를 갖는 데 있어 말과 행동이 달랐다는 의미다. 비행기에 탔을 때 나는 보통 옆에 앉은 사람과 말을 잘 하지 않는다. 설령 안녕하냐는 인사를 해도 실제로 대답을 듣고 싶어서 하는 것은 아니다. 누군가에게 관심을 가지는 데 감정적인 에너지를 쓰려면 헌신하는 마음이 필요한데, 다시 볼 일 없는 사람에게 그런 헌신을 보이기엔 나는 너무 이기적일 때가 많다.

하지만 다른 사람에게 봉사하는 일은 성령님의 격려에 반응하는 일이 될 때가 종종 있다. 우리 집에는 메시지가 오면 조용한 신호음을 내는 자동응답 전화기가 있다. 집안이 시끄러울 때에는 메시지가 왔음을 알려주는 '딩딩딩' 소리가 들리지 않는다. 하나님은 이와 비슷한 부드러운 신호를 보내며 우리 마음에 말씀하신다. 그럴 때면 나는 바삐 움직이던 속도를 늦추고 그 영적인 소리가 충분히 들려오도록 조용히 해야 한다.

그렇다면 좀더 효과적으로 다른 사람을 섬길 수 있는 비결은 무엇인가? 나는 그것을 아기의 걸음마와 같은 원리고 생각한다. 6주 안에, 또는 21단계 프로그램을 수료하거나 3단계 설교를 들은 후에 내가 가고 싶은 곳까지 걷게 될 수는 없다. 현재 나의 처지와 내가 되고 싶은 모습을 비교해보면 한숨만 나올 것이다.

그러나 "천리 길도 한 걸음부터"라는 옛말은 그리스도인의 성장에 참된 울림을 준다. 마라톤 선수가 되고 싶다면 그 목표를 이루어가는 특별한 과정을 밟아야 한다. 마라톤에 대한 이야기만 해도 1km는 버틸 수 있게 될 것이다. 관련 세미나에 가서 세계 최정상급 주자로부터 지혜를 얻어도 1km 정도는 버틸 수 있을 것이다. 달리기에 대한 좋은 글을 읽고 신체운동학에 대한 공부를 한다면 실제 경주에서 1km는 얻고 들어가게 될 것이다. 마라톤을 뛰려면 자리에서 일어나 밖으로 나가 달리기를 시작해야 한다.

처음 달릴 때는 불과 몇 미터밖에 못 가겠지만 그런 후 1km, 2~3km, 5km, 10km 식으로 더 먼 거리를 달릴 수 있게 된다. 그리스도인으로서 성장하는 것은 일종의 마라톤이다. 작은 첫 걸음을 떼지 않고서는 훈련이나 믿음의 과정을 마치지 못할 것이다. 여기에 다른 방도는 없다혼동하는 사람이 있을까봐 하는 말인데, 나는 지금 행위신학착한 행위로 구원을 얻을 수 있다는 개념-역사 주을 옹호하는 게 아니라, 믿음 안에서 성장하려면 꿈지럭거리고 뭉그적대는 죄를 극복해야 한다는 말을 하고 있다.

얼마나 헌신해야 할지는 걱정하지 말라. 과감히 나서서 무언가 행동을 취할 때 돌아오는 보상으로 인해 계속 그 일을 해나갈 수 있다. 주는 것보다 받는 게 많다는 개념은 그리스도를 위해 다른 사람을 섬길 때만큼 더 진실할 때가 없다.

최근에 매일의 분주함 속에서 만나는 그 극진히 사랑스러운 바보들에게 보다 더 인내심을 보이는 헌신을 할 기회가 있었다. 현실 속에서 그런 기회는 금방금방 온다.

우리 동네에 대형 마트가 개점하던 날 주차장에는 차들이 꽉 들어찼다. 주차장을 한 바퀴 돌 즈음 나는 주차되었던 차 한 대가 빠져나오는 것을 보았다. 나는 참 운이 좋다는 생각을 하며 그 자리에 차를 갖다 댔다. 그리고 차에서 내린 순간 커다란 SUV 차량이 내 뒤에서 기다리고 있는 것을 알아차렸다. 그 안에는 한 남자가 불쾌하다는 표정을 짓고 있었다.

"대단히 고맙군!"

남자는 낮은 목소리로 투덜거렸다.

"아까부터 그 자리를 기다리고 있었는데…."

처음에 나는 당혹스러웠다. 솔직히 그가 기다리는 줄 몰랐지만, 영역을 침범 당했다고 생각하자 불끈 화가 나며 솟구치는 남성 호르몬의 영향으로 얼굴부터 붉어졌다. 그 다음 순간 헌신하는 마음에 반짝 불이 들어왔다.

"정말 죄송합니다."

나는 말했다.

"기다리시는 줄 몰랐습니다. 후진하시면 이 자리를 내드릴게요."
그러자 이제는 그가 몹시 당황했다.
"아니, 아니오."
운전자는 헛기침을 했다.
"괜찮아요!"
"진심입니다."
나는 말했다.
"당신 자리를 뺏을 마음은 없었습니다. 여기다 차를 대세요."
그는 천천히 차를 후진하기 시작했다. 나는 차에 올라탄 후 그를 돌아보며 말했다.
"죄송했습니다. 하나님께서 축복하시길!"
당신도 그때 그의 표정을 봤어야 했는데….
그날 내내 그의 표정과 웃음이 떠올랐다. 차를 빼고 그 자리를 포기한 후 나는 불과 10미터 전방에 또 다른 자리가 난 것을 보았다. 나는 그 일을 나만의 작은 홍해의 기적이라고 생각한다.
 친절함을 향해 걸음마를 뗀 결과는 어떠했는가? 우선은 나의 혈압을 유지할 수 있었고, 다음으로는 그 남자가 후에 다른 데서 좀더 친절함을 베풀 수 있는 이유를 제공했는지 모른다. 또 헤어지면서 내가 한 말은 그에게 생각할 거리를 주었을 것이다.
 그러나 무엇보다 중요한 것은 내 기분이 좋았다는 점이다. 나는 하나님께 순종하는 일환으로 바른 일을 했고, 그래서 기분이 좋았다. 정말이지 당신도 그 남자의 얼굴을 봤어야 했다.

순종에서 오는 힘

　　　　　　　　　순종이라는 말에 자신도 모르게 움찔해지지는 않았는지 궁금하다. 순종이라는 것이 우리 문화의 중심에서 '나'를 들어내기라도 하는 것이란 말인가? "아무한테도 순종하거나 교과서적으로 대하지 않겠다!"고 우리는 외친다. 그러나 순종은 문화적으로 평가절하 되고 있는 단어들 가운데 하나이다. 순종은 '권위 있는 사람의 가르침을 기꺼이 따르는 것'을 의미한다.

　그런데 우리는 그 말을 '온순한', '나약한' 그리고 '신념이나 힘이 없는'이라는 의미로 만들어왔다. 꼬리를 살랑거리는 강아지들이나 하는 것으로 말이다. 하나님께 순종하는 것은 결코 나약한 일이 아니며, 종종 당신을 비난하는 모든 무리들의 힘을 전부 합한 것보다 더 큰 신념과 힘을 필요로 한다. 디트리히 본회퍼Dietrich Bonhoeffer는 "한 번의 순종이 백 번의 설교보다 낫다"는 말을 했다. 본회퍼에 대해 많이 알고 있다면, 그가 믿음을 위해 생명을 내놓은 대단한 신념과 저력의 사람이라는 사실도 알 것이다.

　나는 평범한 비행기 여행에서 순종하는 기쁨을 경험했다. 이제 할 이야기는 자화자찬이 아니라 우리가 섬길 준비가 되어 있을 때 하나님이 우리를 얼마나 축복하시는지 가르쳐주기 위한 것임을 밝힌다. 아칸소 주 페이트빌에서 대학 농구 경기를 마치고 달라스에 있는 집으로 갈 때의 일이었다. 비행기에 탑승할 시간을 기다리다가 화학치료를 받고 있는 게 분명한 한 소년을 보았다. 그 아이는 벗겨진 머리를 야구모자로 덮고 있었다. 마음은 그 아이와 부모에게 향했지만 나는 다시 신문을 들여다보며 탑승할 준비를 했다.

얼마 후 우리가 탑승할 비행기가 결항되었다는 방송이 나왔다. 표를 바꾸러 위층에 올라갔더니 줄이 상당히 길게 늘어서 있었다. 그래서 나는 휴대폰으로 항공사 VIP실에 전화를 걸어 예약을 갱신했다. 그러고 나서 아까 그 소년과 가족이 내 뒤에 있는 것을 알아차렸다. 그들은 좀 정신이 없어 보였다. 내가 어떻게 도울 수 있는지 묻자 그들은 사연을 털어놓았다.

어린 제이콥은 불치병이나 난치병에 걸린 어린이들의 소원을 들어주는 훌륭한 자선단체인 '메이크어위시Make-a-Wish' 재단의 후원으로 디즈니랜드를 둘러보러 올랜도로 가고 있었다. 소년은 갈아탈 비행기를 놓치게 될 판이고, 그의 가족들은 걱정하는 모습이 역력했다. 나는 델타 항공사의 VIP실에 전화를 걸어 그 사정을 설명했다. 그곳 직원은 고맙게도 제이콥과 그의 가족이 제 시간에 올랜도에 갈 수 있도록 나중에 갈아탈 비행기 표를 다시 예약해주었다.

이제 페이트빌을 떠나기만 하면 되는데 다음 비행기 좌석 예약이 만료되어 제이콥과 그의 가족은 대기자 명단에 오를 수밖에 없었다. 그 비행기를 놓칠 경우 그들은 제 시간에 올랜도에 도착하기가 여전히 어려웠다. 그래서 나는 내 좌석을 그들에게 양보하겠다고 말했다. 그런 후 제이콥과 그의 부모가 디즈니랜드에 갈 수 있도록 표를 포기할 다른 사람을 찾아 나섰다.

그들을 도울 수 있어서 나는 상당히 기분이 좋았다. 하지만 더 좋은 것은 어린 제이콥이 어린아이들만이 지을 수 있는 표정으로 내게 가까이 다가와 나를 물끄러미 쳐다본 것이다. 나는 그에게 웃음을 지어 보였고, 아이가 두 팔로 내 목을 끌어안았을 때 짧은 인사를 나누었다. 그 연약하고 소중한 어린아이를 안았을 때 차가운 내 두 눈에 눈물이 솟아났다.

결국 우리 모두는 비행기에 탈 수 있었다. 몇몇 사람들이 조용히 제이콥의 부모에게 살짝 돈을 주고 갔는데, 그 중에는 여행 경비에 쓰라고 100달러짜리 지폐를 건넨 한 여성도 있었다. 아무도 난처해지지 않았다. 우리 모두가 제이콥을 도울 수 있음으로 인해 축복을 받았다. 그리고 사탄은 그러한 섬김이 주는 교훈을 우리가 경험하는 것을 원하지 않는다. 주는 게 있으면 받는 게 있는 법이다.

맥스 루케이도는 "줄 때가 우리의 전성기다. 실제로, 줄 때 우리는 하나님과 가장 닮은 모습이 된다"라고 말했다. 나는 비행기에서 내려 집으로 돌아오면서 하나님의 사랑을 보여줄 수 있는 기회를 주신 것에 대해 그분께 감사드렸다. 동시에 내가 나 자신에게 열중해 있느라 다른 사람을 도울 수 있는 기회를 얼마나 여러 차례 놓쳤는지 궁금해졌다. 자기가 우주의 중심이고 온 우주가 자신의 필요를 중심으로 돈다고 생각하는 사람들에게 '코페르니쿠스 상'을 만들어 주면 어떨까 생각도 해보았다. 아마도 내가 가장 꾸준히 상을 받는 사람들 가운데 한 명이 될 것 같다.

제이콥은 사랑을 주기에 어려운 사람이 아니었다. 그리스도인으로서 겪는 실제 어려움은 연민이나 사랑을 느끼기 쉽지 않은 사람들에게 관심을 가지는 데 있다. 한 기독교 노숙자 보호소에서 추수감사절 저녁에 와서 봉사하겠다는 한 게이에게 기회를 주지 않았는데, 그의 신념이 그들의 신념과 '맞지 않는다'는 것이 이유였다는 기사를 읽고 서글픈 마음이 들었다. 보호소 대변인은 "간음한 사람이 봉사하는 것을 지지하는 누구라도 우리는 원하지 않습니다"라고 말했다. 그 말을 들으니 예수님께서 이와 비슷한 반응을 보고 말씀하시는 장면이 떠오른다.

"그 동네에 죄인인 한 여자가 있어 예수께서 바리새인의 집에 앉으셨음을 알고 향유 담은 옥합을 가지고 와서 예수의 뒤로 그 발 곁에 서서 울며 눈물로 그 발을 적시고 자기 머리털로 씻고 그 발에 입 맞추고 향유를 부으니 예수를 청한 바리새인이 이것을 보고 마음에 이르되 이 사람이 만일 선지자더면 자기를 만지는 이 여자가 누구며 어떠한 자 곧 죄인인 줄을 알았으리라 하거늘 예수께서 대답하여 가라사대 시몬아 내가 네게 이를 말이 있다 하시니 저가 가로되 선생님 말씀하소서 가라사대 빚 주는 사람에게 빚진 자가 둘이 있어 하나는 오백 데나리온을 졌고 하나는 오십 데나리온을 졌는데 갚을 것이 없으므로 둘 다 탕감하여 주었으니 둘 중에 누가 저를 더 사랑하겠느냐 시몬이 대답하여 가로되 제 생각에는 많이 탕감함을 받은 자니이다 가라사대 네 판단이 옳다 하시고 여자를 돌아보시며 시몬에게 이르시되 이 여자를 보느냐 내가 네 집에 들어오매 너는 내게 발 씻을 물도 주지 아니하였으되 이 여자는 눈물로 내 발을 적시고 그 머리털로 씻었으며 너는 내게 입맞추지 아니하였으되 저는 내가 들어올 때로부터 내 발에 입 맞추기를 그치지 아니하였으며 너는 내 머리에 감람유도 붓지 아니하였으되 저는 향유를 내 발에 부었느니라 이러므로 내가 네게 말하노니 저의 많은 죄가 사하여졌도다 이는 저의 사랑함이 많음이라 사함을 받은 일이 적은 자는 적게 사랑하느니라"(눅 7:37-47)

예수님은 죄인인 여자가 '섬기도록' 허락하셨을 뿐만 아니라 그녀의 마음속에 그녀의 주변에 있는 사람들을 부끄럽게 만드는 태도가 들어 있음을 보셨다.

나는 하나님의 눈에 가치 있는 존재들로서 모든 사람들을 보려고 노력하기 시작했다. 도로에서 누군가가 내 앞에 끼어들기를 할 때 '그리스도가 이 사람을 위해 죽으셨지' 하는 생각을 한다. 사람들이 나를 귀찮게 하거나 무례하게 나올 때 그들이 하나님의 형상으로 지어졌고 이 순간에만 약간 그 형상을 손볼 필요가 있는 것일 뿐이라고 애써 생각한다. 사람들을 관찰할 때면 입은 옷으로 그들을 평가하는 대신에 그들을 위해 기도하려고 노력한다. 항상 성공하는 것은 아니지만 그러한 훈련으로 사람들을 보는 방식이 달라지기 시작했다.

예수님의 사랑의 렌즈로 사람들을 꾸준히 들여다보는 것은 쉬운 일이 아니다. 그러나 결국 성령님이 나를 일깨워주실 것이고, 그때 골칫거리 사람들을 대하는 나의 태도는 필연적으로 바뀌게 되어 있다.

은혜와 용서가 이 사회에서 가장 희귀한 필수품이 되었다는 것은 놀랄 일도 아니다. 오스카 와일드Oscar Wilde는 "늘 네 적들을 용서하라. 그것만큼 그들을 괴롭히는 것은 없다"라고 말했다. 실제로 용서는 자연스러운 행위가 아니기 때문에 그것만큼 적들을 무장해제 시키는 것도 없다.

사람들의 영혼이 매일 조금씩 어두워지는 이 세상에서 우리는 빛이 되어야 한다. 빛이 된다는 것은 무엇을 의미하는가? 나는 좋은 생각일 것 같은 티셔츠나 그리스도인 넥타이를 통해 믿음을 성공적으로 나누어본 적이 없다. 눈에 불을 켜고 죄와 죄인들을 찾는 일도 웬일인지 효과가 없었다. 짐잔을 빼며 설교를 해도 개종자들이 줄을 잇지 않았다.

그렇다면 어두운 세상에 빛이 된다는 것은 무엇을 의미하는가? 현실에서 우리 대부분은 '레오스타트rheostat' 그리스도인들이다. '레오스타트'란 흐르는 전기량을 조절할 수 있게 만든 일종의 스위치다. 간단히 말해, 등불에 달린 '레오스타트'는 빛을 조금씩 줄이는 기능을 한다.

이 장치가 있으면 상황에 따라 빛을 줄이거나 최대한 밝게 할 수 있다. 나는 '레오스타트' 신자처럼 처신하는 경향이 있다. 편안한 상황에서는 최대한 빛을 발하도록 '레오스타트'를 돌린다. 기독교적이고 정연한 것들에 대해 말하고 매우 그리스도인답게 행동한다. 그러나 상황이 불리하거나 거북할 때면 빛을 낮추거나 아예 꺼버리고 싶은 유혹을 받고 때로는 위협도 느낀다.

그리스도는 우리에게 '레오스타트'를 '모션디텍터motion detector' 물체의 움직임을 감지하는 장치-역자 주로 바꾸라고 말씀하신다. 누군가가 당신의 궤도에 들어서면 불이 켜지고 계속 그 상태로 있는 것이다. 복음을 가지고 그들을 공격하라는 뜻이 아니다. 다만 참 그리스도인으로 있으면서 그의 상대가 되어주라는 것이다. 일단 믿음에 자신감이 생기면 우리는 그 어느 때보다 커진 능력을 지속적으로 드러낼 수 있다.

나는 예수 그리스도의 복음에 대해 경험하고 배운 것을 비그리스도인에게 말할 수 있다. 하지만 그리스도에 대해 말하기 전에 나는 그들에게 관심을 가져야 한다.

마더 테레사는 "가장 큰 고통은 불필요한 사람, 사랑받지 못하는 사람, 돌봄을 받지 못하는 사람, 모두가 피하는 사람, 보잘것없는 사람이 되는 것"이라는 말을 했다고 한다. 우리는 그렇게 느끼는 상처 입은 일부 영혼들에게 변화를 선사할 수 있다. 성가신 그 모든 사람들을 대할 때 나는 미켈란젤로의 예술적인 안목과 같은 영적인 안목을 달라고 기도한다. 그 위대한 조각가는 이렇게 단언했다.

"나는 대리석 안에 든 천사를 보았고, 그 천사가 그 안에서 나올 때까지 조각했을 뿐이오."

하나님께서 죄인들 가운데 있는 영혼의 아름다움을 볼 수 있는 열망과 비전을 우리에게 주시고, 그들이 자유로워지는 날까지 그들을 사랑할 수 있게 하시길 기원한다.

제3부 현실을 딛고 구세주의 믿음 위에 서라 : 하나님의 자녀들은 모두 영혼이 있다

우리 뒤에 놓인 것과 우리 앞에 놓인 것은
우리 안에 놓인 것과 비교하면 사소한 문제이다.

― 랄프 왈도 에머슨Ralph Waldo Emerson

제15장 인간애에 호소하기

역사는 예수님의 시대를 전후해 수없이 다른 '메시아들'이 활동했음을 기록한다. 그들 중 일부는 예수님이 택하신 열두 제자들만큼이나 인상적인 추종자들이 따랐다. 예수님은 문제가 될 수 있는 특징을 지닌 열두 남자를 제자로 삼고 세상에서 가장 큰 믿음을 세워주셨다.

예수님 외에 자칭 메시아라고 하는 사람 가운데 어느 누구도 21세기는 고사하고 2세기까지도 영향력을 미치지 못했다. 그래서 우리는 달력에 크리스도의 탄생일을 기록하고 있는 것이다.

예수님과 그의 무리가 전 세계에 영향을 미쳤다는 사실에 호기심이 생기지 않는가? 역사상 어떤 인물도 그보다 더 큰 영향을 끼치지 못했다. 실제로 그분의 사역 기간은 불과 3년에 지나지 않았고 그마저도 배반과 사형 집행으로 끝을 맺었다. 노동자들이었던 제자들은 뿔뿔이 흩어졌고 그 과정에서 예수님을 부인하기도 했다.

그러나 무언가가 그들에게 전해졌고, 그후 그들은 그분의 진리를 선포하기 위해 박해와 죽음에 맞서 일어나는 용기를 갖게 되었다. 아무튼 이 사람들은 전 세계에 그분의 복음을 퍼뜨리기 위해 사람들에게 충분히 영향을 미칠 수 있을 만큼 설득력이 있었다.

절대적인 권력을 소유했던 그 시대의 지도자들이 이 별로 크지 않고 하찮은 믿음을 박멸하지 못했다는 것이 이상하지 않은가? 그들은 왜 그리스도의 시체를 만들어내어 이 광기를 단호하게 종결짓지 못했을까?

그 촌뜨기들의 반란을 진압하면 확실히 로마에 가장 이득이 돌아가고, 당시 '종교적인 의' 차원에서도 마음이 편했을 텐데 말이다. 설령 시체를 만들어내지 못했더라도 왜 그들은 사람들이 믿지 못하도록 부활 이야기를 폄하하지 않았을까? 그리스도가 부활했다는 이야기는 상당히 과격한 주장이어서 반박하기도 쉬웠을 텐데 말이다. 하지만 그들은 그러지 않았고, 확실히 그렇게 할 수 없었다.

오늘날 공인회계사 한 명이 끼고 나머지 열한 명은 블루칼라 출신인 노동자들이 모여 압제 정부 밑에서 종교를 하나 시작한다고 생각해보라. 예수님의 누더기 무리가 이룬 업적은 어디에도 견줄 데가 없다. 그들은 역사를 바꾸었다. 어떻게 그런 일을 할 수 있었을까?

혁명을 시작하자

무엇보다 예수님은 완전한 혁명가였다. 그분은 당시 문화에서 아무도 가지지 못했던 지위를 여자들에게 부여하셨다. 그분의 관점은 권력층에게 낯설고 동요될 만한 것들이었다. G. K. 체스터튼은, 결혼에 관한 예수님의 관점은 "당시 문화의 소산물이거나 논리적으로 그 시대에 나올 만한 새로운 단계도 아니었다. 그것은 다른 세계에서 온 것 같은, 전혀 낯설고 놀라운 가르침이었다"라고 판단했다.

역사적으로 그 시기에 사람들을 여성을 일종의 소유물로 보았다. 이혼은 남편에게만 아무 흠이 되지 않는 과정이었다. 아내는 아무 이유 없이 내쫓기거나 커다란 역경과 고통에 내버려질 수 있었다. 버림받은 아내는 사실상 생존에 필요한 어떤 선택도 할 수 없었다. 여자아기 살해는 로마와 이방 문화에서 흔한 일이었다. 초대교회는 이 비열한 일들을 묵과하거나 실행하지 않았다.

초대교회는 공동체의 책임이라는 개념을 지지했다. 로드니 스타크 Rodney Stark는 그의 멋진 책 「기독교의 기원The Rise of Christianity」에서 초대교회에 대해 연구했고, 자비심이 많고 남을 돌보기 좋아하는 그리스도인들이 실제로 베푼 구제로 인해 불신자들이 그들의 믿음에 종종 끌렸다는 사실을 발견했다.

초기 교부였던 터툴리언Tertullian이 2세기 말엽에 쓴 글을 보면, 이방 사원들이 기부금으로 받은 것을 '연회와 한바탕 술잔치'에 썼음을 알 수 있다. 반면 그리스도인들의 기부금은 '가난한 사람들을 돕고 장사 지내는 데, 수입도 부모도 없는 소년 소녀들과 집 밖에 나올 수 없는 노인들의 필요를 채우는 데' 쓰였다.

　이교도였던 줄리안Julian 황제는 "불손한 갈릴리인들은 그들의 가난한 자들뿐만 아니라 우리의 가난한 자들까지 원조했다"라고 쓰며 놀라워했고 냉소적인 모습까지 보였다. 정확한 일침이 아닐 수 없다. 그들은 집에서나 나가서나 그리스도인답게 행동했다. 참으로 용기 있지 않은가!

　E. 글렌 힌슨E. Glenn Hinson 교수는 "초대 그리스도인들은 높은 도덕 기준을 가지고 있었고 신분에 상관없이 모든 이들을 위한 자선 활동으로 그 문화에 감동을 주었다"라는 글을 썼다. 오늘날의 교회는 이 두 가지 자질을 일상생활 속에 통합하기만 해도 문화적으로 상당한 영향력을 갖게 될 것이다.

　철학가이자 작가인 저스틴Justin은 신자들이 믿음 때문에 순교하면서 보여준 초자연적인 용기와 존엄함 때문에 처음 기독교에 이끌렸다. 학벌 좋은 철학가에서 그리스도를 믿는 신자로 개종한 그는 오늘날의 교회들에게 모범적인 전도의 예를 보여준다. 저스틴은 진리를 찾는 구도자였다. 스토이즘에서 피타고라스주의, 플라톤주의를 두루 섭렵한 그는 그리스도인들의 순교하는 용기에 처음으로 그들에게 흥미를 갖게 되었다. 그는 에베소에서 나이든 그리스도인 남자를 우연히 만난 후로 개종하게 되었다고 밝혔다*나는 이 만남을 '거룩한 약속' 이라고 부른다.

　"그 즉시 불꽃 하나가 내 영혼에 타올랐고, 선지자들과 그리스도의 친구인 그들의 사랑이 나를 사로잡았다"라고 저스틴은 기술했다. 그는 모든 철학이 진리의 일부에 지나지 않음을 깨달았고, 플라톤주의가 "그리스도에게 우리를 데려다주는 선생" 역할을 했다고 말했다.

　저스틴이 흥미롭게 관찰한 것 가운데 하나가 「제2변증서The Second Apology」에 수록되어 있다. 그는 그리스도인들이 선한 시민들을 양산한다고 주장했다. 그리스도를 따르는 이들이 사회의 기초를 저해한다고 생각하는 것은 오해라고 쓰기도 했다. 어디서 많이 듣던 소리가 아닌가? 오늘날로 치면 그는 ACLU미국자유인권연합에게 글을 쓰고 있는 것이다. 인간의 본성은 현대적으로 다시 포장되어 있을 뿐 달라진 게 전혀 없는 것 같다.

생명의 존귀함에 대한 그리스도의 가르침은 이 땅의 교회에 상당한 영향을 미쳤다. 초대 그리스도인들이 영아 살해와 검투사 시합이 벌어지고 심지어 식인까지 하던 이방 문화에서 살았다는 사실을 기억하라.

생명의 가치에 대한 교회의 혁명적인 관점은, 두 가지 큰 전염병이 2~3세기에 제국을 휩쓰는 동안 희생하는 모습으로 드러났다. 이교도들이 환자들과 접촉하는 것을 피하고 아직 살아 있는 그들을 길거리에 갖다 버린 반면, 그리스도인들은 자신의 목숨을 돌아보지 않고 아픈 이들을 간호하고 보살폈다. 초대교회의 사심 없는 섬김에 많은 이방인들이 그리스도의 교회로 개종했다.

초대교회가 폭발적으로 성장할 수 있었던 또 다른 주요 요소가 있다. 믿음에 관심을 가졌다고 해서 그들이 교회 안에서 즉시 전적인 책임을 부여받은 것은 아니었다. 저술가 히폴리투스Hippolytus에 따르면 그들은 처음에 신앙 지도를 받아야 했다. 그러고 나서 3년에서 6년까지 제자 과정이 지속되면서 새 신자들은 참되고 굳건한 헌신을 쌓아갔다.

오늘날 우리는 새 신자들이 그리스도와의 관계에 온전히 뿌리를 내리기 전에 그들에게 봉사 직분과 책임직을 맡기려고 득달같이 달려드는 것은 아닌지 생각해본다.

새 그리스도인이 교회에 다닌 기간과 상관없이 장로나 교회 당회원이 되는 모습을 나는 보아왔다. 나만 뒤떨어지는 학습자인지는 모르나, 스스로 나를 돌아보건대 나는 그렇게 빨리 그런 능력을 갖고 봉사할 만큼 준비되어 있지 못했다. 그러나 다시 돌이켜보면, 혹 준비되어 있어도 그렇다고 생각지 못했던 것 같기도 하다.

교회가 한, 그리고 계속 할 옳은 일

역사를 통틀어 교회는 섬길 때 가장 교회로서 효력을 발휘했다.
위니프레드 커크랜드Winifed Kirkland는 "부활하신 그리스도를 가장 잘 증명하는 것은 살아있는 그리스도인들이다"라고 말했다. 살아있는 그리스도인들을 가장 잘 증명하는 것은 그들의 섬기는 모습이다. 우리는 초대 교회가 보여준 섬김으로부터 많은 것을 배워야 한다.

사실상 역사적으로 교회의 부흥은 섬김에서 시작된 것으로 보인다. 아니면 섬김이 부흥을 가져왔거나…. 닭이 먼저든 달걀이 먼저든 이 둘은 서로 연결되어 있다. 위대한 믿음의 사람들은 역사에 길이 남을 깊은 영향을 미쳤다. 존 웨슬리John Wesley는 노예무역을 종식시키기 위해 35만 명의 서명을 받아냈다. 우리가 과연 오늘날 그와 비슷한 중대한 사안에 그만큼의 서명을 받아낼 수 있을까? 장담하지 못할 일이다.

한번 생각해보라. 오늘 나는 부분출산 낙태_{임신 6개월 이후의 태아를 낙태하는 것-역자 주}를 반대하는 성명서를 지지해달라고 호소하는 라디오 방송을 들었다. 그들은 라디오와 인터넷의 도움을 받아 30만 명이 서명할 것을 기대하고 있었다. 그때 나는 웨슬리의 믿음과 헌신이 기적을 만들어냈구나 하는 생각이 들었다.

윌리엄 윌버포스William Wilberforce 주교는 노예 제도 폐지에 크게 공헌했다. 스탈Stael 부인은 그를 가리켜 "영국에서 가장 재치 있으며 가장 종교적인 사람"이라고 말했다. 많은 사람들은 이 두 개념이 한데 쓰이는 게 불가능하다고 생각한다. 그는 한때 노예 무역상이자 노예선 선주였던 존 뉴턴John Newton의 설교를 들으며 자랐다. 뉴턴 목사는 구원받고 사역의 소명을 따라간 경험을 바탕으로 찬송가 '나 같은 죄인 살리신Amazing Grace' 의 가사를 썼다. 뉴턴이 '나 같은 죄인 살리신' 은혜에 대해 이야기할 때 그 것은 단순히 노래 가사 이상의 의미를 띠었다. 그는 그 은혜를 생활 속에서 드러냈다.

그러나 윌버포스는 믿음에서 떨어져나가 몇 년을 하원의원과 일반 당원으로 보냈다. 그는 그것을 '테이블의 유혹'을 받은 시기라고 불렀다. 1787년 그는 그리스도의 믿음에 다시 헌신하며 하나님의 은혜로 '노예무역 폐지와 인습 개혁'에 영향을 미치는 일에 착수했다. 그 이후의 이야기는 당신도 알 것이다. 윌버포스는 노예무역을 폐지하는 데 공헌한 주요 세력이 되었다. 그리스도인의 문화적 책임에 대한 그의 생각에 나는 정신이 번쩍 들었다.

"신앙 고백하는 대로 행동하는 사람은, 나중에 그리스도의 심판석 앞에서 자신의 정치적 행위에 대해 답변해야 한다는 점을 깊이 생각하는 사람이다."

신자들이 그리스도에게 신앙고백을 할 때 어떠한 책임을 갖게 되는지 말해주는 간결하고 확신에 찬 설명이 아닐 수 없다. 실패를 정죄하는 것이 아니라 주님께 헌신할 책임에 대해 말하고 있는 것이다. 나는 더 잘할 수 있다. 우리는 더 잘할 수 있다. 우리는 우리가 고백한 그리스도의 이름과 그분의 원리를 위해 더 많은 일을 해야 한다. 남자든 여자든 차이를 만들어낼 수 있다. 파스칼Pascal이 말한 바와 같이

"온 바다가 돌 하나로 달라질 수 있다."

앤소니 애슐리 쿠퍼Anthony Ashley Cooper훗날 애슐리 경, 샤프츠버리 경으로 알려짐는 1826년에 영국 하원 생활을 시작했다. 독실한 그리스도인인 그는 당시 아동들이 흔히 처해 있던 끔찍한 노동 조건들을 폐지하는 아동 노동법 개혁 운동에 참여했다. 그는 또한 공장 노동자들이 하루 10시간만 일하도록 하는 법을 제정했다당시에는 진보적인 생각이었다. 그는 정신이상자들을 돌보는 일을 하기도 했다. 10장에서 논의했듯이 하늘과 세상이라는 이중 시민권을 어떻게 겸비할 수 있는지 그는 모범을 보여주었다.

애슐리 경은 말했다.

"나의 종교적인 관점은 그리 대중적이지는 않지만 평생 나를 떠받쳐주고 편안하게 해준 관점들이다. 나는 한 사람의 종교가그것이 가치 있는 것이라면 삶의 모든 영역으로 들어가야 하고, 모든 관계 속에서 그의 행동을 다스려야 한다고 생각한다. 나는 언제나 복음을 전하는 사람이었다주님, 앞으로도 늘 그런 사람이 되게 해주십시오."

아멘.

애슐리는 그리스도 신앙을 바탕으로 한 분명한 세계관을 갖고 있었고, 모든 행동에 세계관이 충분히 스며든 사람의 예를 보여주고 있다.

우리는 기독교에 대해 이야기하면서 예수 그리스도를 따르느라 시작된 자선 단체의 엄청난 수와 그 세력을 간과할 때가 자주 있다. 헤아릴 수 없이 많은 그리스도인들이 이웃을 사랑하라는 명령을 지금 진지하게 수행하고 있다.

예를 들어, 구세군은 미국에서만 6천 개의 기관을 통해 경이적인 규모로 봉사를 하고 있고 수백 개의 나라에 세계적인 구호 활동을 펼치고 있다. YMCA는 1,400만 명의 사람들에게 프로그램과 편의 시설을 제공한다. 굿윌 인더스트리Goodwill Industries는 우리가 '정치적으로 바른' 이라는 말을 쓰기도 전부터 장애인들과 가난한 사람들에게 일자리를 제공해 왔고, 지금도 여전히 그러한 사람들에게 직업 훈련을 제공하는 미국에서 가장 큰 비영리 단체이다.

월드비전, 가톨릭구호봉사회, 피드더칠드런Feed the Children, 기독교아동기금, 컴패션 인터내셔널Compassion International, 푸드포더푸어 Food For The Poor와 같은 국제 구호 단체들은 세계 곳곳에 음식과 의약품 그리고 그밖에 꼭 필요한 도움을 제공한다. 도심inner-city대도시 구舊시가의 과밀 지구-역자 주 사역, 지체장애인들을 위한 캠프, 비행청소년을 위한 숙소 그리고 그밖에 복지 활동들을 전부 적자면 이 책이 두 배는 더 두꺼워질 것이다.

봉사하기 원하는 그리스도인들이 잡을 수 있는 기회는 놀라울 정도이다. 복음주의적인 신자들이 모두 한 달에 한 번씩이라도 개인적인 봉사에 나선다면 그 영향력은 어느 정도일까?

과정을 중요하게 여기시는 하나님은 오늘날 그분을 위해 위대한 일을 할 남자와 여자들을 계속해서 부르고 계신다. 밀라드Millard와 린다 풀러 Linda Fuller 부부는 나이 서른이 되기 전에 백만장자가 되었다. 그러나 그들은 영혼의 불안함으로 인해 믿음에 다시 헌신하게 되었다. 이어서 풀러 부부는 그들의 모든 재산을 팔아 가난한 사람들에게 주고 새로운 방향을 모색하기 시작했다.

하나님께서 그들을 이끄신 곳은 '사랑의 집짓기Habitat for Humanity' 라고 불리는 작은 사역을 설립하는 것이었다. 덕분에 오늘날 전 세계 60개국이 넘는 나라에서 10만 가정 이상이 안전하고 여유 있는 집을 가지게 되었다. 한 부부가 전적으로 하나님을 신뢰할 때 하나님께서 그들에게 어떤 일을 하실 수 있는지 보고자 했기 때문에 50만 명이 넘는 사람들이 집을 가지게 되었다.

구경꾼인가, 참여자인가?

나는 풀러 부부가 한 일을 경외심 반, 부끄러운 마음 반으로 보았다. 그들이 한 일을 나도 할 수 있을까? 좀더 정확히 말해, 그들이 한 일을 나도 해야 하는가? 그리스도를 위해 위대한 일을 이룩한 남자들과 여자들을 볼 때, 나는 영화 「웨인즈 월드Wayne's World」에서 록의 우상에게 절하며 "우리는 가치 없다. 우리는 가치 없다"를 반복하는 인물들 같다는 느낌을 받는다. 솔직히 말해, 풀러 부부가 한 일을 보고 겁이 났다. 하나님이 정말로 나를 사셨다는 게 두려웠다. 하나님은 풀러 부부가 한 일을 내게 요구하실 것이다. 그것은 내가 향상되기 원하는 개인 성장과 믿음에 관한 문제이다.

그렇다면 나는 왜 더 많은 것을 드리지 못하고 있는가? 분주함의 죄가 마음에 떠올랐다. 이기심도 또 하나의 이유임을 부인하기 힘들다부인하고 싶지만…. 분주함, 이기심 그리고 우리가 댈 수 있는 그와 비슷한 거의 모든 것들은 아마도 교만에 뿌리를 두고 있을 것이다. C. S. 루이스는 "교만은 다른 모든 악으로 이어진다. 그것은 완전히 하나님을 반대하는 마음의 상태"라고 말했다. 처음 이 문장을 읽었을 때, 너무나 대담한 표현이라 내가 갖고 있던 미국적인 마음가짐이 즉시 꺾이는 것을 느꼈다. 하지만 여전히 나는 그 뿌리가 교만에 닿아 있는 죄나 악에 부딪히고 있다.

교만은 돈을 갖는 데서 만족하지 않는다. 교만은 이웃이나 동료보다 더 많은 것을 갖기를 원한다. 교만은 편리하고 신뢰할 수 있는 차를 갖는 데서 만족하지 않는다. 교만은 최고의, 최신의, 최적의 설비가 장착된 차를 원한다. 교만은 세상의 고통 받고 궁핍한 사람들보다 나의 필요를 우선으로 생각하기 때문에 베푸는 손길을 거두게 한다. 이 모두가 나의 잘못들임을 인정한다. 나는 윌버포스가 한 말을 다시금 되새겨보았다내 나름대로 풀어 써본다.

"자신이 말하는 원리대로 행동하는 사람은 그리스도의 심판대 앞에서 그에 대한 답변을 해야 한다."

우리는 그것에 대해 많이 생각하는 것을 좋아하지 않는다. 그렇지 않은가? 구원에 관한 문제가 아니기 때문에 이 땅에서 우리가 한 행위들을 속도위반 딱지처럼 다루는 편을 좋아한다. 판결을 미루는 것이 지금 진실 앞에 서는 것보다 더 편안하기 때문이다.

덧붙이자면, 교만은 충실하고 다정한 배우자에 만족하지 않는다. 교만은 친구들의 아내들보다 더 매력적인 전리품 같은 배우자를 원한다. 나는 남들보다 그럴 만한 가치가 더 있다고 말하는 게 교만이다. 나는 마땅히 행복해야 될 사람인 것이다. 이는 이기적인 인간들이 반복해서 중얼거리는 주문과도 같다. 그러나 그 안에 든 오만함에 대해 생각해보라.

당신은 역사상 가장 풍요로운 나라에서 태어나야 마땅한 사람인가? 당신은 다른 나라에서는 온 가족이 1년 동안 버는 돈보다 많은 돈을 일주일에 벌 수 있는 기술을 가지는 게 마땅한 사람인가? 남들에게 전시하고 싶은 배우자를 선택할 수만 있다면 당신의 자녀들은 결손 가정에서 자라도 된다는 말인가? 당신이 현재 이끌리는 사람보다 매력적이지 못하다는 이유로 당신의 배우자는 버림을 받아도 된단 말인가?

에덴동산에서 아담과 이브를 타락으로 이끈 것이 교만이었다. 하나님을 거꾸러뜨리고 하나님처럼 되라고 사탄을 부추긴 것이 바로 교만이었다. 인류 최초의 살인을 이끌어낸 것이 교만이었고(창 4장), 다윗 왕을 넘어지게 한 것도 교만이었다. 교만은 제자들에게도 손을 뻗쳐 그리스도께 직접 가르침을 받은 열두 제자들은 천국에서 누가 가장 크냐는 말다툼을 벌이면서 화를 냈다(막 9:34).

"어쩌면 그렇게 멍청할 수가 있지? 이런 바보들이 또 있을까?" 하며 우리는 그 모습들을 바라보고 놀라워하다. 그럴 때면 나의 율법의 여신거울이 그 멍청이가 될 수 있는그리고 현재도 멍청이인 한 남자를 비춰준다.

인생을 너무 부정적으로만 보는 게 아니냐고 생각하는 사람이 있을지 모르겠다. 나는 숨김없이 현실적으로 생각하는 것이 좋고, 죄를 바라보는 나의 시각이 '오프라 쇼'에서 연출되는 장면과 같지 않음을 안다.

"오프라, 나는 불쌍한 죄인이에요. 저 좀 안아주시겠어요?"

'죄'라는 이 짧은 단어에 우리는 몸부림치거나 그 개념을 조롱한다. 「다른 측면The Other Side」에서 존 알렉산더John Alexander는 이렇게 썼다.

"죄는 가장 다행한 소식이다… 왜냐하면 죄에는 빠져나갈 길이 있기 때문이다. 부모에게 상처를 입어 생긴 혼란과 정신적 결함은 후회해도 소용이 없다. 거기서 벗어날 길은 없다. 그러나 죄는 후회할 수 있다. 죄와 회개는 소망과 기쁨을 위한 유일한 바탕이요, 화해하고 기쁨이 넘치는 관계를 형성하는 바탕이 된다."

죄를 이해한다는 것은 인간의 행동 이유를 이해하는 것이다. G. K. 체스터튼은 원죄와 인간의 죄 된 속성은 "과학적, 경험적으로 증명할 수 있는 유일한 기독교 교리이고, 당신이 해야 할 일은 오직 사람들을 주시하는 것"이라고 생각했다.

40년이 넘도록 나는 주의 산만함과 집중력 결여 문제로 인해 좌절을 맛보아야 했다. 체계 없음은 내가 계속 씨름해야 할 문제이다. 그러나 주의력 결핍증ADD에 대한 자료를 읽고 나서 나는 안도의 숨을 쉬었다. 세상에서 나만 이 문제와 씨름한 게 아니었다. 그 사실을 알고 나자 이제 그 문제를 다룰 자신이 생겼다. 이제 나는 "내게 무슨 문제가 있는가?" 하는 식으로 반응하지 않는다. 대신에 현안 문제가 무엇이든지 성취하려는 마음이 있기 때문에 이 시점에서 내가 어떻게 긴장하고 행동하며 반응할지 생각한다.

마찬가지로 죄라는 개념을 이해하면서 나의 믿음에 대해 자유로워지게 되었다. 내가 항상 착한 사람은 아니라는 사실을 잠시 돌아보았다 나는 자기 자각이라는 놀라운 은사를 가지고 있다. 나의 동기가 항상 옳은 것은 아님을 나는 알았다. 그리고 적은 바로 그 교만이었다. 사람마다 이런 문제를 갖고 태어난다는 사실을 깨달은 후 나는 그 문제와 싸우는 것을 그만두고 그 문제를 다루기 시작했다. 그 문제를 다룬다는 것은 당신과 내가 회개하고 기도하며 매일의 삶을 성령님께 의지한다는 뜻이다.

그러나 우리는 전열 기구에 요리하는 시간 5분을 기다리지 못하는 전자렌지용 즉석요리 시대에 살고 있다. 이제 우리는 실제 돈을 들고 다니는 불편함 없이 필요하지도 않는 물건들을 사기 위해 즉석에서 신용카드를 발급받는다. 운동기구를 선전하는 기사성 광고는 당신이 몸매를 유지할 시간이 얼마나 없는지 강조한다. 나는 하루에 1분만 투자해 몸매를 가꾸고 기분 전환도 할 수 있는 운동 기구를 찾아 질 낮은 유선 방송국들을 이리저리 리모컨으로 돌려본다. 우리는 이와 같은 방식으로 믿음의 성장도 이룩하려고 한다. 우리는 얼마나 쉽게 하던 일을 그만두고 다른 그리스도인들의 생각에 따라가기 쉬운지 모른다.

그리스도를 따르는 자가 된다는 것은 문화를 거스르는 것을 의미한다.

영적인 성숙은 즉석에서 만들어지는 게 아니다. 이웃을 사랑하는 것은 쉬운 일이 아니다. 문화에 영향력을 끼치는 것은 주말에 하는 취미 활동이 아니다. 진짜 믿음은 매일의 삶을 살아내는 것이다. 믿음을 이론적으로 설명할 수 있다면 좋겠다. 하지만 우리가 중요한 믿음으로 끊임없이 다른 사람들의 마음을 끌고자 할 때 비로소 영적인 보상이 돌아올 것이다. 그것은 서약하고 십일조를 드리는 데서 그치지 않고 그들 속으로 들어가 그들과 접촉하고 교제하는 것을 의미한다.

디모데는 "주께서 자기 백성을 아신다 하며 또 주의 이름을 부르는 자마다 불의에서 떠날지어다 하였느니라"(딤후 2:19)라고 썼다.

한 정치 석학은, 양심인이 되는 것과 양심을 가진 사람이 되는 것은 다른 일이라고 말했다. 나 자신의 죄와 교만은 모르는 척하면서 당신에게만 비판의 양심을 들이대는 것을 나는 원하지 않는다. "나무를 심기 가장 좋은 때는 20년 전"이라는 아프리카 속담이 있다. 나무 심기 그 다음으로 좋은 때는 오늘이다.

20년 전에 영적 성장과 성숙함이라는 나무를 이미 심었다면 하나님께 찬양을 드리고 그 뿌리가 계속 깊어지도록 하라. 그 외 나머지 사람들도 오늘 우리가 나무 심기를 시작했다고 말해보는 것을 어떨까?

한 부부가 치과에 갔는데, 남편은 서두르는 기색이 역력하며 얼른얼른 일을 치르려고 했다. 그는 말했다.
"선생님, 마음의 준비는 필요 없습니다. 주사나 마취 가스도 필요 없습니다. 어서 이를 뽑고 일을 치릅시다."
의사는 남자의 극기 정신에 놀라며 말했다.
"감동받았습니다. 다른 환자들도 모두 당신 같은 용기를 갖고 있으면 좋겠군요. 자, 어떤 이를 뽑을까요?"
남편은 아내를 향해 돌아서며 말했다.
"여보, 어서 선생님께 이를 보여드려요."

- http://www.emazing.com 오늘의 유머

제16장 느슨한 결말

이 책을 쓰면서 내가 위에 나오는 치과에 간 남자처럼, 대기실에 앉아 편안하게 오가는 사람들을 구경하면서 고통스러운 치료법을 태평스럽게 제안하는 사람이 되지 않기를 기도한다. 다른 사람들에게 행동을 어떻게 시정할 것인지 충고하는 일은 늘 쉬운 법이다. 이 책의 내용이 그리스도께 한 걸음 더 나아가는 데 있어 확실히 나 자신에게도 도전이 되기를 소망한다. 책 중간 중간에 다소 신경을 곤두세운 부분도 있었으나 당신이 안락한 참호에서 나오는 것이 나의 간절한 바람임을 알아

주면 좋겠다. 모쪼록 당신에게 생각할 거리를 주었기를 소망한다.

나는 문제를 잘 식별하는 편이다. 비록 그런 기술이 공급 부족 상태에 있지 않다는 것을 인정하지만 말이다. 나는 우리 그리스도인 가족의 문제들을 매우 솔직히 다루고자 했다.

레베카 맨리 피퍼트Rebecca Manley Pippert는 「서번트Servant」지에서 그리스도인의 여정에 대해 다음과 같이 말했다.

"하나님은 우리를 거룩하게 만들고 계십니다. 하지만 하나님의 권위에 복종하는 방법을 배우려면 필요한 게 있습니다. 바로 겸손이죠. 자신의 결점을 감 싸도는 한 우리는 거룩해지는 과정에서 매우 깊은 단계까지 성장할 수 없을 것입니다."

그녀가 설명하는 범주에 내가 아직 도착하지 못했음을 서둘러 말해야겠다. 하지만 그것은 내가 가야 할 목적지다.

그리스도인은 우리의 문화에 영향을 미칠 좋은 기회를 갖고 있다. 조지 바나는 교회에 다니지 않는 사람과 성인 비그리스도인의 절반이 스스로 의미와 복석을 찾고 있다고 인정했음을 발견했다. 바나의 보고서는 이렇게 쓰고 있다.

"이 사람들은 바보가 아니다. 하지만 내적으로 꾸준한 종교적인 신념 체계를 개발하는 일에 많은 시간을 들이지 않고 신경을 쓰지 않는다. 그 결과 그들은 믿는다고 말하지만 그 말들이 그리 잘 들어맞지 않는다."

그러므로 그리스도인들이 구도자들의 회의와 의심 그리고 비난에 답할 준비를 해놓는 것이 매우 중요하다. 우리는 복음이 무엇인지, 복음을 어떻게 효과적으로 전할지 알고 있어야 한다. 다른 사람들에게 사랑과 섬기는 자세를 보여주어야 한다. 그리고 그리스도 안에서 성장하고 사회가 주는 것과는 다른 무언가를 주어야 한다.

살아오면서 나는 '그리스도인'이라고 자처하는 여러 유형의 사람들을 만나보았다. 어떤 이들은 나를 억지로 믿음으로 몰고 가려고 했다. 그들이 지닌 믿음 체제는 확실히 효과가 없었고, 나 역시 효과 없는 무언가는 필요치 않았다. 그러나 다행히 나는 삶을 통해 정말 다른 무언가를 보여 주는 사람들을 만났고 그들의 모습을 지켜보게 되었다. 이 그리스도인들의 삶에 나는 흥미가 생겼고 그로 인해 결국 믿음을 받아들이게 되었다.

영화 「꿈의 구장Field of Dreams」에서 케빈 코스트너Kevin Costner가 맡은 인물은 야구장을 짓는 비전을 버리지 않는다. 코스트너는 "네가 야구장을 짓는다면 그들이 올 것이다"라는 음성을 듣는다. 우리에게도 조용하면서도 간결하게 말하는 음성이 있다.

"네가 믿음대로 산다면 그들이 들을 것이다. 볼 것이다. 그리고 올 것이다."

신랄한 칼럼니스트로 알려진 허브 캐인Herb Caen은 "거듭난 그리스도인들의 문제는 그들을 두 번째 볼 때 더 큰 고통이 된다는 것"이라고 말했다. 가끔 그의 말이 맞을 때가 있음을 우리는 인정해야 한다. 하나님은 우리가 다른 사람에게 불필요한 고통을 주는 것을 용서하신다. 나는 하나님의 궁극적인 심판을 믿지만, 구도자들에게는 그리스도인의 믿음과 관련된 훨씬 더 많은 질문들이 있다. 기독교는 우리가 부딪히는 모든 중요한 문제들에 답해주는 믿음이다. 다만 우리가 그 믿음의 본을 제대로 보여주지 못하고 있을 뿐이다.

믿음에 대해 논의한다고 해서 다른 사람들을 집적대서는 안 된다. 강요된 개종은 오래가지 못하고 오랜 세월 또는 영원토록 그 희생자들일부러 이 단어를 썼다을 믿음으로부터 멀어지게 할 것이다. 그리스도인들이 "전도를 강요당하고 있음을 느낀다"는 사실에 많은 사람들이 분개하는 것을 나는 안다. '개종'이라는 단어는 우리가 사는 다원주의 세상에서 복음주의자들을 통렬히 비난하는 말이 되었다.

그렇다면 그리스도인들은 무슨 일을 해야 하는가? 하나님께서 우리에게 시키셨다고 믿는 일들을 우리는 하지 못한단 말인가? 우리는 인생에서 가장 중요한 일들에 대해 말하고자 하는 열망을 삭일 수 있단 말인가?

불신자들을 위한 권리 조항을 이렇게 제안해본다.

- 나는 강요된 믿음을 결코 갖지 않을 권리가 있다.
- 나는 생색내는 듯한 태도로 대접받지 않을 권리가 있다.
- 나는 항상 진리를 들을 권리가 있다.
- 나는 당신이 나의 관심사와 의문점들을 참을성 있게 들어주어야 할 권리가 있다.
- 나는 당신이 대답하지 못하는 질문들과 의심에 대한 답을 찾을 권리가 있다.
- 나는 내 나름대로 연구하고 조사하기 위해 필요한 자원에 접근할 권리가 있다.
- 나는 복음에 어떻게 반응하든 사랑받을 권리가 있다.

우리는 분명히 우리의 믿음을 주변 사람들에게 사랑으로 계속 표현해야 한다. 그러나 또한 하나님께서 그들 안에서 그분의 역사를 마치도록 허락할 기회를 그들에게 주어야 할 빚이 있다.

나머지 이야기

책의 초반에 나는 내 딸 케이티에 관한 나머지 이야기를 하겠다고 약속했다. 케이티가 태어났을 때 의사들은 아이가 몇 시간도 넘기지 못할 것이라고들 했다. 우리는 의사들의 처음 견해에도 불구하고 첫 돌 잔치를 맞이하는 축복을 받았다.

우리 딸이 3개월일 때 조니는 또 다른 아이를 갖고 싶다고 결심했다. 나는 확신이 서지 않았다. 선천성 결함이 또다시 재현된다면 어떡하지? 나는 아내가 보여준 하나님의 자비와 예비하심에 대한 믿음이 부족했다. 그럼에도 우리는 하나님을 믿어보기로 했고 조니는 다시 임신을 했다.

케이티가 우리와 함께한 지 딱 13개월이 되었을 때, 완벽하게 건강한 남자아이 브레트가 가족에 합류했다. 꽉 짜인 출장 일정과 케이티 그리고 여덟 살, 다섯 살, 갓난쟁이 세 아들들로 인해 사는 게 정말이지 정신이 하나도 없었다.

1986년 5월, 조니와 나는 둘만의 저녁 시간을 갖기 위해 외출할 계획을 세웠다. 케이티와 함께 있으면서 브레트를 돌봐줄 간병인을 부르고, 두 아들 녀석은 친구 집에 데려다주기로 하고서야 우리 부부는 극장에 갈 준비를 마칠 수 있었다. 아이 봐주는 사람에게 두 아들을 데려다주고 나서 집에 돌아올 수 있도록 우리는 차고에 가서 막 차를 빼려고 했다. 그런데 갑자기 검은 복면을 한 두 남자가 꼼짝 말라고 소리치며 차고 안으로 뛰어들어 왔다. 둘 다 총을 들고 있었다. 내 평생 가장 비현실적이고 끔찍한 순간이었다. 내가 어떡할 수 있었겠는가? 상대는 기껏해야 둘이니 성룡처럼 그들과 한판 벌여야 했을까? 설령 그렇다 하더라도 가족 중 한 명이 총에 맞는 위험을 감수할 수 있었을까?

그들은 우리를 집안으로 몰고 들어갔다. 총을 든 남자 중 한 명이 두 아들과 조니 그리고 간병인을 총으로 겨누었다. 대장으로 보이는 남자가 나를 밖으로 데리고 나가더니 감춘 것들을 내놓지 않으면 가족들을 위협하겠다고 했다. 아내는 거실에서 열렬히 기도하고 있었다.

나는 초자연적으로 침착함을 유지하며 그 강도와 대화를 나눌 수 있었다. 내 말을 믿으라. 그것은 내가 한 일이 아니었다. 그는 현금을 요구했다. 내게는 현금이 없었다. 그러자 그는 집에 왜 현금이 없냐며 화를 냈다. 나는 실제로 그에게 되받아쳐 소리쳤다. 내 딸이 죽어가고 있는데 돈을 몽땅 병원비에 써서 없다고….

케이티의 상황이 절망스러운 데다 그의 거친 태도로 인해 욱하는 마음이 솟았던 것 같다. 아내는 내가 영락없이 총을 맞게 될 것이라고 생각했지만, 나중에 이 2인조 강도가 남편이 소심하게 행동할 때 더 공격적으로 나온다는 사실을 알게 되었다. 장남인 매트가 나와 강도가 하는 소리를 듣고 이렇게 말했다.

"강도 아저씨, 제 돼지 저금통을 드릴게요."

그들은 정말 그 저금통을 가져갔다.

그 와중에 케이티는 방에서 고요히 잠들어 있었다. 침입자들 둘 다 케이티 때문에 얼이 빠져버렸다. 아이는 죽어간다지, 간병인이 집에 와 있지 하니까 그들은 케이티가 무슨 전염병이라도 걸린 줄 알았던 모양이다. 그들은 케이티의 방을 멀찌감치 빙 돌아 나갔다. 그들은 떠나면서 우리를 한 침실로 몰아넣고 밖에서 문을 잠갔다. 영리한 이들이 우리를 가둔 침실은 케이티의 방과 함께 쓰는 목욕탕이 있었다. 그들이 떠나자마자 나는 케이티의 방을 통해 바깥에 있는 내 차로 가서강도들이 집 전화를 끊었으므로 경찰에 전화를 했다.

나는 두 가지 이유 때문에 케이티가 우리 곁에 머물렀다고 늘 확신한다.

첫째, 하나님은 브레트가 우리와 합류한 바로 후까지 그녀의 삶을 보존해주셨다.

둘째, 강도가 들던 날 그녀는 우리의 수호천사가 되어주었다. 그 두 강도는 잡히기 전에 다른 곳에서 더 나쁜 짓들을 많이 했다고 한다. 우리는 물질만 잃어버린 것을 감사하게 생각했다. 정말 중요한 것들은 모두 안전했기 때문이다.

케이티가 모두의 예상을 깨고 14개월을 살았던 목적에 대해 당신은 나와 생각이 다를 수 있다. 상관없다. 의사들마다 그녀가 단 며칠밖에 살지 못했을 것이라고 했지만, 내 마음에는 하나의 이유가 있었다.

강도가 들고 나서 불과 몇 주 지나지 않아 케이티의 심장에 이상이 생기기 시작했다. 1986년 6월 15일 케이티는 세상을 떠났다. 가족사진에 대해 초반에 한 이야기가 기억나는가? 케이티는 웃을 수 없었다. 그 아이는 유일하게 찌푸리는 표정만 지을 수 있었다. 하지만 케이티의 생명이 서서히 꺼져갈 때 아이의 방에는 평안한 기운이 돌았다. 영혼이 몸을 떠나면서 그 짧았던 생애 처음으로 케이티는 커다란 미소를 지었다. 나는 그 아이가 하늘의 호위에 응답한 것이라고 늘 믿고 있다.

케이티의 추모 예배 때 우리는 딸을 기리는 노래를 한 곡 하게 해달라고 특별한 부탁을 했다. 우리가 고른 노래 가운데 하나는 보통 추모 예배 때 들을 수 있는 종류가 아닌, 가수 베트 미들러Bette Midler가 불러 유명해진 곡이었다. 제목이 '더 로즈The Rose'인 그 곡의 가사는 마치 우리 어린 딸을 노래하고 있는 것 같다.

밤이 너무 외롭고
갈 길이 너무 멀 때
사랑이란 행운아와
강자만의 것이라고 느껴질 때
단지 기억하세요
겨울의 차디찬 눈 밑 깊숙한 곳에
봄이 되면 태양의 사랑과 함께
장미로 피어날 씨앗 하나가 숨어 있다는 것을

　조니와 내게, 케이티의 귀한 영혼은 씨앗이었고, 그녀의 선천성 결함은 차가운 눈이었다. 아이가 죽었을 때 예수님의 사랑이 찾아와 우리 딸을 장미로 만들어주셨다.
　처음 케이티와 우리를 거절한 교회와는 달리 많은 그리스도인들이 케이틴가 사는 내내 예수님의 사랑을 보여주었다. 아내 조니는 케이티를 받아들일 뿐만 아니라 그 아이를 보살필 기회를 청하는 그리스도인 여성들의 공동 육아로 인한 혜택을 누렸다. 이 그리스도인 여성들이 보여준 사랑과 용납은 우리 마음의 상처를 치유하는 데 대단히 중요한 역할을 했다. 앞장에서 나는 우리 가족을 반갑게 맞아준 목사 이야기를 했다. 조니는 성경공부 반에서 만난 멋진 여성들로부터 격려를 받았다. 이 충실한 그리스도인들이 없었다면 아내와 내가 영적인 길을 빙 둘러가게 되었을지 누가 알겠는가?
　이것이 케이티의 나머지 이야기들이다. 나는 케이티와 만나는 날까지 그 아이에게 자랑스러운 삶을 살고 싶다. 이곳 달라스에 있는 한 여성으로부터 멋진 간증 하나를 들었다. 알바네타는 작년에 세상을 뜬 제임스

존스라는 고등학교 축구팀 감독의 아내였다. 알바네타를 불쌍히 여기는 사람들은 남편을 잃은 그녀에게 유감의 뜻을 보였다. 그러나 그녀는 웃으며 그들을 바라보고 이렇게 말했다.

"나는 남편을 잃지 않았어요. 그이가 어디에 있는지 정확히 알거든요."

내 생애가 끝날 때 아내와 아들들이 이렇게 말할 수 있다면 좋겠다.

"우리는 그분을 잃지 않았어요. 그분이 어디에 있는지 정확히 알거든요. 그분의 어린 딸과 친해지고 있을 거예요."

> 작은 것들에 신경을 쓴다면 큰 것들을 걱정할 필요가 없다.
> – 할리 코울리지 Harley Coleridge

제17장 이제 어떡해야 하는가?

                                                                                            지금까지 16장을 거쳐 오면서 우리는 많은 영역들을 다루었다.

간혹 여기저기서 마음의 불편함을 느꼈다면 이 책 읽기를 잘 한 것이다. 어떤 기독교 서적을 읽든 결론에 가서 우리는 근본적인 질문 "이제 어떡해야 하는가?"와 대면해야 한다. 나는 일부러 장별 훈련이나 괄호 채우기 식으로 당신을 인도하지는 않았다. 그러나 적어도 하나님께서 우리에게 말씀하시는 한두 영역만큼은 나의 문제로 받아들이는 것이 중요하다고 생각한다.

   우리가 기도하는 마음으로 매일의 삶에서 자문해야할 두 가지 중요한 질문이 있다.

- 오늘 나는 예수님께 영광 돌리는 방법으로 '그리스도인' 이라는 이름을 드러냈는가?
- 그렇지 못했다면, 그로 인해 발생한 손상을 어떻게 복구하고 내일은 더 낫게 행할 수 있는가?

그리스도를 따르는 자가 되었다고 자랑하는 것은 중요하고 신성한 책임이다. 우리 가운데 많은 사람들은 믿음보다는 대학이나 동호회 또는 특정 사항에서 보다 진지하게 자신의 정체성을 확인한다. 그것들이 실제로 우리 매일의 삶에 더 영향력을 갖고 있다고 보는 것이다. 그것은 있을 수 없는 일이다! 우리는 개인적으로나 공동체적으로 그리스도의 대리인으로서 보다 더 진지하게 우리의 책임을 다해야 한다.

다음은 이 책에서 내가 논의했던 몇 가지 사항들이다. 이 사항들 중에서 당신이 개선할 필요가 있는 것들을 1에서 10까지 정직하게 점수를 매겨보기 바란다. 1은 한 죄인을 위해 당신이 아주 잘하고 있다는 뜻이고, 5는 점검이 필요하다는 뜻이며, 10은 영적인 응급 상황이라는 뜻이다. 즉시 도움이 필요한 상황이다. 하나님과 나 사이의 문제라고 생각하며 정직하게 답해보자.

- 나는 교회 안에서 모르는 사람들에게 좀더 친절할 필요가 있다.
- 나는 교회 다니지 않는 사람과 좀더 우정을 쌓을 필요가 있다.
- 나는 "예수님이라면 이 일에 시간을 보내실까?"라는 질문에 비추어 나의 우선순위를 평가할 필요가 있다.
- 나는 교회 다니지 않는 사람에게 기독교 '언어' 로 말하는 것을 중단하고 그들이 이해할 수 있는 말로 영적인 용어들을 설명할 필요가 있다.

- 나는 고백하고 하나님께 치유를 맡겨야 할 인종차별적인 문제가 있다.
- 나는 하나님의 일에 더 많은 물질을 드릴 필요가 있다.
- 나는 하나님의 일에 더 많은 시간을 드릴 필요가 있다.
- 나는 그리스도인으로서 내가 갖고 있는 세계관을 더 잘 이해하고 설명할 필요가 있다.
- 나는 예수님의 가르침을 더 배울 필요가 있다.
- 나는 내가 믿는 것을 이해하고 다른 사람들에게 그러한 신념들을 조리 있게 말할 필요가 있다.
- 나는 그리스도인으로서 말과 행동을 좀더 일치시킬 필요가 있다.
- 나는 다른 그리스도인에게 상처 준 것에 대해 용서를 구하고 그 상처를 낫게 할 필요가 있다.

  가장 개선해야 할 문제들이 무엇인지 살펴보라. 그 문제들을 최고의 우선순위에 두라. 오늘 한 문제를 선택하여 그 영역에서 나아질 수 있게 해달라고 하나님께 간구하라. 그리스도인이 되는 것은 행위와 관련된 일이 아니다. 그럼에도 우리의 믿음이 더 효능을 발하려면 "오늘 나는 어떻게 더 제대로 그리스도를 섬길 수 있을까"라는 자세로 매일의 삶을 살아야 한다. 분명히 우리가 '나쁜 그리스도인'으로 전락할 순간이, 날들이, 주간들이 있을 것이다. 그러나 그것은 하나님께서 바라시는 우리의 모습이 아니며, 당신 또한 그런 모습을 원하지 않을 것이다.
  기도와 성령님, 하나님의 말씀, 은혜의 기쁨, 그리고 세상 밖으로 나갈 때마다 우리가 그분의 대사라는 매일의 자각에서 오는 능력에 기댈 때 우리는 더 잘할 수 있을 것이다. 아니 틀림없이 더 잘할 수 있다.
  마더 테레사는 이런 말을 했다.

"우리는 위대한 일을 할 수 없습니다. 다만 위대한 사랑으로 작은 일을 할 수 있을 뿐입니다."

누구한테 잘 보이기 위해서가 아니라 오로지 주님께 영광 돌리기 위해 '선한' 그리스도인이 되기로 결심하자. 하나님께 작은 사랑을 드리는 일에 동참하지 않겠는가? 훨씬 더 그분을 신뢰하게 될 것이다.

나쁜 크리스챤

지은이 | 데이브 버체트
옮긴이 | 김애정
펴낸이 | 김원중

편　집 | 우승제
디자인 | 송혜련
제　작 | 최은희
펴낸곳 | DDK(주)
　　　　도서출판 선미디어

초판인쇄 | 2006년 1월 5일
초판발행 | 2006년 1월 10일

출판등록 | 제2-2576(1998.5.27)

주　　소 | 서울시 마포구 상수동 324-11
전　　화 | (02)325-5191
팩　　스 | (02)325-5008
홈페이지 | http://smbooks.com

ISBN 89-88323-78-5　03230

값 10,000원

*잘못된 책은 바꾸어 드립니다.
*본문에 실려있는 글은 저작권 보호를 받는 저작물이므로
　출판사와 저자의 허락없이 무단 복제할 수 없습니다.